書

《蘇州全書》編纂出版委員會 編

·論語集解義疏

蘇州全書

甲編

古吴軒出版社
蘇州大學出版社

圖書在版編目(CIP)數據
論語集解義疏 / (南朝梁)皇侃義疏 . -- 蘇州 : 古吳軒出版社 : 蘇州大學出版社 , 2025. 6. -- (蘇州全書). -- ISBN 978-7-5546-2636-8
Ⅰ. B222.22
中國國家版本館 CIP 數據核字第 2025RE7675 號

責任編輯 王霽鈺
裝幀設計 周 晨 李 璇
責任校對 戴玉婷

書　　名 論語集解義疏
義　　疏 〔南朝梁〕皇侃
出版發行 古吳軒出版社
地址：蘇州市八達街118號蘇州新聞大厦30F　電話：0512-65233679
蘇州大學出版社
地址：蘇州市十梓街1號　電話：0512-67480030
印　　刷 常州市金壇古籍印刷廠有限公司
開　　本 889 × 1194　1/16
印　　張 47
版　　次 2025 年 6 月第 1 版
印　　次 2025 年 6 月第 1 次印刷
書　　號 ISBN 978-7-5546-2636-8
定　　價 320.00 元

《蘇州全書》編纂工程

總主編

劉小濤　吴慶文

學術顧問（按姓氏筆畫爲序）

王　芳　王　宏　王　堯　王　鍔　王紅蕾　王華寶　王爲松　王衛平
王餘光　王鍾陵　朱棟霖　朱誠如　任　平　全　勤　江慶柏　江澄波
汝　信　阮儀三　杜澤遜　李　捷　吴　格　吴永發　何建明　言恭達
沈坤榮　沈燮元　武秀成　范小青　范金民　茅家琦　周　秦　周少川
周國林　周勛初　周新國　胡可先　胡曉明　姜　濤　姜小青　韋　力
姚伯岳　馬亞中　袁行霈　華人德　莫礪鋒　徐　俊　徐　海　徐　雁
徐惠泉　徐興無　唐力行　陸振嶽　陸儉明　陳子善　陳正宏　陳尚君
陳紅彦　陳廣宏　黄愛平　黄顯功　崔之清　張乃格　張志清　張伯偉
張海鵬　葉繼元　葛劍雄　單霽翔　程章燦　程毅中　喬治忠　鄔書林
賀雲翱　詹福瑞　趙生群　廖可斌　熊月之　樊和平　劉　石　劉躍進
閻曉宏　錢小萍　戴　逸　韓天衡　嚴佐之　顧　薌

《蘇州全書》編纂出版委員會

此得以彙而成帙，復行於世。清代嘉道年間，蘇州黄丕烈和顧廣圻均爲當時藏書名家，且善校書，『黄跋顧校』在中國文獻史上影響深遠。

蘇州文獻之盛也獲益於刻書業的繁榮。蘇州是我國刻書業的發祥地之一，早在宋代，蘇州的刻書業已經發展到了相當高的水平，至今流傳的杜甫、李白、韋應物等文學大家的詩文集均以宋代蘇州官刻本爲祖本。宋元之際，蘇州磧砂延聖院還主持刊刻了中國佛教史上著名的《磧砂藏》。明清時期，蘇州成爲全國的刻書中心，所刻典籍以精善享譽四海，明人胡應麟有言：『凡刻之地有三，吴也、越也、閩也。』他認爲『其精，吴爲最』，『其直重，吴爲最』。又云：『余所見當今刻本，蘇常爲上，金陵次之，杭又次之。』清人金埴論及刻書，仍以胡氏所言三地爲主，則謂『吴門爲上，西泠次之，白門爲下』。明代私家刻書最多的汲古閣、清代坊間刻書最多的掃葉山房均爲蘇州人創辦，晚清時期頗有影響的江蘇官書局也設於蘇州。據清人朱彝尊記述，汲古閣主人毛晉『力搜秘册，經史而外，百家九流，下至傳奇小説，廣爲鏤版，由是毛氏鋟本走天下』。由於書坊衆多，蘇州還産生了書坊業的行會組織崇德公所。明清時期，蘇州刻書數量龐大，品質最優，裝幀最爲精良，爲世所公認，國内其他地區不少刊本也都冠以『姑蘇原本』，其傳播遠及海外。

蘇州傳世文獻既積澱着深厚的歷史文化底藴，又具有穿越時空的永恒魅力。從范仲淹的『先天下之憂而憂，後天下之樂而樂』，到顧炎武的『天下興亡，匹夫有責』，這種胸懷天下的家國情懷，早已成爲中華民族精神的重要組成部分，傳世留芳，激勵後人。南朝顧野王的《玉篇》，隋唐陸德明的《經典釋文》、陸淳的《春秋集傳纂例》等均以實證明辨著稱，對後世影響深遠。明清時期，馮夢龍的《喻世明言》《警世通言》《醒世恒言》，在中國文學史上掀起市民文學的熱潮，具有開創之功。吴有性的《温疫論》、葉桂的《温熱論》，開温病學研究之先河。蘇州文獻中藴含的求真求實的嚴謹學風、勇開風氣之先的創新精神，已經成爲一種文化基因，融入了蘇州城市的血脉。不少蘇州文獻仍具有鮮明的現實意義。明代費信的《星槎勝覽》，是記載歷史上中國和海上絲綢之路相關國家交往的重要文獻。鄭若曾的《籌海圖編》和徐葆光的《中山傳信録》，爲釣魚島及其附屬島嶼屬於中國固有領土提供了有力證據。魏良輔的《南詞引正》、嚴澂的《松絃館琴譜》、計成的《園冶》，分别是崑曲、古琴及園林營造的標志性成果，這些藝術形式如今得以名列世界文化遺産，與上述名著的嘉惠滋養密不可分。

維桑與梓，必恭敬止；文獻流傳，後生之責。蘇州先賢向有重視鄉邦文獻整理保護的傳統。方志編修方面，范成大《吴郡志》爲方志創體，其後名志迭出，蘇州府縣志、鄉鎮志、山水志、寺觀志、人物志等數量龐大，構成相對完備的志書系統。地方總集方面，南宋鄭虎臣輯《吴都文粹》、明錢穀輯《吴都文粹續集》、清顧沅輯《吴郡文編》先後相繼，收羅宏富，皇皇可觀。常熟、太倉、崑山、吴江諸邑，周莊、支塘、木瀆、甪直、沙溪、平望、盛澤等鎮，均有地方總集之編。及至近現代，丁祖蔭彙輯《虞山叢刻》《虞陽説苑》，柳亞子等組織『吴江文獻保存會』，爲搜集鄉邦文獻不遺餘力。江蘇省立蘇州圖書館於一九三七年二月舉行的『吴中文獻展覽會』規模空前，展品達四千多件，並彙編出版吴中文獻叢書。然而，由於時代滄桑，圖書保藏不易，蘇州鄉邦文獻中『有目無書』者不在少數。同時，囿於多重因素，蘇州尚未開展過整體性、系統性的文獻整理編纂工作，許多文獻典籍仍處於塵封或散落狀態，没有得到應有的保護與利用，不免令人引以爲憾。

進入新時代，黨和國家大力推動中華優秀傳統文化的創造性轉化和創新性發展。習近平總書記强調，要讓收藏在博物館裏的文物、陳列在廣闊大地上的遺産、書寫在古籍裏的文字都活起來。二〇二二年四月，中共中央辦公廳、國務院辦公廳印發《關於推進新時代古籍工作的意見》，確定了新時代古籍工作的目標方向和主要任務，其中明確要求『加强傳世文獻系統性整理出版』。盛世修典，賡續文脉，蘇州文獻典籍整理編纂正逢其時。二〇二二年七月，中共蘇州市委、蘇州市人民政府作出編纂《蘇州全書》的重大決策，擬通過持續不斷努力，全面系統整理蘇州傳世典籍，着力開拓研究江南歷史文化，編纂出版大型文獻叢書，同步建設全文數據庫及共享平臺，將其打造爲彰顯蘇州優秀傳統文化精神的新陣地，傳承蘇州文明的新標識，展示蘇州形象的新窗口。

『睹喬木而思故家，考文獻而愛舊邦。』編纂出版《蘇州全書》，是蘇州前所未有的大規模文獻整理工程，是不負先賢、澤惠後世的文化盛事。希望藉此系統保存蘇州歷史記憶，讓散落在海内外的蘇州文獻得到挖掘利用，讓珍稀典籍化身千百，成爲認識和瞭解蘇州發展變遷的津梁，並使其中藴含的積極精神得到傳承弘揚。

觀照歷史，明鑒未來。我們沿着來自歷史的川流，承荷各方的期待，自應負起使命，砥礪前行，至誠奉獻，讓文化薪火代代相傳，並在守正創新中發揚光大，爲推進文化自信自强、豐富中國式現代化文化内涵貢獻蘇州力量。

《蘇州全書》編纂出版委員會

二〇二二年十二月

凡例

一、《蘇州全書》（以下簡稱『全書』）旨在全面系統收集整理和保護利用蘇州地方文獻典籍，傳播弘揚蘇州歷史文化，推動中華優秀傳統文化傳承發展。

二、全書收録文獻地域範圍依據蘇州市現有行政區劃，包含蘇州市各區及張家港市、常熟市、太倉市、崑山市。

三、全書着重收録歷代蘇州籍作者的代表性著述，同時適當收録流寓蘇州的人物著述，以及其他以蘇州爲研究對象的專門著述。

四、全書按收録文獻内容分甲、乙、丙三編。每編酌分細類，按類編排。

（一）甲編收録一九一一年及以前的著述。一九一二年至一九四九年間具有傳統裝幀形式的文獻，亦收入此編。按經、史、子、集四部分類編排。

（二）乙編收録一九一二年至二〇二一年間的著述。按哲學社會科學、自然科學、綜合三類編排。

（三）丙編收録就蘇州特定選題而研究編著的原創書籍。按專題研究、文獻輯編、書目整理三類編排。

五、全書出版形式分影印、排印兩種。甲編書籍全部采用繁體豎排；乙編影印類書籍，字體版式與原書一致；乙編排印類書籍和丙編書籍，均采用簡體横排。

六、全書影印文獻每種均撰寫提要或出版説明一篇，介紹作者生平、文獻内容、版本源流、文獻價值等情况。影印底本原有批校、題跋、印鑒等，均予保留。底本有漫漶不清或缺頁者，酌情予以配補。

七、全書所收文獻根據篇幅編排分册，篇幅適中者單獨成册，篇幅較大者分爲序號相連的若干册，篇幅較小者按類型相近原則數種合編一册。數種文獻合編一册以及一種文獻分成若干册的，頁碼均連排。各册按所在各編下屬細類及全書編目順序編排序號。

據中國國家圖書館藏清鮑廷博刻
《知不足齋叢書》後印本影印。

論語集解義疏

〔南朝梁〕皇侃 義疏

提要

《論語集解義疏》十卷，南朝梁皇侃義疏。

皇侃（四八八—五四五），南朝梁吳郡人。三國吳青州刺史皇象九世孫。少好學，師事五經博士賀瑒，精力專門，盡通其業，尤明三禮、《孝經》、《論語》之學。起家兼國子助教，於學講説，聽者常數百人。梁武帝時，拜員外散騎侍郎。撰有《禮記義疏》《孝經義疏》等。

《論語集解義疏》即《論語義疏》，又名《論語義》，南宋中葉後已亡佚，清乾隆四十三年（一七七八），武林賈人汪鵬從東瀛購歸根本遜志刻本，其書始重見中土。次年九月，浙江巡撫王亶望進呈朝廷，收入《四庫全書》。時鮑廷博欲於浙江重梓此本，而剞劂之費有所不逮。王亶望慨然任之，故各卷首有『臨汾王亶望重刊』字樣，後收入《知不足齋叢書》第七集。乾隆四十六年（一七八一），王亶望坐罪論斬，鮑廷博復據《四庫全書》本剜改違礙字句，削去王氏及卷末校字諸人姓名，并冠以乾隆五十三年（一七八八）盧文弨序文，再印行世。

《論語集解義疏》以三國魏何晏《論語集解》爲底本，擇取江熙所集晉十三家《論語》舊注及其他通儒解説而成，疏不破注，且以儒、釋、道三教相互闡釋，不啻爲漢魏六朝《論語》學之淵藪。《玉海·藝文》引《國史志》，稱其『博極群言，補諸家之未至，爲後學所宗』，四庫館臣亦謂其『存漢晉經學之一綫』，對研究義疏體制及六朝學術至關重要。

《論語集解義疏》國内僅存敦煌殘鈔本一部，而日藏舊鈔本甚夥。其最早刊本爲日本寬延三年

（一七五〇）根本遜志據足利學校藏室町鈔本校刻，即《四庫全書》本及《知不足齋叢書》本所從出者。本次影印以中國國家圖書館藏清鮑廷博刻《知不足齋叢書》後印本爲底本，原書框高十九·五厘米，廣十一·五厘米。此本對《知不足齋叢書》初印本雖不無改動之處，然仍與根本遜志本原貌相去不遠。

論語集解義疏

皇侃論語義疏序

宋咸平時日本僧奝然嘗獻鄭康成所注孝經乃中國所亡失者是時但藏於祕府外人莫得見久而其書復亡嘗憾當時在廷文學諸臣曾莫爲意未能使之流傳世間抑何其蔑視先代傳注如土苴之致不足貴而輕爲棄絕之也先是周顯德中新羅亦嘗獻別敘孝經亦云即鄭注乃皆得自外國而旋失之豈不惜哉向見錢遵王所記論語異文云傳自高麗其本世亦罕見吾鄉汪翼滄氏常往來瀛海間得梁皇侃論語義疏十卷於

日本足利學中其正文與高麗本大略相同彼國亦知中夏之失傳矣其扶微舉墜之意懇懇欲大其傳而不爲一邦之私祕此其所見誠卓而其意誠公夫孰得而小之也哉新安鮑以文氏廣購異書得之喜甚顧剞劂之費有不逮浙之大府聞有斯舉也慨然任之且屬鮑君以校訂之事於是不外求而事已集既而大府以他事獲譴死名不彰人曰是鮑子之功也以文曰吾無其實敢冒其名乎謂文弨曰是書梓成時未爲之序者人率未知其端末夫是書入中國之首功則汪君也使天

下學者得以家置一編則大府之爲之也春秋褒毫毛之善今　國法已伸而此一編也其功要不容沒子幸爲之序而并及之使吾不尸其功庶幾不爲朋友之所譏責吾始得安焉以文之命意也如此用是據實書之若夫皇氏此疏固不全美然十三家之遺說猶有託以傳者爲醇爲疵讀者當自得之如或輕加掎摭是又開天下以廢棄之端也吾其忍乎哉

乾隆五十三年元夕前一日杭東里叟盧文弨書

論語義疏敘

梁　皇　侃　撰

論語通曰論語者是孔子沒後七十弟子之門徒共所撰錄也夫聖人應世事跡多端隨感而起故爲教不一或負扆御衆服龍袞於廟堂之上或南面聚徒衣縫掖於黌校之中但聖師孔子符應頹周生魯長宋遊歷諸國以魯哀公十一年冬從衛反魯刪詩定禮於洙泗之閒門徒三千人達者七十有二但聖人雖異人者神明而同人者五情五情旣同則朽沒之

期亦等故歎發吾衰悲因逝水託夢兩楹寄歌頹壞至哀公十六年哲人其萎徂背之後過隙叵駐門人痛大山長毀哀梁木永摧隱几非昔離索行淚微言一絕景行莫書於是弟子僉陳往訓各記舊聞撰爲此書成而實錄上以尊仰聖師下則垂軌萬代既方爲世典不可無名然名書之法必據體以立稱猶如以孝爲體者則謂之孝經以莊敬爲體者則謂之爲禮記然此書之體適會多途皆夫子平生應機作教事無常準或與時君抗厲或共弟子抑揚或自顯示

物或混迹齊凡問同荅異言近意深詩書互錯綜典
誥相紛紜義既不定於一方名故難求乎諸類因題
論語兩字以爲此書之名也但先儒後學解釋不同
凡通此論字大判有三途第一捨字制音呼之爲倫
一捨音依字而號曰論一云倫論二稱義無異也第
一捨字從音爲倫說者乃衆的可見者不出四家一
云倫者次也言此書事義相生首末相次也二云倫
者理也言此書之中蘊含萬理也三云倫者綸也言
此書經綸今古也四云倫者輪也言此書義旨周備

圓轉無窮如車之輪也第二捨音依字爲論者言此書出自門徒必先詳論人人僉允然後乃記記必已論故曰論也第三云倫論無異者蓋是楚夏音殊南北語異耳南人呼倫事爲論事北士呼論事爲倫事音字雖不同而義趣猶一也侃案三途之說皆有道理但南北語異如何似未詳師說不取今亦捨之而從音依字二途并錄以會成一義何者今字作論者明此書之出不專一人妙通深遠非論不暢而音作倫者明此書義含妙理經綸今古自首臻末輪環不

窮依字則證事立文取音則據理爲義義文兩立理事雙該圓通之教如或應示故蔡公爲此書爲圓通之喻云物有大而不普小而兼通者譬如巨鏡百尋所照必偏明珠一寸鑒包六合以蔡公斯喻故言論語小而圓通有如明珠諸典大而偏用譬若巨鏡誠哉是言也語者論難荅述之謂也毛詩傳云直言曰言論難曰語鄭注周禮云發端曰言荅述爲語今按此書既是論難荅述之事宜以論爲其名故名爲論語也然此語是孔子在時所說而論是孔子沒後方

論論在語後應曰語論而今不曰語論而云論語者其義有二一則恐後有穿鑿之嫌故以語在論下急標論在上示非率爾故也二則欲現此語非徒然之說萬代之繩準所以先論已以備有圓周之理理在於事前故以論居語先也又此書遭焚燼至漢時合壁所得及口以傳授遂有三本一曰古論二曰齊論三曰魯論既有三本而篇章亦異古論分堯曰下章子張問更爲一篇合二十一篇篇次以鄉黨爲第二篇雍也爲第三篇內倒錯不可具說齊論題目與魯

論大體不殊而長有問王知道二篇合二十二篇篇內亦微有異魯論有二十篇即今日所講者是也尋當昔撰錄之時豈有三本之别將是編簡缺落口傳不同耳故劉向别錄云魯人所學謂之魯論齊人所學謂之齊論合壁所得謂之古論而古論爲孔安國所注無其傳學者齊論爲琅琊王卿等所學魯論爲太子太傅夏侯勝及前將軍蕭望之少傅夏侯建等所學以此敎授於侯王也晚有安昌侯張禹就建學魯論兼講齊說擇善而從之號曰張侯論爲世所貴

至漢順帝時有南郡太守扶風馬融字季長建安中大司農北海鄭元字康成又就魯論篇章考齊驗古爲之注解漢鴻臚卿吳郡苞咸字子良又有周氏不悉其名至魏司空頴川陳羣字長文大常東海王肅字子雍博士燉煌周生烈皆爲義說魏末吏部尚書南陽何晏字平叔因魯論集季長等七家又採古論孔注又自下己意卽世所重者今日所講卽是魯論爲張侯所學何晏所集者也

晉大保河東衛瓘字伯玉

晉中書令蘭陵繆播字宣則

晉廣陵大守高平欒肇字永初

晉黄門郎潁川郭象字子元

晉司徒濟陽蔡謨字道明

晉江夏大守陳國袁宏字叔度

晉著作郎濟陽江淳字思俊

晉撫軍長史蔡系字子叔

晉中書郎江夏李充字宏度

晉廷尉大原孫綽字興公

晉散騎常侍陳畱周壞字道夷

晉中書令潁陽范甯字武子

晉中書令瑯琊王珉字季琰

右十三家爲江熙字大和所集侃今之講先通何集若江集中諸人有可採者亦附而申之其又別有通儒解釋於何集無好者亦引取爲說以示廣聞也然論語之書包於五代二帝三王自堯至周凡一百四十人而孔子弟子不在其數孔子弟子有二十七人見於論語也而古史考則云三十人謂林放澹臺滅

明陽虎亦是弟子數也

論語義疏叙

詞詠彙録

論語集解叙

魏　何晏撰

梁　皇侃義疏

叙曰漢中壘校尉劉向言魯論語二十篇皆孔子弟子記諸善言也【疏】劉向者辟彊之孫德之子前漢時爲中壘校尉之官若今皇城使也其人博學經史孔子没後而弟子共論而記之初爲魯人所學故謂魯論也太子太傅夏侯勝前將軍蕭望之丞相韋賢及子元成等傳之【疏】夏侯勝及韋賢父子凡四人初傳魯論於世也齊論語二十二篇其二十篇中章句頗多於魯論【疏】猶是弟子所記而爲齊人所學

故謂爲齊論也既傳之異代又經昏亂遂長有二篇也其二十篇雖與魯舊篇同而篇中細章文句亦多於魯論也瑯琊王卿及膠東庸生昌邑中尉王吉皆以敎授之【疏】此三人傳齊論亦以教授於世也故有魯論有齊論【疏】夏侯等四人傳魯王等三人傳齊竝行於世故有魯齊二論雙立也魯恭王時嘗欲以孔子宅爲宮壞得古文論語【疏】漢景帝之子名餘封魯故謂魯恭王也好治宮室壞孔子舊宅以廣其宮於壁中得古文論語皆科斗文字也齊論有問王知道多於魯論二篇【疏】既有三論文皆不同齊論長有二篇一曰問王二曰知道是多魯論二篇也古論亦無此二篇【疏】齊非唯長魯論二篇亦長於古論古論故亦無此問王知道二篇也分堯曰下章子張問以爲

一篇【疏】古論雖無問王知道二篇而分堯曰後子張問於孔子曰如何斯可以從政矣又别題爲一篇也有兩子張【疏】一是子張曰士見危致命爲一篇又一是子張問孔子從政爲一篇故凡論中有兩子張篇也凡二十一篇【疏】古論既分長一子張故凡成二十一篇也篇次不與齊魯論同【疏】古論篇次既不同齊又不同魯故云不與齊魯論同也安昌侯張禹本受魯論兼講齊說善者從之號曰張侯論【疏】禹初學魯論又雜講齊論於二論之中擇善者抄集别爲一論名之曰張侯論也爲世所貴【疏】此論既擇齊魯之善合以爲一論故世之學者皆貴重於張侯論也苞氏周氏章句出焉【疏】苞氏苞咸也周氏不悉其名也章句者注解因爲分斷之名也苞周二人注張侯魯論而爲之分斷章句也古論唯博士

孔安國爲之訓說【疏】訓亦注也雖孔安國一人注解於古論也而世不傳【疏】世人不傳孔注古文之論也至順帝之時南郡太守馬融亦爲之訓說【疏】漢有馬氏亦注張禹魯論也漢末大司農鄭元就魯論篇章考之齊古以爲之注【疏】鄭康成又就魯論篇章及考校齊古二論亦注於張論也近故司空陳羣太常王肅博士周生烈皆爲之義說【疏】此三人其魏人也亦皆爲張論作注說也前世傳受師說雖有異同不爲之訓解【疏】自張侯之前乃相傳師受不同而不爲注說也中間爲之訓解至于今多矣【疏】中間謂苞孔周馬之徒至于今謂至魏末何平叔時也多矣言注者非一家也所見不同互有得失

疏既注者多聞故得失互不同也今集諸家之善說記其姓名疏此平叔用意也叔言多注解家互有得失而已今集取錄善者之姓名著於集注中也有不安者頗爲改易疏若先儒注非何意所安者則何偏爲改易下己意也頗猶偏也名曰論語集解疏既集用諸注以解此書故名爲論語集解也光祿大夫關內侯臣孫邕光祿大夫臣鄭沖散騎常侍中領軍安鄉亭侯臣曹羲侍中臣荀顗尚書駙馬都尉關內侯臣何晏等上疏此記孫邕等四人同於何晏共上此集解之論也

論語集解敘終

論語集解義疏卷第一

魏　何晏　集解

梁　皇侃　義疏

論語學而第一

[疏]論語是此書總名學而爲第一篇別目中間講說多分爲科段矣侃昔受師業自學而至堯曰凡二十篇首末相次無别科而以學而最先者言降聖以下皆須學成故學記云玉不琢不成器人不學不知道是明人必須學乃成此書既遍該衆典以教一切故以學而爲先也而者因仍也第者審諦也一者數之始也既諦定篇次以學而居首故曰學而第一也

子曰學而時習之不亦悅乎[註]馬融曰子者男子通

稱也謂孔子也王肅曰時者學者以時誦習也誦習以時學無廢業所以爲悅懌也有朋自遠方來不亦樂乎【註】苞氏曰同門曰朋也人不知而不慍不亦君子乎【註】慍怒也凡人有所不知君子不慍之也【疏】子曰至子乎。○云子曰者子者指於孔子也子是有德之稱古者稱師爲子也曰者發語之端也許氏說文云開口吐舌謂之爲曰此以下是孔子開口談說之語故稱子曰爲首也然此一書或是弟子之言或有時俗之語雖非悉孔子之語而當時皆被孔子印可也必被印可乃得預錄故稱子曰通冠一書也○云學而時習之者此以下孔子言也就此一章分爲三段自此至不亦悅乎爲第一明學者幼少之時也學從幼起故以幼爲先也又從有朋至不亦樂乎爲第二明學業稍成能招朋聚友之由也既學已經時故能招友爲次也故學記云一年視離經辨志三年視敬業樂羣五年視博習親師七年視論學取友謂之小成是也又從人不知詑不君子乎爲第三明學業已成能爲師爲君之法也先能招友故後乃學成爲師君也故學記云九年知類通達強立而不反謂之大成又云能博喻然後能爲師能爲師然後能爲長能爲長然後能爲君是也今此段明學者少時法也謂爲學者白虎通云學覺也悟也言用先王之道導人情性使自覺悟而去非取是積成君子之德也時者凡學有三時一是就人身中爲時二就年中爲時三就日中爲時也一就身中者凡受學之道擇時爲先長則捍格幼則迷昏故學記云發然後禁則捍格而不勝時過然後學則勤苦而難成是也既必須時故內則云六年教之數與方名七年男女不同席八年始教之讓九年教之數日十年學書計十三年學樂誦詩舞勺十五年成童舞象並是就身中爲時也二就年中爲時

者夫學隨時氣則受業易入故王制云春夏學詩樂秋冬學書禮是也春夏是陽陽體輕清詩樂是聲聲亦輕清輕清時學輕清之業則爲易入也秋冬是陰陰體重濁書禮是事事亦重濁重濁時學重濁之業亦易入也三就日中爲時者前身中年中二時而所學並日日修習不暫廢也故學記云藏焉修焉息焉游焉是也今云學而時習之者而猶因仍也時是日中之時也習是修故之稱也言人不學則已既學必因仍而修習日夜無替也之之於所學之業也云不亦悅乎者亦猶重也悅者懷抱欣暢之謂也言知學已爲可欣又能修習不廢是日知其所亡月無忘其所能彌重爲可悅故云不亦悅乎如問之然也云有朋自遠方來不亦樂乎者此第二段明取友交也同處師門曰朋同執一志爲友朋猶黨也共爲黨類在師門也友者有也共執一志綢繆寒暑契闊飢飽相知有無也自猶從也學記云獨學而無友則孤陋而寡聞君子出其言善則千里之外應之出其言不善則千

里之外邉之今由我師德高故有朋從遠方而來與我同門共相講說故可爲樂也所以云遠方者明師德洽被雖遠必集也招朋已自可爲欣遠至彌復可樂故云亦也然朋疎而友親朋至既樂友至故忘言但來必先同門故舉朋耳悅之與樂俱是懽欣在心常等而貌跡有殊悅則心多貌少樂則心貌俱多所以然者向得講習在我自得於懷抱故心多曰悅今朋友講說義味相交德音往復形彰在外故心貌俱多曰樂也故江熙云君子以朋友講習出其言善則千里之外應之遠人且至況其近者乎道同齊味歡然適願所以樂也云人不知而不愠不亦君子乎者此第三段明學已成者也人謂凡人也愠怒也君子有德之稱也此有二釋一言古之學者爲己已學得先王之道含章內映而他人不見知而我不怒此是君子之德也有德已爲所可貴又不怒人之不知故曰亦也又一通云君子易事不求備於一人故爲教誨之道若人有鈍根不能知解者君子恕之而不愠怒之

也爲君子者亦然也。註馬融曰至慍也。云子者男子通稱也者凡有德者皆得稱子故曰通稱也云謂孔子也者子乃是男子通稱今所稱子曰不關通他即指謂孔子也云王肅曰云云者背文而讀曰誦也然王此意即是日中不息之時也舉日中不息則前二事可知也。註苞氏曰同門曰朋也。鄭元注司徒云同師爲朋同志爲友然何集注皆呼人名唯苞獨云氏者苞名咸何家諱咸故不言也。註慍怒至之也。就注乃得兩通而於後釋爲便也故李充云慍怒也君子忠恕誨人不倦何怒之有乎明夫學者始於時習中於講肆終於教授者也凡注無姓名者皆是何平叔語也

有子曰註孔安國曰弟子有若也其爲人也孝悌而好犯上者鮮矣註鮮少也上謂凡在己上者也言孝悌之人必有恭順好欲犯其上者少也不好犯

上而好作亂者未之有也君子務本本立而道生
註本基也基立而後可大成也孝悌也者其爲仁
之本與註苞氏曰先能事父兄然後仁道可成也
疏有子曰至本與。云有子曰其爲人也孝悌者
其其孝悌者也善事父母曰孝善事兄曰悌也
云而好犯上者鮮矣者好謂心欲也犯謂諫爭也
上謂君親也鮮少也言孝悌之人必以無違爲心
以恭從爲性若有欲犯其君親之顏諫爭者有此
人少也然孝悌者實都不欲必無其人而云少者
欲明君親有過若任而不諫必陷於不義不欲存
孝子之心使都不諫故開其少分令必諫也故熊
埋云孝悌之人志在和悅先意承旨君親有日月
之過不得無犯顏之諫然雖屢納忠規何嘗好之
哉今實都無好而復云鮮矣者以好見開則生陵
犯之慚以犯見塞則抑匡弼之心必宜微有所許

者實在獎其志分稱論教體也故曰而好犯上者鮮矣〔云〕不好犯上而好作亂者未之有也者能理曰孝悌之人當不義而諍之尚無意犯上必不職爲亂階也侃案能解意是言既不好犯上必不作亂故云未之有也然觀熊之解乃無閒然如爲煩長既不好犯上理宜不亂何煩設巧明今案師說云夫孝者不好心自是恭順而又有不孝者亦有不好是願君親之敗故孝與不孝同有不好而不孝者不好必欲作亂此孝者不好必無亂理故云未之有也〔云〕君子務本者此亦有子語也務猶向也慕也本謂孝悌也孝悌者既不作亂故君子必向慕之也〔云〕本立而道生者解所以向慕本義也若其本成立則諸行之道悉滋生也〔云〕孝悌也者其爲仁之本與者此更以孝悌解本以仁釋道也言孝是仁之本若以孝爲本則仁乃生也仁是五德之初舉仁則餘從可知也故孝經云夫孝德之本也教之所由生也王弼曰自然親愛爲孝推愛及物爲仁也○〔註〕本基至成也○以孝爲基故諸

衆德悉爲廣大也

子曰巧言令色鮮矣有仁〔注〕苞氏曰巧言好其言語令色善其顏色皆欲令人悅之少能有仁也〔疏〕子曰巧言令色鮮矣有仁○巧言者便辟其言語也令色者柔善其顏色也鮮少也此人本無善言美色而虛假爲之則少有仁者也然都應無仁而云少者舊云人自有非假而自然者此則不妨有仁但時多巧令故云少也又一通云巧言令色之人非都無仁政是性不能全故云少也故張憑云仁者人之性也性有厚薄故體足者難耳巧言令色之人於仁性爲少非爲都無其分也故曰鮮矣有仁王肅曰巧言無實令色無質

曾子曰〔注〕馬融曰弟子曾參也吾日三省吾身爲人

論語集解義疏卷一　五

謀而不忠乎與朋友交言而不信乎傳不習乎【註】言凡所傳之事得無素不講習而傳之乎【疏】曾子曰至習乎。○云吾日三省吾身者省視也曾子言我生乎戒慎每一日之中三過自視察我身有過失否也云爲人謀而不忠乎者忠中心也言爲他人圖謀事當盡我中心也豈可心而不盡忠乎所以三省視察恐失也云與朋友交言而不信乎者朋友交會本主在於信豈可與人交而不爲信乎云傳不習乎者凡有所傳述皆必先習後乃可傳豈可不經先習而妄傳之乎曾子言我一日之中每三過自視況復凡人可不爲此三事乎言不可也又一通云曾子言我一日之中三過內視我身有此三行否也。○註馬融曰弟子曾參也。○姓曾名參字子輿。○註言凡至之乎。○得無猶無得也素猶本也言所傳之事無得本不經講習而傳之也故袁氏云常恐傳先師之言不能習也以古人言必

稱師也

子曰導千乘之國〔註〕馬融曰導者謂爲之政教也司馬法六尺爲步步百爲畝畝百爲夫夫三爲屋屋三爲井井十爲通通十爲城城出革車一乘然則千乘之賦其地千城也居地方三百一十六里有奇唯公侯之封乃能容之雖大國之賦亦不是過焉苞氏曰導治也千乘之國者百里之國也古者井田方里爲井井十爲乘百里之國者適千乘也馬融依周禮苞氏依王制孟子義疑故兩存焉敬

事而信【註】苞氏曰爲國者舉事必敬愼與民必誠信也節用而愛人【註】苞氏曰節用者不奢侈也國以民爲本故愛養之也使民以時【註】苞氏曰作使民必以其時不妨奪農務也【疏】子曰至以時。此章明爲諸侯治大國法也云導千乘之國者千乘大國也天子萬乘諸侯千乘千乘尚式則萬乘可知也導猶治也亦謂爲之政教也其法在下故此張本也云敬事而信者此以下皆導千乘之國法也爲人君者事無小大悉須敬故云敬事也曲禮云毋不敬是也又與民必信故云信也云節用而愛人者雖富有一國之財而不可奢侈故云節用也雖貴居民上不可驕慢故云愛人也云使民以時者使民謂治城及道路也以時謂出不過三日而不妨奪民農務也然人是有識之目愛人則兼朝廷也民是瞑闇之稱使之則唯指點黎也。註馬融曰至存焉。此明千乘法也。云司馬法六尺爲步者，司馬法者齊景公時司馬穰苴爲軍法也。其法中有此千乘之說也。凡人一舉足爲跬，跬三尺也；兩舉足曰步，步六尺也。云步百爲畝者，廣一步長百步謂爲一畝也。畝，母也，既長百步，可種苗稼，有母養之功也。云畝百爲夫者，每一畝則廣六尺長百步，今云畝百爲夫，則是方百步也。謂爲夫者，古者賦田以百畝地給一農夫也。夫所養人自隨地肥墽及其家人多少耳。故王制云：制農田百畝，百畝之分，上農夫食九人是也。云夫三爲屋者，每夫方百步，今云夫三，則是方百步者是三也。若竝而言之，則廣一里，一里長三百步也，而猶長百步也。謂爲屋者，義名之也。夫一家有夫婦子三者具，則屋道乃成，故合三夫目爲屋也。云屋三爲井者，向屋廣一里長百步，今三屋竝方之，則方一里也。名爲井者，因夫間有遂水縱横相通成井字也。何者？畝廣六尺長百步，用耜耕之，耜廣五寸，方兩耜爲耦，長沮桀溺耦而耕是也是耦伐廣一尺也畝廣六尺以一尺耕伐地爲溜通水流水流畎畎然因名曰畎也一而夫田首倍之廣二尺深二尺謂之爲遂九夫爲井井閒廣深四尺謂之爲溝取其遂水相通如井字故鄭元曰似井字故謂爲井也遂取其水始遂也溝取其漸深有溝洫也釋名云田閒之水曰溝溝構也縱橫相交構也云井十爲通者此十井之地竝之則廣十里長一里也謂爲通者其地有三十屋相通共出甲士一人徒卒二人也云通十爲城者其城地方十里也謂爲城者兵賦法一乘成也其地有三百屋出革車一乘甲士十人徒卒二十人也云城出革車一乘者出一乘是賦一成故謂城也云千乘之賦其地千城也者有地方十里者千即是千城也則容千乘也云居地方三百一十六里有奇者方百里者有方十里者百若方三百里三三爲九則有方百里者九合成方十里者九百也是方三百里唯有九百乘也若作千乘猶少百乘百乘是方百里者一也今取方百里者一

而六分破之每分得廣十六里長百里引而接之則長六百里其廣十六里也今半斷各長三百里設法特埤前三百里南西二邊是方三百十六里也然西南角猶缺方十六里者一方十六里者一有方十里者二又方一里者五十六里也是少方一里者二百五十六里也然則向割方百里者爲六分埤方三百里兩邊猶餘方一里者四百今以方一里者二百五十六埤西南角猶餘方一里者一百四十四又設法破而埤三百十六里兩邊則每邊不復得半里故云方三百十六里有奇也云唯公侯之封乃能容之者周制上公方五百里侯方四百里伯方三百里子方二百里男方百里今千乘用地方三百十六里有奇故伯地不能容所以唯公侯封乃能容也云雖大國之賦亦不是過焉者雖魯方七百里而其地賦稅亦不得過出千乘也故明堂位云賜魯革車千乘也云苞氏曰導治也千乘之國者百里之國者此夏殷法也夏殷大國百里次國七十里小國五十里故方百里國

中令出千乘也云古者井田方里爲井者此亦與周同也云井十爲乘者此則與周異也周家十井爲通通十爲城城出一乘今此一通使出一乘則一城出十乘也云百里之國者適千乘者百里則者有方十里者百方十里者有方一里者百今制方一里者十出一乘則方十里者出十乘方百里者故出千乘也云馬融依周禮者馬氏所說是周禮制法也云苞氏依王制孟子者孟子及王制之言皆如苞氏所說也云義疑故兩存焉者此何平叔自下意也言馬及苞兩家之說茲疑未知誰是故我今注兩錄存之也

子曰弟子入則孝出則悌謹而信汎愛衆而親仁行有餘力則以學文〔註〕馬融曰文者古之遺文也〔疏〕子曰至學文。云弟子入則孝出則悌者弟子猶子弟也言爲人子弟者盡其孝悌之道也父母在閨門之內故云入也兄長比之疎外故云出也前句已決子善父母爲孝善兄爲悌父親故云入兄疎故云出也云謹而信者向明事親此辨接外也接外之禮唯謹與信也外能如此在親可知也云汎愛衆者汎廣也君子尊賢容衆故廣愛一切也云而親仁者君子義之與比故見有仁德者而親之也若非仁親則不與之親但廣愛之而已云行有餘力則以學文者行者所以行事已畢之跡也若行前諸事畢竟而猶有餘力則宜學先王遺文五經六籍是也或問曰此云行有餘力則以學文後云子以四教文行忠信是學文或先或後何也答曰論語之體悉是應機適會敎體多方隨須而與不可一例責也。註馬融曰文者古之遺文也。即五經六籍也

子夏曰賢賢易色註孔安國曰子夏弟子卜商也言以好色之心好賢則善也事父母能竭其力事君

能致其身【注】孔安國曰盡忠節不愛其身也與朋友交言而有信雖曰未學吾必謂之學矣【疏】子夏曰至學矣○云賢賢易色者凡人之情莫不好色而不好賢今若有人能改易好色之心以好於賢則此人便是賢於賢者故云賢賢易色也然云賢於賢者亦是獎勸之辭也又一通云上賢字猶尊重也下賢字謂賢人也言若欲尊重此賢人則當改易其平常之色更起莊敬之容也云事父母能竭其力者子事父母左右就養無方是能竭力也云事君能致其身者致極也士見危致命是能致極其身也然事君雖就養有方亦宜竭力於君親若患難故宜致身但親主家門非患難之所故云竭力臣主捍難禦侮故云致身也云與朋友交言而有信者入則事親出則事君而與朋友交接義主不欺故云必有信也云雖曰未學吾必謂之學矣者假令不學而生知如前則吾亦謂之學也此勸人

學故也故王雍云言能行此四者雖云未學而可謂已學也生而知者上學而知者次若未學而能知則過於學矣蓋假言之以勸善行也。註孔安國曰子夏弟子卜商也。姓卜名商字子夏。言以至善也。此注如前通也

子曰君子不重則不威學則不固註孔安國曰固蔽也一曰言人不敢重既無威學不能堅固識其義理也主忠信無友不如己者過則勿憚改註鄭元曰主親也憚難也疏子曰至憚改。云君子不重則不威者重爲輕根靜爲躁本君子之體不可輕薄也君不重則無威無威則人不畏之也云學則不固者言君子不重非唯無威而學業亦不能堅固也故孔後注云言人不敢重既無威學又不能堅固識其義理也云主忠信

者言君子既須威重又忠信爲心百行之主也云無友不如己者者又明凡結交取友必令勝己勝己則己有日所益之義不得友不如己友不如己則己有日損故云無友不如己者或問曰若人皆慕勝己爲友則勝己者豈友我耶或通云擇友必以忠信者爲主不取忠信不如己者耳不論餘才也或通云敵則爲友不取不敵者也蔡謨云本言同志爲友此章所言謂慕其志而思與之同不謂自然同也夫上同乎勝己所以進也下同乎不如己所以退也閎天四賢上慕文王故四友是四賢上同心於文王非文王下同四賢也然則求友之道固當見賢思齊同志於勝己所以進德修業成天下之亹亹也今言敵則爲友此直自論才同德等而相親友耳非夫子勸教之本旨也若如所云則直諒多聞之益便辟善柔之誡奚所施也云過則勿憚改者勿猶莫也憚難也友主切磋若有過失者當更相諫諍莫難改也一云若結友過誤不得善人則改易之莫難之也故李充云若友失其

人改之爲貴也。註孔安國曰固蔽也。侃案孔訓固爲蔽蔽猶當也言人既不能敢重縱學亦不能當道理也猶詩三百一言以蔽之蔽也。註鄭元曰主親也憚難也。鄭心則言當親於忠信之人也

曾子曰慎終追遠民德歸厚矣註孔安國曰慎終者喪盡其哀也追遠者祭盡其敬也人君能行此二者民化其德而皆歸於厚也疏曾子曰至厚矣。明人君德也云慎終追遠者慎終謂喪盡其哀也喪爲人之終人子宜窮其哀戚是慎終也追遠謂三年之後爲之宗廟祭盡其敬也三年後去親轉遠而祭極敬是追遠也一云靡不有初鮮克有終終宜慎也久遠之事錄而不忘是追遠也故熊埋云欣新忘舊近情之常累信近負遠義士之所棄是以慎終如始則

尠有敗事平生不忘則久人敬之也一云民德歸厚矣者上之化下如風靡草君上能行愼終追遠之事則民下之德日歸於厚也一云君能行此二事是厚德之君也君德既厚則民咸歸依之也。註孔安國曰至厚也。此是前通也

子禽問於子貢曰夫子至於是邦也必聞其政求之與抑與之與註鄭元曰子禽弟子陳亢也字子禽也子貢弟子姓端木名賜字子貢也亢怪孔子所至之邦必與聞其國政求而得之耶抑人君自願與爲治耶子貢曰夫子溫良恭儉讓以得之夫子之求之也其諸異乎人之求之與也註鄭元曰言

夫子行此五德而得之與人求之異明人君自願

求與爲治也疏子禽問至與也。○云子禽問云云者是此也此邦謂每邦非一國也

禽問子貢怪孔子每所至之國必早逆聞其國之風政也故問云求之與者與語不定之辭也問言孔子每所至國必先逆聞其風政爲是就其國主求而得之否乎云抑與之與者抑語助也亢又問言爲是孔子不就國主求而國主自呼與孔子爲治而聞之否乎云子貢曰云云者子貢荅禽說孔子所以得逆聞之由也夫子卽孔子也禮身經爲大夫者則得稱爲夫子孔子爲魯大夫故弟子呼之爲夫子也敦美潤澤謂之溫行不犯物謂之良和從不逆謂之恭去奢從約謂之儉推人後己謂之讓言夫子身有此五德之美推己以測人故凡所至之邦必逆聞之也故顧歡云此明非求非與直以自得之耳其故何也夫五德內充則是非自鏡也又一通云孔子入人境觀其民之五德則知

其君所行之政也故梁冀云夫子所至之國入其境觀察風俗以知其政教其民溫良則其君政教之溫良也其民恭儉讓則政教恭儉讓也孔子但見其民則知其君政教之得失也云夫子之云云者此明夫子之求與人之求異也人則行就彼君求之而孔子至境推五德以測求之故云其諸異乎人之求之也諸猶之也與語助也故顧歡云夫子求知乎己而諸人訪之於聞故曰異也梁冀又云凡人求聞見乃知耳夫子觀化以知之與凡人異也。註必與聞其國政。與逆也。註鄭玄曰至治也。云言夫子云云者亦會兩通也明不就人求故云異也云明人君云云者此云人君自與之非謂自呼與之也政是人君所行見於民下不可隱藏故夫子知之是人君所行自與之也

子曰父在觀其志父沒觀其行註孔安國曰父在子不得自專故觀其志而已父沒乃觀其行也三年

無改於父之道可謂孝矣（註）孔安國曰孝子在喪哀慕猶若父在無所改於父之道也（疏）子曰至孝矣○云父在觀其志父沒觀其行者此明人子之行也其於人子也志謂在心未行也故詩序云在心爲志是也言人子父在則己不得專行應有善惡但志之在心在心而外必有趣向意氣故可觀志也父若已沒則子得專行無憚故父沒則觀此子所行之行也云三年無改於父之道可謂孝矣者謂所觀之事也子若在父喪三年之內不改父風政此即是孝也所以是孝者其義有二也一則哀毀之深豈復識政之是非故君薨世子聽冢宰三年也二則三年之內哀慕心事亡如存則所不忍改也或問曰若父政善則不改爲可若父政惡惡教傷民寧可不改乎答曰本不論父政之善惡自論孝子之心耳若人君風政之惡則冢宰自行政若卿大夫之心惡則其家相邑宰自行事無關於孝子

也。註孔安國曰至行也。云觀其志者志若好善聞善事便喜志若好惡聞善則不喜也云觀其行者得專行也。註孔安國曰至道也。此如後通也

有子曰禮之用和爲貴先王之道斯爲美小大由之有所不行知和而和不以禮節之亦不可行也註馬融曰人知禮貴和而每事從和不以禮爲節亦不可行也疏有子曰至行也。云禮之用和爲貴者此以下明人君行化必禮樂相須用樂和民心以禮檢民跡跡檢心和故風化乃美故云禮之用和爲貴和卽樂也變樂言和見樂功也樂既言和則禮宜云敬但樂用在內爲隱故言其功也云先王之道斯爲美者先王謂聖人爲天子者也斯此也言聖天子之化行禮亦以此用和爲美也云小大由之有所不行者由用也若小大

之事皆用禮而不用和則於事有所不行也云知和云云者上明行禮須樂此明行樂須禮也人若知禮用和而每事從和不復用禮爲節者則於事亦不得行也所以言亦者沈居士云上純用禮不行今皆用和亦不可行也○註馬融曰至行也○此解知和而和不以禮爲節義也

有子曰信近於義言可復也註復猶覆也義不必信信不必義也以其言可反覆故曰近於義也恭近於禮遠恥辱也註苞氏曰恭不合禮非禮也以其能遠恥辱故曰近於禮也因不失其親亦可宗敬也註孔安國曰因親也言所親不失其親亦可宗敬也疏有子曰至敬也○云信近於義言可復也者信不欺也義合宜也復猶驗也夫信不

必合宜合宜不必信若爲信近於合宜此信之言乃可復驗也若爲信不合宜此雖是不欺而其言不足復驗也或問曰不合宜之信云何一荅曰昔有尾生與一女子期於梁下每期每會後一日急暴水漲尾生先至而女子不來而尾生守信不去遂守期溺死此是信不合宜不足可復驗也云恭近於禮遠恥辱也者恭是遜從禮是體別若遜從不當於禮則爲恥辱若遜從近禮則遠於恥辱遜從不合禮者何猶如遜在牀下及不應拜而拜之之屬也云因不失其親亦可宗敬也者因猶親也人能所親得其親者則此德可宗敬也親不失其親若近而言之則指於九族宜相和睦也若廣而言之則是汎愛衆而親仁乃義之與比是親不失其親也然云亦可宗者亦猶重也能親所親則是重爲可宗也○註復猶至義也○若如注意則不可得爲向者通也言信不必合宜雖不合宜而其交是不欺不欺則猶近於合宜故其言可覆驗也○註苞氏曰至禮也○此注亦不依向通也故言恭

不合禮乃是非禮而交得遠於耻辱故曰近禮也卽是危行言遜得免遠耻辱也○註孔安國曰至敬也○亦會二通然喪服傳云繼母與因母同是言繼母與親母同故孔亦謂此因爲親是也

子曰君子食無求飽居無求安註鄭玄曰學者之志有所不暇也敏於事而愼於言就有道而正焉可謂好學也已矣註孔安國曰敏疾也有道者謂有道德者也正謂問事是非也疏子曰至已矣○云君子食無求飽居無求安者此勸人學也旣所慕在形骸之內故無暇復在形骸之外所以不求安飽也一簞一瓢是無求飽也曲肱陋巷是無求安也云敏於事者此以下三句是不飽不安所爲之事也敏疾也事所學之行也疾於所學之行也云而愼於言者言所學之言也所學之言當愼傳說之也云就有道而

正焉者有道有道德者也若前學之言行心有疑昧則往就有道德之人決正之也云可謂好學也已矣者合結食無求飽以下之事竝是可謂好學者也

子貢問曰貧而無諂富而無驕何如子曰可也註孔安國曰未足多也未若貧而樂道富而好禮者也註鄭元曰樂謂志於道不以貧賤爲憂苦也子貢曰詩云如切如磋如琢如磨其斯之謂與也註孔安國曰能貧而樂道富而好禮者能自切磋琢磨者也子曰賜也始可與言詩已矣告諸往而知來者也註孔安國曰諸之也子貢知引詩以成孔子

義善取類故然之往告之以貧而樂道來荅以切磋琢磨者也【疏】子貢問至來者也○云貧而無諂者乏財曰貧非分橫求曰諂也乏財者好以非分橫求也子貢問言若有貧者能不橫求何如故云貧而無諂也范甯云不以正道求人爲諂也云富而無驕者積蓄財帛曰富陵上慢下曰驕也富積者既得人所求好生陵慢故云富而無驕也云何如者陳二事既畢故問云何如也云子曰可也者荅子貢也言貧富如此乃是可耳未足爲多也范甯云孔子以爲不驕不諂於道雖可未及臧也云未若貧而樂道者孔子更說貧行有勝於無諂者也貧而無諂乃是爲可然而不及於自樂也故孫綽云顏氏之子一簞一瓢人不堪憂回也不改其樂也云富而好禮者也者又舉富行勝於不驕者也富能不驕乃是可嘉而未如恭敬好禮者也然不云富而樂道貧而好禮者亦各指事也貧者多憂而不樂故以樂爲勝又貧無財

以行禮故不云禮也富既饒足本自有樂又有財
可行禮故言禮也云子貢曰云云者子貢聞孔子
言貧樂富禮茲是宜自切磋之義故引詩以證之
也爾雅云治骨曰切治象曰磋治玉曰琢治石曰
磨言骨象玉石四物須切磋乃得成器如孔子所
說貧樂富禮是自切磋成器之義其此之謂不乎
以諮孔子也云子曰賜也始可與言詩已矣者子
貢既知引詩結成孔子之義故孔子美之云始可
與言詩也言始可者明知之始於此也云告諸往
而知來者也者解所以可言詩義也諸之也言我
往告之以貧樂富禮而子貢來荅知引切磋之詩
以起予也江熙云古者賦詩見志子貢意見故曰
可與言詩矣夫所貴悟言者既得其言又得其旨
也告往事而知將來謂聞夷齊之賢可以知不為
衛君不欲指言其語故舉其類耳范甯云子貢欲
躬行二者故請問也切磋琢磨所以成器訓誘學
徒義同乎茲子貢富而猶恡仲尼欲戒以禮中子
貢知心厲己故引詩以為喻也○註鄭玄曰至苦子

也。顔愿是也

子曰不患人之不己知也患己不知人也【註】王肅曰但患己之無能知也【疏】子曰至人也。世人多言己有才而不爲人所知故孔子解抑之也言不患人不知己但患己不知人耳故李充云凡人之情多輕易於知人而怨人不知己故抑引之教輿予此矣

論語爲政第二【疏】爲政者明人君爲風俗政之法也謂之爲政者後卷云政者正也子率而正孰敢不正又鄭注周禮司馬云政正也政所以正不正也所以次前者學記云君子如欲化民成俗其必由學乎是明先學後乃可爲政化民故以爲政次於學而也

子曰爲政以德譬如北辰居其所而衆星共之【註】鄭

元曰德者無爲譬猶北辰之不移而衆星共之也

【疏】子曰至共之。云爲政以德者此明人君爲政教之法也德者得也言人君爲政當得萬物之性故云以德也故郭象云萬物皆得性謂之德夫爲政者奚事哉得萬物之性故云德而已也云譬如云云者此爲爲政以德之君爲譬也北辰者北極紫微星也所猶地也衆星謂五星及二十八宿以下之星也北辰鎮居一地而不移動故衆星共宗之以爲主也譬人君若無爲而御民以德則民共尊奉之而不違背猶如衆星之共尊北辰也故郭象云得其性則歸之失其性則違之

子曰詩三百【註】孔安國曰篇之大數也一言以蔽之【註】苞氏曰蔽猶當也曰思無邪【註】苞氏曰歸於正也【疏】子曰至無邪。此章舉詩證爲政以德之事也云詩三百者詩即今之毛詩也三百者詩

篇大數也詩有三百五篇此舉其全數也云一言以蔽之者一言謂思無邪也蔽當也詩雖三百篇之多六義之廣而唯用思無邪之一言以當三百篇之理也猶如爲政其事乃多而終歸於以德不動也云曰思無邪者此即詩中之一言也言爲政之道唯思於無邪無邪則歸於正也衞瓘云不曰思正而曰思無邪明正無所思邪邪去則合於正也

子曰導之以政註孔安國曰政謂法教也齊之以刑註馬融曰齊整之以刑罰也民免而無恥註孔安國曰苟免罪也導之以德註苞氏曰德謂道德也齊之以禮有恥且格註格正也疏子曰至且格○此章證爲政以德所以勝也云導之以政者將言其勝故先舉其劣者也導謂誘引也政謂法制也謂誘引民用法

制也故郭象云政者立常制以正民者也云齊之
以刑者齊謂齊整之也刑謂刑罰也故郭象云刑
者興法辟以割制物者也云民免而無恥者免猶
脫也恥恥辱也爲政若以法制導民以刑罰齊民
則民畏威苟且百方巧避求於免脫罪辟而不復
知避恥故無恥也故郭象云制有常則可矯法辟
興則可避可避則違情而苟免可矯則去性而從
制從制外正而心內未服人懷苟免則無恥於物
其於化不亦薄乎故曰民免而無恥也云導之以
德者此即舉勝者也謂誘引民以道德之事也郭
象云德者得其性者也云齊之以禮者以禮齊整
之也郭象云禮者體其情也云有恥且格者既導
德齊禮故民服從而知愧恥皆歸於正也郭象云
情有所恥而性有所本得其性則本至體其情則
知恥知恥則無刑而自齊本至則無制而自正是
以導之以德齊之以禮有恥且格沈居士云夫立
政以制物物則矯以從之用刑以齊物物則巧以
避之矯則跡從而心不化巧避則苟免而情不恥

由失其自然之性也若導之以德使物各得其性則皆用心不矯其眞各體其情則皆知恥而自正也。註孔安國曰政謂法教也。法教即是法制也。註苞氏曰德謂道德也。亦得合郭象解也

子曰吾十有五而志於學三十而立註有所成立也四十而不惑註孔安國曰不疑惑也五十而知天命註孔安國曰知天命之終始也六十而耳順註鄭玄曰耳順聞其言而知其微旨也七十而從心所欲不踰矩註馬融曰矩法也從心所欲無非法者疏子曰至踰矩。此章明孔子隱聖同凡學有時節自少迄老皆所以勸物也云吾十有五而志於學者志者在心之謂也孔子言我年十五而學在心也十五是成童之歲識慮堅明故始此

年而志學也〔云三十而立者〕立謂所學經業成立
也古人三年明一經從十五至三十是又十五年
故通五經之業所以成立也〔云四十而不惑者〕惑
疑惑也業成後已十年故無所惑也故孫綽云四
十強而仕業通十年經明行修德茂成於身訓洽
邦家以之莅政可以無疑惑也〔云五十而知天命
者〕天命謂窮通之分也謂天爲命者言人稟天氣
而生得此窮通皆由天所命也天本無言而云有
所命者假之言也人年未五十則猶有橫企無厓
及至五十始衰則自審己分之可否也故王弼云
天命廢興有期知道終不行也孫綽云大易之數
五十天地萬物之理究矣以知命之年通致命之
道窮學盡數可以得之不必皆生而知之也此勉
學之至言也熊埋云既了人事之成敗遂推天命
之期運不以可否繫其理治不以窮通易其志也
〔云六十而耳順者〕順謂不逆也人年六十識智廣
博凡厥萬事不得悉須觀見但聞其言即解微旨
是所聞不逆於耳故曰耳順也故王弼云耳順言

心識在聞前也孫綽云耳順者廢聽之理也朗然自元悟不復役而後得所謂不識不知從帝之則也李充云耳順者聽先王之法言則知先王之德行從帝之則莫逆於心心與耳相從故曰耳順也

云七十而從心所欲不踰矩者從猶放也踰越也矩法也年至七十習與性成猶蓬生麻中不扶自直故雖復放縱心意而不踰越於法度也所以不說八十者孔子唯壽七十三也說此語之時當在七十後也李充曰聖人微妙元通深不可識所以接世軌物者曷嘗不誘之以形器乎黜獨化之跡同盈虛之質勉夫童蒙而志乎學學十五載功可與立自志學迄於從心善始令終貴不踰法示之易行而約之以禮爲教之例其在茲矣。註孔安國曰知天命之終始也。終始即是分限所在也

孟懿子問孝註孔安國曰魯大夫仲孫何忌也懿謚也子曰無違樊遲御子告之曰孟孫問孝於我我

對曰無違〔註〕鄭元曰孟孫不曉無違之意將問於樊遲故告之也樊遲弟子樊須也樊遲曰何謂也子曰生事之以禮死葬之以禮祭之以禮〔疏〕孟懿子問至以禮。〔云孟懿子問孝者〕孟懿子魯大夫也問孝問於孔子爲孝之法也〔云子曰無違者〕孔子荅也言行孝者每事須從無所違逆也〔云樊遲御者〕樊遲孔子弟子樊須也字子遲御御車也謂樊遲時爲孔子御車也〔云子告云云者〕孟孫即懿子也孔子前荅懿子之問云無違恐懿子不解而他日樊遲爲孔子御車孔子欲使樊遲爲孟孫解無違之旨故語樊遲云孟孫問孝於我我對曰無違也〔云樊遲曰何謂也者〕樊遲亦不曉無違之旨故反問之何謂也〔云子曰云云者〕向樊遲釋無違旨也孟孫三家僭濫違禮故孔子以每事須禮爲荅也此三事爲人子之大禮故特舉之也故衛瓘云三家僭侈皆不以禮也故以禮荅之也或問曰孔子何不即告孟孫乃還告樊遲耶荅曰欲厲於孟孫言其人不足委曲即亦示也所以獨告樊遲者舊說云樊遲與孟孫親狎必問之也一云孟孫問時樊遲在側孔子知孟孫不曉後必問樊遲故後遲御時而告遲也。註孔安國曰至謚也。云魯大夫仲孫何忌者仲孫是其氏也何忌是其名也然曰孟懿子而不云仲孫者魯有三卿至八佾自釋也云懿謚也者謚者明行之跡也生時有百行之不同死後至葬隨其生時德行之跡而爲名稱猶如經緯天地曰文撥定禍亂曰武之屬也

孟武伯問孝子曰父母唯其疾之憂註馬融曰武伯懿子之子仲孫彘也武謚也言孝子不妄爲非唯有疾病然後使父母之憂耳疏孟武伯問至之憂。云孟武伯問孝

者孟武伯懿子之子也亦問孔子行孝之法也云子曰父母唯其疾之憂者荅也其其於人子也言人子欲常敬慎自居不爲非法横使父母憂也若己身有疾唯此一條非人所及可測尊者憂耳唯其疾之憂也

子游問孝【註】孔安國曰子游弟子也姓言名偃也子曰今之孝者是謂能養至於犬馬皆能有養不敬何以別乎【註】苞氏曰犬以守禦馬以代勞能養人者也一曰人之所養乃能至於犬馬不敬則無以別孟子曰養而不愛豕畜之也愛而不敬獸畜之也【疏】子游問至別乎○云子游問孝者亦問行孝法也云子曰今之孝者是謂能養者荅也今

之謂當孔子時也夫孝爲體以敬爲先以養爲後而當時皆多不孝縱或一人有唯知進於飲食不知行敬故云今之孝者是謂能養也云至於犬馬皆能有養者此舉能養無敬非孝之例也犬能爲人守禦馬能爲人負重載人皆是能養而不能行敬者故云至於犬馬皆能行養也云不敬何以别乎者言犬馬者亦能養人但不知爲敬耳人若但知養而不敬則與犬馬何以爲殊别乎。註苞氏曰至畜之也。云犬以守禦馬以代勞能養人者也者唯不知敬與人爲别耳云一曰人之所養乃能至於犬馬者此釋與前異也言人所養乃至養於犬馬也云不敬則無以别者養犬馬則不須敬若養親而不敬則與養犬馬不殊别也云孟子曰養而不愛豕畜之也者引孟子語證後通也言人畜養豕但以食之而不愛重之也云愛而不敬獸畜之也者又言人養珍禽奇獸亦愛重之而不恭敬之也子夏問孝子曰色難【註】苞氏曰色難謂承望父母顔色乃爲難也有事弟子服其勞有酒食先生饌【註】馬融曰先生謂父兄也饌飲食也曾是以爲孝乎【註】馬融曰孔子喻子夏曰服勞先食汝謂此爲孝乎未足爲孝也承順父母顔色乃是爲孝耳【疏】子夏問至孝乎○云子夏問孝者亦問行孝法也云子曰色難者答也色謂父母顔色也言爲孝之道必須承奉父母顔色此事爲難故曰色難也故顔延之云夫氣色和則情志通善養親之志者必先和其色故曰難也云有事弟子服其勞者此以下是易而非孝子之事也有事謂役使之事也弟子謂爲人子弟者也服謂執持也勞勞苦也言家中有役使之事而弟子自執持不憚於勞苦也云有酒

食先生饌者（注）先生謂父兄也饌猶飲食也言若有
酒食則弟子不敢飲食必以供飲食於父母也（云）
曾是以爲孝乎者（疏）曾猶嘗也言爲人子弟先勞後
食此乃是人子人弟之常事最易處耳誰嘗謂此
爲孝乎言非孝也故江熙稱或曰勞役居前酒食
處後是人子之常事未足稱孝也然此四人問孝
是同而夫子荅異者或隨疾與藥或寄人宏教也
懿子武伯皆明以其人有失故隨其失而荅之子
游子夏是寄二子以俱明教也故王弼云問同而
荅異者或攻其短或矯其時失或成其志或說其
行又沈峭云夫應教紛紜常係汲引經營流世每
存急疾今世萬途難以同對互舉一事以訓來問
來問之訓縱橫異轍則孝道之廣亦以明矣○（注）
馬融曰先生謂父兄也○然禮唯呼師爲先生謂
資爲弟子此言弟子以對先生則似非子弟對父
兄也而注必謂先生爲父兄者其有二意焉一則
既云問孝孝是事親之目二則既釋先
生爲父兄欲寄在三事同師親情等也

子曰吾與回言終日不違如愚【註】孔安國曰回弟子也姓顏名回字子淵魯人也不違者無所怪問於孔子之言默而識之如愚者也退而省其私亦足以發回也不愚也【註】孔安國曰察其退還與二三子說釋道義發明大體知其不愚也【疏】子曰至愚也。云吾與回言終日不違如愚者此章美顏淵之德也回者顏淵名也愚者不違之稱也自形器以上名之爲無聖人所體也自形器以還名之爲有賢人所體也今孔子終日所言即入於形器故顏子聞而即解無所諮問故不起發我道故言終日不違也一往觀回終日默識不問殊似於愚魯故云如愚故繆播云將言形器形器顏生所體莫逆於心故若愚也云退而云云者退謂回聽受已竟退還其

私房時也省視也其私謂顔私與諸朋友談論也
發發明義理也言回就人衆講說見回不問如似
愚人今視回退還私房與諸子覆述前義亦足發
明義理之大體故方知回之不愚也熊埋云察退
與二三子私論亦足以發明聖奥振起風訓也回
之似愚而賞愚哉既以美顔又曉衆人未達者也
。註孔安國曰至者也。諸弟子不解故時或諮
問而顔回默識故不問不問如愚者之不能問也
子曰視其所以註以用也言視其所行用也觀其所
由註由經也言觀其所經從也察其所安人焉廋
哉人焉廋哉註孔安國曰廋匿也言觀人之終始
安有所匿其情也疏子曰至廋哉。此章明觀知
於人之法也云視其所以者
以用也其其彼人也若欲知彼人行當先視其即
日所行用之事也云觀其所由者由者經歷也又

次觀彼人從來所經歷處之故事也云察其所安者察謂心懷忖測之也安謂意氣歸向之也言雖或外跡有所避而不得行用而心中猶趣向安定見於貌者當審察以知之也然在用言視由言觀安言察者各有以也視直視也觀廣瞻也察沈吟用心忖度之也即日所用易見故云視而從來經歷處此即爲難故言觀情性所安最爲深隱故云察也云人焉廋哉人焉廋哉者焉安也廋匿也言用上三法以觀驗彼人之德行則在理必盡故彼人安得藏匿其情耶再言之者深明人情不可隱也故江熙云言人誠難知以三者取之近可識也

子曰溫故而知新可以爲師矣〔註〕溫尋也尋繹故者又知新者可以爲師也〔疏〕子曰至師矣○此章明爲師之難也溫溫燖也故謂所學已得之事也所學已得者則溫燖之不使忘失此是月無忘其所能也新謂即時所學新

得者也知新謂日知其所亡也若學能日知所亡月無忘所能此乃可爲人師也孫綽云滯故則不能明新希新則存故不篤常人情也唯心平秉一者守故彌溫造新必通斯可以爲師者也。註溫尋也。溫是尋繹之義亦是燖煖之義也

子曰君子不器註苞氏曰器者各周其用至於君子無所不施也疏子曰君子不器。此章明君子之人不係守一業也器者給用之物也猶如舟可汎於海不可登山車可陸行不可濟海君子當才業周普不得如器之守一也故熊埋云器以名可繫其用賢以才可濟其業業無常分故不守一名用有定施故舟車殊功也

子貢問君子子曰先行其言而後從之註孔安國曰疾小人多言而行之不周也疏子貢問至從之。云子貢問君子者

問施何德行而可謂爲君子乎〔云子曰先行其言而後從之者〕荅云君子先行其言而後必行行以副所言是行從言也若言而不行則爲辭費君子所恥也又一通云君子之言必爲物楷故凡有言皆令後人從而法之也故王朗云鄙意以爲立言之謂乎傳曰大上有立德其次立言明君子之道言必可則令後世準而從之故曰而後從之

子曰君子周而不比〔注〕孔安國曰忠信爲周阿黨爲比也小人比而不周〔疏〕子曰至不周○此章明君子行與小人異也〔云君子周而不比者〕周忠信也比阿黨也君子常以忠信爲心而無相阿黨也〔云小人比而不周者〕與君子反也小人唯更相阿黨而竝不忠信也然周是博遍之法故謂爲忠信比是親狎之法故謂爲阿黨耳若互而言周名亦有惡比名亦有善者故春秋傳云是謂比周言其爲惡周遍天下也易卦有比

比則是輔里仁云君子義之與比比則是親雖非廣稱文亦非惡今此文既言周以對比故以為惡耳孫綽云理備故稱周無私故不比也

子曰學而不思則罔【註】苞氏曰學而不尋思其義理則罔然無所得也思而不學則殆【註】不學而思終卒不得使人精神疲殆也【疏】子曰至則殆○此章教學法也云學而不思則罔者夫學問之法既得其文又宜精思其義若唯學舊文而不思義則臨用行之時罔然無所知也又一通云罔誣罔也言既不精思至於行用乖僻是誣罔聖人之道也云思而不學則殆者又若不廣學舊文而唯專意而獨思則精神疲殆而於所業而無功也

子曰攻乎異端斯害也已矣【註】攻治也善道有統故

殊途而同歸異端不同歸者也【疏】子曰攻乎異端斯害也已矣。此章禁人雜學諸子百家之書也攻治也古人謂學爲治故書史載人專經學問者皆云治其書治其經也異端謂雜書也言人若不學六籍正典而雜學於諸子百家此則爲害之深故云攻乎異端斯害也已矣斯害也已矣者爲害之深也。【註】善道至者也。【云】善道有統故殊途而同歸者善道即五經正典也有統統本也謂皆以善道爲本也殊途謂詩書禮樂爲教之途不同也同歸謂雖所明各異而同歸於善道也【云】異端不同歸者也者諸子百家並是虛妄其理不善無益教化故是不同歸也

子曰由誨汝知之乎【註】孔安國曰由弟子也姓仲名由字子路也知之爲知之不知之爲不知是知也

疏 子曰至知也○此章抑子路兼人也云子曰由者由子路名也子路有兼人之性好以不知爲知也孔子將欲教之故先呼其名也云誨汝知之乎者誨教也孔子呼子路名云由我欲教汝知之文章乎云知之爲知之不知之爲不知者汝若心有所不知則當云不知不可妄云知之也云是知也者若不知云知此則是無知之人耳若實知而云知此乃是有知之人也又一通云孔子呼子路名云由我從來教化於汝汝知我教汝以不乎汝若知我教則云知若不知則云不知能知如此者是有知之人也

子張學干祿註鄭元曰子張弟子也姓顓孫名師字子張也干求也祿祿位也子曰多聞闕疑慎言其餘則寡尤註苞氏曰尤過也疑則闕之其餘不疑

猶愼言之則少過也多見闕殆愼行其餘則寡悔

【註】苞氏曰殆危也所見危者闕而不行則少悔也

言寡尤行寡悔祿在其中矣【註】鄭玄曰言行如此

雖不得祿得祿之道也【疏】子張學至中矣○云子張學干祿者干求也祿祿位也弟子子張就孔子學求祿位之術也云子曰多聞闕疑者答求祿術也疑疑惑之事也言人居世間必多有所聞所聞之事必有疑者有解者解者則心錄之若疑者則廢闕而莫存錄故云多聞闕疑云愼言其餘者其餘謂所心解不疑者也已闕廢可疑者而所餘不疑者雖存錄在心亦何必中理故又宜口愼言之也云則寡尤者寡少也尤過也既闕可疑又愼言所不疑能如此者則生平之言少有過失也云多見闕殆者殆危也言人若眼多所見闕廢其危殆者不存錄之也云愼行

其餘者(疏)其餘謂自所錄非危殆之事也雖已廢危殆者而所餘不殆者亦何必並中其理故又宜愼行之也(云)則寡悔者(疏)悔恨也既闕於危殆者又愼行所不殆能如此者則平生所行少悔恨也云言寡尤行寡悔祿在其中矣者(疏)其餘若能言少過失行少悔恨則祿位自至故云祿在其中也故范甯云發言少過履行少悔雖不以要祿乃致祿之道也仲尼何以不使都無尤悔而言寡尤乎有顏回猶不二過蘧伯玉亦未能寡其過自非聖人何能無之子張若能寡尤悔便爲得祿者也。(註)鄭玄曰乎道也。言當無道之世德行如此雖不得祿若忽值有道之君則必見用故云得祿之道也

哀公問曰何爲則民服(註)苞氏曰哀公魯君之謚也

孔子對曰舉直錯諸枉則民服(註)苞氏曰錯置也舉用正直之人廢置邪枉之人則民服其上矣舉

枉錯諸直則民不服【疏】哀公問至不服○云哀公
問曰何爲則民服者哀公
失德民不服從而公患之故問孔子求民服之法
也云孔子對曰舉直錯諸枉則民服者苔哀公民
服之法也凡稱子曰則是弟子所記若稱孔子則
當時人非弟子所記後爲弟子所撰仍舊不復改
易故依先呼孔子也直謂正直之人也錯置也枉
委曲邪佞之人也言若舉正直之人爲官位廢
置邪佞之人則民服君德也亦由哀公廢直用枉
故也故范甯云哀公捨賢任佞故仲尼發乎此言
欲使舉賢以服民也云舉枉錯諸直則民不服者
此舉哀公之政如此故民不服也江熙云哀公當
千載之運而聖賢滿國舉而用之魯其王矣而唯
好耳目之悅羣邪秉政民心厭棄既而苦之乃有
此問
也

季康子問使民敬忠以勸如之何【注】孔安國曰魯卿

季孫肥也康謚也子曰臨民之以莊則民敬註苞氏曰莊嚴也君臨民以嚴則民敬其上也孝慈則忠註苞氏曰君能上孝於親下慈於民則民忠矣舉善而教不能則民勸註苞氏曰舉用善人而教不能者則民勸也疏季康子問至民勸。云季康子問云云者季康子魯臣也其既無道僭濫故民不敬不忠不相勸獎所以問孔子求學使民行敬及忠及勸三事也故云如之何云子曰云云者荅使爲三事之術也民從上化如草從風也臨謂以高視下也莊猶嚴也言君居上臨下若自能嚴整則下民皆爲敬其上也云孝慈則忠者又言君若上孝父母下慈民人則民皆盡竭忠心以奉其上也故江熙云言民法上而行也上孝慈則民亦孝慈孝於其親乃能忠於君求忠臣必於孝子之門也〔云舉善而教不能則民勸者〕又言若民中有善者則舉而禄位之若民中未能善者則教令使能若能如此則民競爲勸慕之行也

或謂孔子曰子奚不爲政〔註〕苞氏曰或人以爲居位乃是爲政也子曰書云孝于惟孝友于兄弟施於有政是亦爲政也奚其爲爲政〔註〕苞氏曰孝于惟孝者美孝之辭也友于兄弟善於兄弟也施行也所行有政道卽是與爲政同耳〔疏〕或謂至爲政。〔云或謂云云者〕或者或有一人不記其姓名也奚何也政謂居官南面也或人見孔子栖遑故問孔子曰何不爲政處官位乎〔云子曰云云者〕此以上並尚書言也引書以答或人也然此語亦與尚書微異而義可一也善父母曰孝善兄弟爲友于於也惟孝謂惟令盡於孝也施行也言人子在閨門當極孝於父母而極友於兄弟若行此二事有政即亦是爲政也云奚其爲爲政者此是孔子正荅於或人也言施行孝友有政家家皆正則邦國自然得正亦又何用爲官位乃是爲政乎故范甯云夫所謂政者以孝友爲政耳行孝友則是爲政復何者爲政乎引周書所以明政也或人貴官位而不存孝道故孔子言于此也。註苞氏曰至同耳。云孝乎云云者惟令極行於孝故云美孝之辭也然友于兄弟是善於兄弟則孝乎惟孝是善於父母也父母既云孝乎惟孝則兄弟亦宜云友于惟友也所以互見之也云施行云云者行孝友有政道即與爲政同更何所別復爲政乎

子曰人而無信不知其可也註孔安國曰言人而無信其餘終無可也大車無輗小車無軏其何以行

之哉【註】苞氏曰大車牛車輗者轅端横木以縛枙者也小車駟馬車也軏者轅端上曲拘衡者也【疏】子曰至之哉○此章明人不可失信也云人而無信不知其可也者言人若無信雖有他才終爲不可故云不知其可也云大車云云者此爲無信設譬也言人以信得立如大小之車由於輗軏以得行也若車無輗軏則車何以得行哉如人而無信則何以得立哉故江熙稱彥升曰車待輗軏而行猶人須信以立也○註孔安國曰至可也○其餘謂他人才伎也○註苞氏曰至者也○云大車牛車者牛能引重車故曰大車也云輗者轅端横木以縛枙者也者端頭也古作牛車二轅不異即時車但轅頭安枙枙與今異也即時車枙用曲木駕於牛脰仍縛枙兩頭著兩轅古時則先取一横木縛著兩轅頭又別取曲木爲枙縛著横木以駕牛脰也即時一馬牽車枙猶如此也云小車駟馬車也者馬

所藏輕故曰小車也四馬共牽一車即今龍旂車是也云軏者轅端上曲拘衡者也者衡橫也四馬之車唯中央有一轅轅頭曲向上此拘駐於橫名此曲者爲軏也所以頭拘此橫者轅駕四馬故先橫一木於轅頭而縛軛著此橫此橫既爲四馬所載恐其不堅故特置曲軛軏裏使牽之不脱也猶即時龍旂車轅端爲龍置橫在龍頭上曲處也鄭元曰輗穿轅端著之軏因轅端著之

子張問十世可知也註孔安國曰文質禮變也子曰殷因於夏禮所損益可知也周因於殷禮所損益可知也註馬融曰所因謂三綱五常也所損益謂文質三統也其或繼周者雖百世亦可知也註馬融曰物類相招勢數相生其變有常故可豫知也

疏子張問至知也。云子張問十世可知也者十世謂十代也子張見五常三王文質變易世代不同故問孔子從今以後方來之事假設十代之法可得逆知乎云子曰殷因云云者孔子舉前三代禮法相因及所損益以爲後代可知之證也言殷代夏立而因用夏禮及損益夏禮事事可得而知也云周因云云者又周代殷立亦有因殷禮及有所損益者亦事事可知也云其或云云者既因變有常故從今以後假令或有繼周而王者王王相承至於百世亦可逆知也或言周者周時猶在不敢指斥百代故云其或也。註馬融曰至統也。云所因謂三綱五常者此是周所因於殷殷所因於夏之事也三綱謂夫婦父子君臣也三事爲人生之綱領故云三綱也五常謂仁義禮智信也就五行而論則木爲仁火爲禮金爲義水爲信土爲智人稟此五常而生則備有仁義禮智信之性也人有博愛之德謂之仁有嚴斷之德爲義有明辨尊卑敬讓之德爲禮有言不虛妄之德爲信有照了之德爲智此五者是人性之恆不可暫捨故謂五常也雖復時移世易事歷今古而三綱五常之道不可變革故世世相因百代仍襲也云所損益謂文質三統者夫文質再而復正朔三而改質文再而復者若一代之君以質爲教者則次代之君必以文教也以文之後君則復質質之後君則復文循環無窮有興必有廢廢興更遞故有損益也正朔三而改者三代而一周也夫人君爲政所尚不同必各有所統統則有三也案大傳云王者始起改正朔易服色夫正朔有三本亦有三統明王者受命各統一正也朔者蘇也革也言萬物革更於是故統焉又禮三正記云正朔三而改文質再而復尚書大傳云夏以孟春爲正殷以季冬爲正周以仲冬爲正又曰夏以十三月爲正色尚黑以平旦爲朔殷以十二月爲正色尚白以雞鳴爲朔周以十一月爲正色尚赤以夜半爲朔也白虎通云王者受命必改正朔者明易姓示不相襲明受之於天不受之於人所以變易民心革其

耳目以化又云十三月之時萬物始達孚甲而出皆黑人得加功力故夏爲人正色尚黑也十二月之時萬物始芽而白白者陰氣故殷爲地正色尚白也十一月之時陽氣始養根核故黃泉之下萬物皆赤赤者盛陽之氣也故周爲天正色尚赤也又云天道左旋改正右行者非改爲天道但改日月耳日月右行故改正右行日尊於月不言正日而言正月者積日成月物隨月而變據物爲正也天質地文周反天統何質文再改正朔三易三微質文正不相因故天正不隨質文也三統之義如此然舊問云夏用建寅爲正物初出色黑故尚黑今就草木初生皆青而云黑何也舊通云物初出乃青遠望則黑人功貴廣遠故也且一日之中天有青時故取其黑也又舊問云三正爲正是三王爲上代已有舊通有二家一云正在三代三代時相統故須變革相示也又一家云自從有書籍而有三正也伏犧爲人統神農爲地統黃帝爲天統少昊猶天統言是黃帝之子故不改統也顓頊爲人統

帝嚳爲地統帝堯是爲嚳子亦爲地統帝舜爲天統夏爲人統殷爲地統周爲天統三正相承若連環也今依後釋所以必從人爲始者三才須人乃成是故從人爲始也而禮家從夏爲始者夏是三王始故舉之也又不用建卯建辰爲正者于是萬物不齊莫適所統也○註馬融曰至知也○云物類相招者謂三綱五常各以類相招因而不變者也云勢數相生者謂文質三統及五行相次各有勢數也如太昊木德神農火德黃帝土德少昊金德顓頊水德周而復始其勢運相變生也云其變有常故可豫知者豫逆也有因有變各有其常以此而推故百世可逆知也

子曰非其鬼而祭之諂也註鄭玄曰人神曰鬼非其祖考而祭之是諂以求福也見義不爲無勇也註孔安國曰義者所宜爲也而不能爲是無勇也疏

子曰至勇也○云非其鬼而祭之諂也者諂横求也鬼神聰明正直不歆非禮人若非己祖考而祭之是爲諂求福也云見義不爲無勇也者義謂所宜爲也見所宜爲之事而不爲是無勇敢也

論語集解義疏卷第一

論語集解義疏卷第二

魏　何晏　集解

梁　皇侃　義疏

論語八佾第三

疏 八佾者奏樂人數行列之名也此篇明季氏是諸侯之臣而僭行天子之樂也所以次前者言政之所裁裁於斯濫故八佾次爲政也又一通云政既由學學而爲政則如北辰若不學而爲政則如季氏之惡故次爲政也然此不標季氏而以八佾命篇者深責其惡故書其事以標篇也

孔子謂季氏八佾舞於庭是可忍也孰不可忍也 註

馬融曰孰誰也佾列也天子八佾諸侯六卿大夫四士二八人爲列八八六十四人也魯以周公故受王者禮樂有八佾之舞今季桓子僭於其家廟舞之故孔子譏之也【疏】孔子謂至忍也○云孔子謂季氏者謂者評論之辭也夫相評論有對面而言有遥相稱評若此後子謂冉有曰汝不能救與則是對面也今此所言是遥相評也季氏魯之上卿也魯有三卿並豪强僭濫季氏是上卿爲僭濫之端故特舉謂季氏也云八佾舞於庭者此是孔子所譏之事也佾猶行列也天子制八音爲樂以調八風故舞人亦有八行每八人爲行八八六十四人則天子舞者用六十四人也魯有周公之故故天子賜魯用天子八佾之樂而季氏是魯臣乃僭取八佾樂於其家廟庭而舞之故云八佾舞於庭也云是可忍也者是猶

此也此此此舞八佾之事也忍猶容耐也孔子曰僭此八佾之舞若可容忍者也云孰不可忍也者孰誰也言若此僭可忍則天下爲惡誰復不可忍也○註馬融曰至譏之也○云天子八佾者天子用八以象八風八風者八方八卦之風也北曰廣漠風東北曰條風東曰明庶風東南曰清明風南曰景風西南曰涼風西曰閶闔風西北曰不周風也云諸侯六者六禮降殺以兩天子八佾諸侯故云六佾也云卿大夫四士二者杜注左氏傳及何注公羊傳皆云諸侯六六三十六人大夫四四十六人士二二四人也云八人爲列八八六十四人也者據天子之佾人數也云魯以周公故者故周公有輔相成王攝天子位六年制禮作樂七年致政還成王之故也云受王者禮樂有八佾之舞者由周公之故故受天子禮樂八佾舞也云今季云云者卑者濫用尊者之物曰僭也桓子家之豪強起於季氏文子武子平子悼子至桓子五世故後引稱孔子曰政逮於大夫四世矣是也今孔

子所譏皆譏其五世而注獨云桓子者是時孔子與桓子政相値故舉値者言之

三家者以雍徹（註）馬融曰三家者謂仲孫叔孫季孫也雍周頌臣工篇名也天子祭於宗廟歌之以徹祭今三家亦作此樂者也子曰相維辟公天子穆穆矣奚取於三家之堂（註）苞氏曰辟公謂諸侯及二王之後也穆穆天子之容也雍篇歌此曲者有諸侯及二王之後來助祭故也今三家但家臣而已何取此義而作之於堂耶（疏）三家至之堂○云三家者以雍徹者又譏其失也三家卽是仲孫叔孫季孫也並皆僭濫故此并言之也季氏爲最惡故卷初獨言季氏

也雍者詩篇名也徹者禮天子祭竟欲徹祭饌則
使樂人先歌雍詩以樂神後乃徹祭器于時三家
祭竟亦歌雍詩以徹祭饌故云三家者以雍徹也
云子曰云云者前是祭者之言此是孔子語也孔
子稱雍詩之曲以譏三家也相助也辟猶諸侯也
公二王之後也穆穆敬也奚何也孔子曰此詩曲
言時助祭者有諸侯及王者後而天子容儀盡敬
穆穆然今三家之祭但有其家臣而已有何諸侯
二王後及天子穆穆乎既無此事何用空歌此曲
於其家之廟堂乎或問曰魯祭亦無諸侯及二王
後那亦歌此曲耶答曰既用天子禮樂故歌天子
詩也或通云既用天子禮樂故當祭時則備設此
諸官也或云魯不歌此雍也季氏自僭天子禮非
僭魯也。註馬融曰至者也。云三家者謂仲孫
叔孫季孫也者三孫同是魯桓公之後桓公嫡子
莊公爲君而庶子公子慶父公子叔牙公子季友
也仲孫是慶父之後叔孫是叔牙之後季孫是季
友之後後子孫皆以其先仲叔季爲氏故有此三

氏並是桓公子孫故俱稱孫也亦曰三桓子孫也仲孫氏後世改仲曰孟孟者庶長之稱也言己家是庶不敢與莊公爲伯仲叔季之次故取庶長爲始而云孟孫氏也云雍周頌云云者天子徹祭所以歌雍者雍詩云有客雍雍至止肅肅相維辟公天子穆穆是言祭事周畢有客甚自雍和而至皆並肅敬時助祭者有諸侯及二王後而天子威儀又自穆穆是禮足事竟所以宜徹故歌之以樂神也。註苞氏曰至堂耶。云辟公謂諸侯及二王之後也者辟訓君君故是諸侯也二王後稱公公故是二王後也云穆穆云云者唯天子祭有此也云今三家云云者大夫稱家今三卿之祭但有家臣家臣謂家相邑宰之屬來助祭耳有何辟公天子穆穆而空歌此曲於堂乎

子曰人而不仁如禮何人而不仁如樂何註苞氏曰言人而不仁必不能行禮樂也疏子曰至樂何。此章亦爲季氏

出也季氏僭濫王者禮樂其既不仁則奈此禮樂何乎江熙云所貴禮樂者以可安上治民移風易俗也然其人存則興其人亡則廢而不仁之人居得興之地而無能興之道則仁者之屬無所施之故歎之而已

林放問禮之本【註】鄭玄曰林放魯人也子曰大哉問禮與其奢也寧儉喪與其易也寧戚【註】苞氏曰易和易也言禮之本意失於奢不如儉也喪失於和易不如哀戚也【疏】林放問至寧戚。○云林放問禮之本者問孔子求知禮之本也云子曰大哉問者重林放能問禮之本故美其問而稱之大哉也故王弼曰時人棄本崇末故大其能尋本禮意也云禮與其奢也寧儉者美之既竟此荅之也奢奢侈也儉儉約也夫禮之本意在奢儉之中不得中者皆爲失也然爲失雖同而成敗則異奢則不遜儉則固陋俱是致失奢不如儉故云禮與其奢寧儉也云喪與其易也寧戚者易和易也戚哀過禮也凡喪有五服輕重者各宜當情所以是本若和易及過哀皆是爲失會是一失則易不若過哀故云寧戚也或問曰何不荅以禮本而必言四失何也荅云舉其四失則知不失卽其本也其時世多失故因舉失中之勝以誠當時也○【註】苞氏曰至戚也○就注意卽所荅四失從二卽是禮本也

子曰夷狄之有君不如諸夏之亡也【註】苞氏曰諸夏中國也亡無也【疏】子曰至亡也○此章爲下僭上者發也諸夏中國也亡無也言中國所以尊於夷狄者以其名分定而上下不亂也周室既衰諸侯放恣禮樂征伐之權不復出自天子反不如夷狄之國尚有尊長統屬不至如我中國之無君也○【註】苞氏曰諸夏中國也○謂中

國爲諸夏者夏大也中國禮大故謂爲夏也諸之也語助也

季氏旅於泰山子謂冉有曰汝不能救與註馬融曰旅祭名也禮諸侯祭山川在其封內者也今陪臣祭泰山非禮也冉有弟子冉求也時仕季氏救猶止也對曰不能子曰嗚呼曾謂泰山不如林放乎註苞氏曰神不享非禮林放尚知問禮泰山之神反不如林放耶欲誣而祭之也疏季氏旅至放乎○云季氏旅於泰山者又譏季氏僭也旅祭名也鄭注周禮云旅非常祭也今季氏祭泰山是非常祭故云旅也泰山魯之泰山也禮天子祭天下名山大川諸侯止祭其封內大夫位非專封則不得祭山川而季氏

亦僭祭魯泰山也〔云〕子謂冉有曰汝不能救與者冉有孔子弟子也救猶諫止也時冉有仕季氏家季氏濫祀故孔子問冉有言汝既仕彼家那不能諫止其濫祀乎〔云〕對曰不能者冉有對孔子也不能諫季氏豪僭雖諫不能止也〔云〕子曰嗚呼者孔子更說季氏之失故先歎而後言也嗚呼歎也〔云〕曾謂泰山不如林放乎者曾之言則也乎助語也孔子曰林放尚能問禮本況泰山之神聰明正直而合歆此非禮之祀也乎若遂歆此非禮之食則此神反不如林放也既必無歆理豈可誣罔而祭之乎故云則可謂泰山不如林放乎○〔註〕馬融曰至禮也○〔云〕禮諸侯祭山川在其封內者也者泰山在魯魯君宜祭之耳〔云〕今陪臣祭泰山非禮也者陪重也魯是天子臣而季氏是魯臣於天子爲重臣重臣而與天子俱祭名山故爲非禮也

子曰君子無所爭必也射乎〔註〕孔安國曰言於射而

後有爭也揖讓而升下而飲【註】王肅曰射於堂升及下皆揖讓而相飲也其爭也君子【註】馬融曰多筭飲少筭君子之所爭也【疏】子曰至君子○此章明射之可重也云君子無所爭者言君子恒謙卑自收退讓明禮故云無所爭也云必也射乎者言雖他事無爭而於射有爭故云必也射乎於射所以有爭者古者生男必設桑弧蓬矢於門左至三日夜使人負子出門而射示此子方當必有事於天地四方故云至年長以射進仕禮王者將祭必擇士助祭故四方諸侯並貢士於王王試之於射宫若形容合禮節奏比樂而中多者則得預於祭得預於祭者進其君爵土若射不合禮樂而中少者則不預祭不預祭者黜其君爵土此射事既重非唯自辱乃係累已君故君子之人於射而必有爭也故顏延之曰射許有爭故可以觀無爭也云揖讓而升下者射儀

云禮初主人揖賓而進交讓而升堂及射竟勝負已決下堂猶揖讓不忘禮故云揖讓而升下也〔云而飲者〕謂射不如者而飲罰爵也射勝者黨酌酒跪飲於不如者云敬養所以然者君子敬讓不以已勝爲能不以彼負爲否言彼所以不中者非彼不能政是有疾病故也酒能養病故酌酒飲彼示養彼病故云敬養也所以禮云君使士射不能則辭以疾懸弧之義也而不如者亦跪受酒而云賜灌灌猶飲也言賜飲者服而爲敬辭也〔云其爭也君子者〕夫小人之爭必攘臂厲色今此射雖心止不忘中而進退合禮更相辭讓跪授跪受不乖君子之容故云其爭也君子也。〔註〕王肅曰至飲也。就王注意則云揖讓而升下也若餘人讀則云揖讓而升升屬上句又云下而飲下屬下句然此讀不及王意也。〔註〕馬融曰至爭也。此證其爭也君子也算猶籌也射者比結朋黨各有算數每中則以算表之若中多則算多故云多算也中少則算少故云少算也凡情得勝則自爲矜貴今射雖多算當猶自酌酒以飲少算不敢自高是君子之所爭也故云君子之所爭也然釋此者云於射無爭非今所安聊復記之李充曰君子謙卑以自收後己先人受勞辭逸未始非讓何爭之有乎射藝競中以明能否而處心無措者勝負若一此觀之愈知君子之無爭也欒肇曰君子於射講藝明訓考德觀賢繁揖讓以成禮崇五善以興教故曰君子無所爭必也射乎言於射尤必君子之無爭周官所謂陽禮教讓則民不爭者也君子於禮所主在重而所畧在輕若升降揖讓於射則爭是爲輕在可讓而重在可爭豈所謂禮敬之道哉且爭無益於勝功者也求勝在己理之常也雖心在中質不可謂爭矣故射儀曰失諸正鵠還求諸身求中以辭養不爲爭勝以恥人也又曰射仁道也發而不中不怨勝己者反求諸己而已因稱此言以證無爭焉誠以爭名施於小人讓分定於君子也今說者云必於射然後有爭此爲反論文背周官違禮記而後有爭之言得通考諸經傳則無爭

之論益明矣范甯亦云無爭

子夏問曰巧笑倩兮美目盼兮素以爲絢兮何謂也註馬融曰倩笑貌盼動目貌絢文貌也此上二句在衛風碩人之二章其下一句逸也子曰繪事後素註鄭元曰繪畫文也凡畫繪先布衆采然後以素分其閒以成其文喻美女雖有倩盼美質亦須禮以成也曰禮後乎註孔安國曰孔子言繪事後素子夏聞而解知以素喻禮故曰禮後乎子曰起予者商也始可與言詩已矣註苞氏曰予我也孔

子言子夏能發明我意可與共言詩已矣【疏】子夏問至已矣。【云】子夏問云云者【直】此是衛風碩人閔莊姜之詩也莊姜有容有禮衛侯不好德而不荅故衛人閔之也巧笑笑之美者也倩巧笑貌也言人可憐則笑巧而貌倩倩然也美目目之美者也盼動目貌也言人可憐則目美而貌盼盼然也素白也絢文貌也謂用白色以分間五采使成文章也言莊姜既有盼倩之貌又有禮自能結束如五采得白分間乃文章分明也子夏讀詩不達此語故云何謂以問孔子也【云】子曰繪事後素者【直】荅子夏也繪畫也言此上三句是明美人先有其質後須其禮以自約束如畫者先雖布衆采陰映然後必用白色以分間之則畫文分明故曰繪事後素也【云】曰禮後乎者【直】子夏聞孔子云繪事後素而解特諭人雖可憐必後用禮故云禮後乎【云】子曰云云者【直】起發也予我也孔子但言繪事後素而子夏仍知以素諭禮是達詩人之旨以起發我談故始可與言詩也沈居士曰孔子始云未若貧而樂道富而好禮未見貧者所以能樂道富者所以能好禮之由子貢荅曰切磋琢磨所以得好禮也則是非但解孔子旨亦是更廣引理以荅也故曰告諸往而知來者也孔子云繪事後素本政是以素喻禮子夏荅云禮後乎但是解夫子語耳理無所廣故云起予而不云知來也○註此上至逸也○云此上二句在衛風碩人之二章者巧笑及美目即見衛風碩人第二章云其下一句逸也者素以爲絢之一句也已散逸則衛風所無也○註鄭元曰繪畫文也○又刺縫成文則謂之繡畫之成文謂之爲繪也

子曰夏禮吾能言之杞不足徵也殷禮吾能言之宋不足徵也註苞氏曰徵成也杞宋二國名也夏殷之後也夏殷之禮吾能說之杞宋之君不足以成

之也文獻不足故也足則吾能徵之矣【註】鄭元曰獻猶賢也我能不以其禮成之者以此二國之君文章賢才不足故也【疏】子曰至之矣。此章明夏殷之後失禮也云夏禮吾能言之杞不足徵也者夏禮謂禹時禮也即孔子往杞所得夏時之書也杞夏之後所封之國也徵成也夏桀失國周封其後東婁公於杞當于周末而其君昏闇故孔子言夏家之禮吾能言之但杞君昏闇不足與其成其先代之禮故云杞不足徵也【云】殷禮吾能言之宋不足徵也者殷禮殷湯之禮即孔子往宋所得乾坤之書也宋殷之後所封之國也紂失國周封微子於宋也孔子曰殷湯之禮吾亦能言但于時宋君昏亂不足以與其成之也【云】文獻不足故也者解所以不足成義也文文章也獻賢也言杞宋二君無文章賢才故我不足與成之【云】足則吾能徵之矣者若文章賢才足則

吾豈不與成之乎故云足則吾能徵之矣

子曰禘自既灌而往者吾不欲觀之矣【注】孔安國曰禘祫之禮爲序昭穆也故毀廟之主及羣廟之主皆合食於太祖灌者酌鬱鬯灌於太祖以降神也既灌之後別尊卑序昭穆而魯逆祀躋僖公亂昭穆故不欲觀之矣【疏】子曰至之矣○此章明魯祭失禮也禘者大祭名也周禮四時祭名春曰祠夏曰礿秋曰嘗冬曰蒸又四時之外五年之中別作二大祭一名禘一名祫而先儒論之不同今不具說且依注梗概而談也謂爲禘者諦也謂審諦昭穆也灌者獻也酌鬱鬯酒獻尸灌地以求神也禮禘必以毀廟之主陳在太祖廟未毀廟之主亦升於太祖廟序諦昭穆而

後其合食堂上未陳列主之前王輿祝入太祖廟室中以酒獻尸尸以祭灌於地以求神求神竟而出堂列定昭穆備成祭禮時魯家逆祀尸主亂次當於灌時未列昭穆猶有可觀既灌以後逆列已定故孔子云不欲觀也往猶後也不言祫唯云禘者隨爾時所見也。註孔安國曰至之矣。云禘祫之禮爲序昭穆也者列諸主在太祖廟堂太祖之主在西壁東向太祖之子爲昭在太祖之東而南向太祖之孫爲穆對太祖之子而北向以次東陳在北者曰昭在南者曰穆所謂父昭子穆也昭者明也尊父故曰明也穆敬也子宜敬於父也云故毀廟云云者孔及先儒義云禘祫禮同皆取毀廟主及未毀廟之主並升列昭穆在太祖廟堂也云灌者云云者鬱鬯煮鬱金之草取汁釀黑秬一秠二米者爲酒酒成則氣芬芳調暢故呼爲鬯亦曰秬鬯也若又擣鬱金取汁和莎泲於此鬯則呼爲鬱鬯但先儒舊論灌法不同一云於太祖室裏龕前東向束白茅置地上而持鬯酒灌白茅上使酒味滲入淵泉以求神也而鄭康成不正的道灌地或云灌尸或云灌神故郊特牲云周人尚臭灌用鬯臭鬱合鬯臭陰達於淵泉灌以珪璋用玉氣也既灌然後迎牲致陰氣也鄭注云灌謂以圭瓚酌暢始獻神也又祭統云君執圭瓚灌尸太宗執璋瓚亞灌鄭注云天子諸侯之祭禮先有灌尸之事乃後迎牲案鄭二注或神或尸故解者或云灌神是灌地之禮灌尸是灌人之禮而鄭注尚書大傳則云灌是獻尸尸乃得獻乃祭酒以灌地也云既灌之後別尊卑序昭穆者謂灌竟尸出堂時也云躋爲云云者躋升也僖公閔公俱是莊公之子僖庶子而年長閔嫡而幼莊公薨而立閔公爲君則僖爲臣事閔閔薨而僖立爲君僖後雖爲君而昔是經閔臣至僖薨列主應在閔下而躋之宗人夏父弗忌佞僖公之子文公云吾聞新鬼大故鬼小故升僖於閔上逆祀亂昭穆故孔子不欲觀之也

或問禘之說子曰不知也（註）孔安國曰荅以不知者爲魯君諱也知其說者之於天下也其如示諸斯乎指其掌（註）苞氏曰孔子謂或人言知禘禮之說者於天下之事如指示以掌中之物言其易了也

（疏）或問至其掌。（云）或問禘之說者或人問孔子不欲觀禘故問孔子以求知禘義之舊說也（云）子曰不知也者孔子荅或人曰不知禘禮舊說也所以然者若依舊說而荅之則魯乖禮之事顯若依魯而說之則又乖正教既欲爲魯諱故云不知也（云）知其說者之於天下也其如示諸斯乎者孔子爲國諱而荅以不知遂更不說則千載之後長言禘禮爲聖所不知此事永絕故更向或人陳其方便也言若欲知禘說其自不難於天下之人莫不知矣人人皆知如示以掌中之物無不知了者也故云知其說者之於天下也其如示諸斯也斯此也此此孔子掌中也云指其掌者此記者所言以釋孔子語也孔子既云易知而申掌又以一手自指所申之掌以示或人云其如示諸此也是孔子自指其掌也。註孔安國曰予諱也。臣爲國諱惡則是禮也

祭如在註孔安國曰言事死如事生也祭神如神在註孔安國曰謂祭百神也子曰吾不與祭如不祭註苞氏曰孔子或出或病而不自親祭使攝者爲之故不致敬於心與不祭同也疏祭如至不祭。云祭如在者此以下二句乃非孔子之言亦因前而發也爲魯祭臣處其君上是不如在故明宜如在也此先說祭人鬼也人子奉親事死如事生是如在也云祭神如神在者此謂祭天地山川百神也神不可測而

心期對之如在此也○云子曰吾不與祭如不祭者既並須如在故記者引孔子語證成己義也孔子言我或疾或行不得自祭使人攝之雖使人代攝而於我心不盡是與不祭同也○註孔安國曰言事死如事生也○所以祭之日思親居處笑語及所好樂嗜欲事事如生存時也○註孔安國曰謂祭百神也○孔所以知前是祭人鬼後是祭百神者凡且稱其在以對不在也前既直云如在故則知是人鬼以今之不在對於昔之在也後既云祭神如神在再稱於神則知神無存沒期之則在也

王孫賈問曰與其媚於奧寧媚於竈何謂也註孔安國曰王孫賈衛大夫也奧內也以喻近臣也竈以喻執政也賈者執政者也欲使孔子求昵之故微以世俗之言感動之也子曰不然獲罪於天無所

禱也【註】孔安國曰天以喻君也孔子距之曰如獲罪於天無所禱於衆神也【疏】王孫賈問至禱也。云王孫賈問云云者此世俗舊語也媚趣向也奧內也謂室中西南角室向東南開戶西南安牖牖內隱奧無事恒尊者所居之處也竈謂人家爲飲食之處也賈仕在衛執政爲一國之要能爲人之益欲自比如竈雖卑外而實要爲衆人所急也又侍君之近臣以喻奧也近君之臣雖近君爲尊而交無事如室之奧雖尊而無事也施於人無益也時孔子至衛賈誦此舊語以感切孔子欲令孔子求媚於己如人之媚竈也故云與其媚於奧寧當媚竈問於孔子何謂使孔子悟之也【云】子曰云云者孔子識賈之詐故以此言距之也言我不被時用是由君命何能細爲曲情以求於汝輩譬如世人得罪於天亦無所祈禱衆邪之神也。【註】孔安國曰至之也。【云】王孫賈衛大夫也者【云】王孫賈者周靈王之孫名賈也是時仕衛爲大夫也云欲使云云者昵猶親近也欲令孔子求親近於己故說世俗之言微以感動之也。註孔安國曰至神也。若不依注則復一釋欒肇曰奥尊而無事竈卑而有求時周室衰弱權在諸侯賈自周出仕衛故託世俗言以自解於孔子孔子曰獲罪於天無所禱者明天神無上王尊無二言當事尊卑不足媚也

子曰周監於二代郁郁乎文哉吾從周註孔安國曰監視也言周文章備於二代當從周也疏子曰至從周。云周監於二代郁郁乎文哉者周周代也監視也二代夏殷也郁郁文章明著也言以周世比視於夏殷則周家文章最著明大備也云吾從周者周既極備爲教所須故孔子欲從周也

子入大廟註苞氏曰大廟周公廟也孔子仕魯魯祭

周公而助祭也每事問或曰孰謂鄹人之子知禮乎入大廟每事問（註）孔安國曰鄹孔子父叔梁紇所治邑也時人多言孔子知禮或人以爲知禮者不當復問也子聞之曰是禮也（註）孔安國曰雖知之當復問慎之至也（疏）子入至禮也。云子入大仕魯助祭故得入周公廟也云每事問者大廟中事及物孔子每事輒問於廟中令長也云或曰云云者孰誰也鄹孔子父叔梁紇所治邑也故謂孔子爲鄹人子也世人皆傳孔子知禮或人疑云知禮者自當徧識一切不應有問今孔子入廟每事輒問則是不知禮也故曰誰謂鄹人子知禮乎云子聞之曰是禮也者孔子聞或人譏己多問故釋之也所以云是禮者宗廟事重不可輕脫愈知愈

問是敬愼之禮也

子曰射不主皮（註）馬融曰射有五善一曰和志體和也二曰和容有容儀也三曰主皮能中質也四曰和頌合雅頌五曰興武與舞同也天子有三侯以熊虎豹皮爲之言射者不但以中皮爲善亦兼取之和容也爲力不同科古之道也（註）馬融曰爲力爲力役之事也亦有上中下設三科焉故曰不同科也（疏）子曰至道也○云射不主皮者射者男子所有事也射乃多種今云不主皮者則是將祭擇士之大射也張布爲棚而用獸皮怗其中央必射之取中央故謂主皮也然射之爲禮乃須

中質而又須形容兼美必使威儀中禮節奏比樂然後以中皮爲美而當周衰之時禮崩樂壞其有射者無復威儀雅競取主皮之中故孔子抑而解之云射不必在主皮也云爲力不同科者爲力謂力役之事也科品也古者役使一入隨其強弱爲科品使之有上中下三等周末則一槩使之無復強弱三科與古爲異此明古不同科也云古之道也者射不主皮及爲力不同科二事皆是古有道之時法也故云古之道也。註馬融曰至爲之。云射有五善者引周禮鄉大夫射五物之法以證之也云一曰和志體和也者和志謂將射必先正志志和則身體和韻故云體和也云二曰和容有容儀也者二則使行步舉動和柔所以有容儀也云三曰主皮能中質也者先和志有容儀後乃取中於質質即棚也云四曰和頌合雅頌者射時有歌樂言雖能中質而放捨節奏必令與雅頌之聲和合也天子以騶虞爲節諸侯以狸首爲節大夫以采蘋爲節士以采蘩爲節故孔子曰何以射何以聽言射節與樂聲合如一也云五曰興武與舞同也者非雅聲合雅頌而已乃至使射容與樂舞趣與相會進退同也然馬注與鄉射五物少異亦可會也不須委曲細通也云天子有三侯者侯即射棚也謂棚爲侯者天子中之以威服諸侯諸侯中之則得爲諸侯故禮云射爲諸侯也尚書云侯以明之是也云熊虎豹皮爲之者三獸之皮各爲一侯故有三侯也所以用此三獸者三獸雄猛今取射之示能伏服猛也天子大射張此三侯天子射猛虎諸侯射熊卿大夫射豹也然此注先言熊者隨語便無別義也

子貢欲去告朔之餼羊注鄭玄曰牲生曰餼禮人君每月告朔於廟有祭謂之朝享也魯自文公始不視朔子貢見其禮廢故欲去其羊也子曰賜也汝

愛其羊我愛其禮〔註〕苞氏曰羊在猶所以識其禮也羊亡禮遂廢也〔疏〕子貢欲至其禮。〔云〕子貢欲去告朔之餼羊者告朔者人君每月旦於廟告此月朔之至也禮天子每月之旦居於明堂告其時帝布政讀月令之書畢又還大廟告於大祖諸侯無明堂但告於大廟並用牲天子用牛諸侯用羊于時魯家昏亂自文公而不復告朔以至子貢之時也時君雖不告朔而其國之舊官猶進告朔之羊子貢見告朔之禮久廢而空有其羊故使除去其羊也餼者腥羊也腥牲曰餼〔云〕子曰賜也汝愛其羊我愛其禮者孔子不許子貢去羊也言子貢欲去羊之意政言既不告朔徒進羊爲費故云愛羊也而我不欲去羊者君雖不告朔而後人見有告朔之羊猶識舊有告朔之禮今既已不告若又去羊則後人無復知有告朔之禮者是告朔禮都亡我今猶欲使人見羊知其有禮故云我愛其禮也。〔註〕鄭元曰至羊也。〔云〕

牲生曰餼者鄭注詩云牛羊豕爲牲繫養者曰牢熟曰饔腥曰餼生曰牽而鄭今云牲生曰餼者當腥與生是通名也然必是腥也何以知然者猶生養則子貢何以愛乎政是殺而腥送故賜愛之也云禮人君云云者告朔之祭周禮謂爲朝享也鄭注論語云諸侯用羊天子川牛與侃案魯用天子禮告朔應用牛而今用羊者大子告朔時帝事大故用牛魯不告帝故依諸侯用羊也云魯自文公始不視朔者文公是僖公之子也起文公爲始而不視告於朔也始文經宣成襄昭定至哀公時子貢當於定末及哀時也然謂月旦爲朔者朔者蘇也生也言前月已死此月復生也

子曰事君盡禮人以爲諂也註孔安國曰時事君者多無禮故以有禮者爲諂也疏子曰至諂也○當于爾時臣皆諂佞阿黨若見有能盡禮竭忠於君者因共疑謂爲諂故孔子明言以疾當時也

定公問君使臣臣事君如之何【註】孔安國曰定公魯君謚也時臣失禮定公患之故問也孔子對曰君使臣以禮臣事君以忠【疏】定公問至以忠。○云定公問云云者定公哀公父也亦失禮而臣不服也定公患之故問孔子求於君使臣臣事君之法禮也云孔子對云云者孔子荅因斥定公也言臣之從君如草從風故君能使臣得禮則臣事君必盡忠也君若無禮則臣亦不忠也

子曰關雎樂而不淫哀而不傷【註】孔安國曰樂而不至淫哀而不至傷言其和也【疏】子曰至不傷。○云關雎樂而不淫者關雎者卽毛詩之初篇也時人不知關雎之義而横生非毀或言其淫或言其傷故孔子解之也關

雎樂得淑女以配君子是其爲政風之美耳非爲
淫也故云樂而不淫也故江熙云樂在得淑女疑
於爲色所樂者德故有樂而無淫也又李充曰關
雎之興樂得淑女以配君子憂在進賢不淫其色
是樂而不淫也云哀而不傷者關雎之詩自是哀
思窈窕思賢才故耳而無傷善之心故云哀而不
傷也故李充曰哀窈窕思賢才而無傷善之心是
哀而不傷也。註孔安國曰至和也。鄭玄曰樂
得淑女以爲君子之好仇不爲淫其色也寤寐思
之哀世失夫婦之道不得此人不爲滅傷其愛也

哀公問社於宰我宰我對曰夏后氏以松殷人以柏
周人以栗曰使民戰栗也註孔安國曰凡建邦立
社各以其土所宜之木宰我不本其意妄爲之說
因周用栗便云使民戰栗也子聞之曰成事不說

註苞氏曰事已成不可復說解也遂事不諫註苞氏曰事已遂不可復諫止也既往不咎註苞氏曰事既往不可復追非咎也孔子非宰我故歷言三者欲使慎其後也疏哀公問至不咎。云哀公問社於宰我者社社稷也哀公見社稷種樹之不同故問宰我也哀公魯君也宰我孔子弟子姓宰名予字子我也鄭論本云問主也云宰我對曰云云者宰我荅社稷樹三代所居不同故有松柏之異也然夏稱后氏殷周稱人者白虎通曰夏以揖讓受禪爲君故褒之稱后后君也又重其世故氏係之也殷周以干戈取天下故貶稱人也白虎通又云夏得禪授是君與之故稱后也殷周從人民之心而伐取之是由人得之故曰人也云曰使民戰栗也者曰者謂也宰我見哀公失德民不畏服無戰栗悚敬之心今欲微諷哀公使改德脩行故因於荅三代木竟而又矯周樹用栗之義也言周人所以用栗謂種栗而欲使民戰栗故也今君是周人而社既種栗而民不戰栗何也然謂曰爲謂者猶曰者未仁及不曰如何之類也云子聞之者孔子聞宰我說使民戰栗之言也云曰成事不說者聞而譏宰我也言種栗是隨土所宜此事之成著乎三代汝今妄說曰使民戰栗是壞於禮政故云成事不說也云遂事不諫者此指哀公也言哀公爲惡已入而民不戰栗其事畢遂此豈汝之可諫止也云既往不咎者此斥宰我也言汝不本樹意而妄爲他說若餘人爲此說則爲可咎責今汝好爲謬失而此事既已往吾不復追咎汝也是咎之深也猶於予與何誅之類也○註孔安國曰至栗也○云凡建云云者出周禮也然社樹必用其土所宜之木者社主土土生土生必令得宜故用土所宜木也夏居河東河東宜松殷居亳亳宜柏周居酆鎬酆鎬宜栗也云宰我不本其意妄爲之說者本在隨土所宜而宰我妄說

其義是不本其意也云因周用栗便云使民戰栗也者便謂用栗是使民戰栗也依注意即不得如先儒言曰使民戰栗是哀公語也○註苞氏曰至解也○依注亦得爲向解也○註苞氏曰至止也○亦得爲向解也○註苞氏曰至後也○此注亦得爲向者之解也又一家云三語幷譏宰我也故李充曰成事不說而哀豐成矣遂事不諫而哀謬遂矣既往不咎而哀政往矣斯似譏宰我而實以廣道消之慨盛德衰之歎言不咎者咎之深也案李充說是三事幷譏宰我無令後日復行也然成遂往及說諫咎之六字先後之次相配之旨未都可見師說云成是其事自初成之時遂是其事既行之日既往指其事已過之後也事初成不可解說事政行不可諫止事已過不可追咎也先後相配各有旨也

子曰管仲之器小哉註言其器量小也或曰管仲儉

乎註苞氏曰或人見孔子小之以爲謂之太儉乎
曰管氏有三歸官事不攝焉得儉乎註苞氏曰三
歸者娶三姓女也婦人謂嫁爲歸攝猶兼也禮國
君事大官各有人大夫幷兼今管仲家臣備職非
爲儉也曰然則管仲知禮乎註苞氏曰或人以儉
問故荅以安得儉或人聞不儉更謂爲得知禮也
曰邦君樹塞門管氏亦樹塞門邦君爲兩君之好
有反坫管氏亦有反坫註鄭元曰反坫反爵之坫
也在兩楹之間人君有別外內於門樹屏以蔽之

若與鄰國君爲好會其獻酢之禮更酌酌畢則各反爵於坫上今管仲皆僭爲之如是是不知禮也

管氏而知禮孰不知禮也疏子曰至禮也○云管仲之器小哉者管仲者齊桓公之相管夷吾也齊謂之仲父故呼爲管仲也器者謂管仲識量也小者不大也言管仲識量不可大也孫綽曰功有餘而德不足以道觀之得不曰小乎○云或曰管仲儉乎者或人聞孔子云管仲器小便謂管仲懼儉故問云儉乎○云曰管氏云云者孔子又荅或人說管仲不儉也三歸者管仲娶三國女爲婦也婦人謂嫁曰歸也禮諸侯一娶三國九女以一大國爲正夫人正夫人之兄弟女一人又夫人之妹一人謂之姪娣隨夫人來爲妾又二小國之女來爲媵媵亦有姪娣自隨既每國三人三國故九人也大夫婚不越境但一國娶三女以一爲正妻二人姪娣從爲妾也管仲是齊

大夫而一娶三國九人故云有三歸也又諸侯國大事多故立官各職每人輒爲一官若大夫則不得官官置人但每一人輒攝領數事管仲是大夫而立官各人不須兼攝故云官事不攝也既女多官廣費用不少此則非儉者所爲故云焉得儉也〔云〕曰然則管仲知禮乎者又或人聞也或人聞孔子云不儉故更問云若如此則是管仲知禮乎然猶如此也〔云〕曰邦君云云者又荅或人云管仲不知禮也邦君謂諸侯也樹塞門謂立屏以障隔門别外内禮天子諸侯並有之也臣來朝君至屏而起敬天子尊遠故外屏於路門之外爲之諸侯尊近故内屏於内門之内爲之今賁閣板障是也卿大夫以簾士以帷又並不得施之於門政當在庭階之處耳管仲是大夫亦學諸侯於門立屏故云亦樹塞門〔云〕邦君爲云云者又明失禮也禮諸侯與鄰國君相見共於廟飲燕有反坫之禮坫者築土爲之形如土堆在於兩楹之間飲酒行獻酬之禮更酌酌畢則各反其酒爵於坫上故謂此堆爲

反坫大夫無此禮而管仲亦僭爲之故云亦有反坫也云管氏而知禮孰不知禮也者結於荅也孰誰也言若謂管仲此事爲知禮則誰復是不知禮者乎然孔子稱管仲爲仁及臣齊不用兵車而今謂爲小又有此失者管仲中人寧得圓足是故雖有仁功猶不免此失也李充曰齊桓隆霸王之業管仲成一匡之功免生民於左衽豈小也哉然苟非大才者則有偏失好內極奢桓公之病也管生方恢仁大勳宏振風義遺近節於當年期遠濟乎千載寧謗分以要治不潔己以求名所謂君子行道忘其爲身者也漏細行而全令圖唯大德乃堪之季末奢淫愆違禮則聖人明經常之訓塞奢侈之源故不得不貶以爲小也。註苞氏曰至儉也。云三歸者娶三姓女者然媵與夫人與大國宜同姓今雖三國政應一姓而云三姓者當是誤也云攝猶兼云云者攝並也大夫稱家大夫之臣曰家臣家臣宜并事今云不攝是不并不并是不儉也家臣謂家相邑宰之屬也。註鄭元曰至坫上

○云反坫反爵之坫也在兩楹之間者爵謂杯也兩楹者古者屋當棟下隔之棟後謂之室棟前謂之堂假三間堂而中央之間堂無西東壁其柱盈盈而立故謂柱爲楹東柱爲東楹西柱爲西楹西楹之東東楹之西卽謂此地爲兩楹間也云人君有別外內於門樹屏以蔽之者今黃閣用板爲郭古者未必用板或用土今大廟中門內作屏郭之也云若與鄰國君爲好會其獻酢之禮更酌者初主人酌酒與賓曰獻賓飲獻畢而酌與主人曰酢主人飲酢畢又酌與賓曰酬古者賓主各杯故云更酌也云酌畢則各反爵於坫上者旣云各反則是各兩爵也

子語魯大師樂曰樂其可知也已始作翕如也註大師樂官名也言五音始奏翕如盛也從之純如也註從讀曰縱也言五音既發放縱盡其聲純純如

和諧也皦如也註言其音節分明也繹如也以成矣註縱之以純如皦如繹如言樂始於翕如而成於三者也疏子語至成矣。云子語云云者魯大師魯之樂師也魯國禮樂崩壞正音不存故孔子見魯之樂師而語使其知正樂之法故云樂其可知也已云始作翕如也者此以下並是所語可知之聲也翕習也言正樂初奏其聲翕習而盛也云從之純如也者從放縱也言正樂始奏翕習以後又舒縱其聲其聲則純一而和諧言不離析散逸也云皦如也者言雖純如而如一其音節又明亮皦皦然也云繹如也者繹尋續也言聲相尋續而不斷絕也云以成矣者奏樂如此則是正聲一成也。註縱之至三者也。三者純皦繹也

儀封人請見註鄭元曰儀蓋衛下邑也封人官名也

曰君子之至於斯者吾未嘗不得見也從者見之
註苞氏曰從者是弟子隨孔子行者也通使得見
者也出曰二三子何患於喪乎天下之無道也久
矣註孔安國曰語諸弟子言何患於夫子聖德之
將喪亡耶天下之無道也已久矣極衰必有盛也
天將以夫子爲木鐸註孔安國曰木鐸施政教時
所振也言天將命孔子制作法度以號令於天下
也疏儀封至木鐸。云儀封人請見者儀衛邑名
也封人守衛邑之堺吏也周人謂守封疆之
人爲封人也時孔子至衛而封人是賢者故請諸
弟子求見於孔子也云曰君子云云者此封人請

見之辭也既欲見孔子而恐諸弟子嫌我微賤不肯爲通聞故引我恒側以語諸弟子使爲我通也斯此也言從來若有君子來至此衛地者我未嘗不得與之相見言皆見我也從者即是弟子隨孔子來者也聞其言而爲通達使得見也云出曰二三子何患於喪乎者出謂封人見孔子竟而出也二三子即是向爲封人通聞之弟子也喪猶亡失也封人見竟出而呼孔子弟子而語之云二三子汝何所憂患於孔子聖道亡失乎必不亡失也云天下之無道也久矣者此封人又說孔子聖道不亡失之由也言事不常一有盛必有衰衰極必盛當今天下亂離無道已久久亂必應復興之所寄政當在孔子聖德將喪亡之時也云天將以夫子爲木鐸者言今道將興故用孔子爲木鐸以宣令之孫綽曰達者封人栖遲賤職自得於懷抱一觀大聖深明於興廢明道內足至言外亮將天假斯人以發德音乎夫高唱獨發而無感於當時列國之君莫救乎聾盲所以臨文永慨者也然元風

遐被大雅流詠千載之下若瞻儀形其人已遠木鐸未戢乃知封人之談信於今矣。註孔安國曰至下也。○鐸用銅鐵爲之若行武教則用銅鐵爲舌若行文教則用木爲舌謂之木鐸將行號令則執鐸振奮之使鳴而言所教之事也故檀弓云宰夫執木鐸以命于宮曰舍故而諱新又月令云奮木鐸以令兆民曰雷將發聲是其事也

子謂韶盡美矣又盡善也註孔安國曰韶舜樂名也謂以聖德受禪故曰盡善也謂武盡美矣未盡善也註孔安國曰武武王樂也以征伐取天下故曰未盡善也疏子謂至善也。○云子謂韶盡美矣又盡善也者此詳虞周二代樂之勝否也韶舜樂名也夫聖人制樂隨人心而爲名韶紹也天下之民樂舜揖讓紹繼堯德故舜有天下而

制樂名韶也美者堪合當時之稱也善者理事不惡之名也夫理事不惡亦未必會合當時會合當時亦未必事理不惡故美善有殊也韶樂所以盡美又盡善天下萬物樂舜繼堯而舜從民受禪是會合當時之心故曰盡美也揖讓而代於事理無惡故曰盡善也〇云謂武盡美矣未盡善也者武王樂也天下之民樂武王干戈故樂名武也天下樂武王從民而伐紂是會合當時之心故盡美也而以臣代君於事理不善故云未盡善也〇註謂以聖德受禪故曰盡善也〇注不釋盡美而釋盡善者釋其異也〇註以征伐取天下故曰未盡善也〇注亦釋其異者也

子曰居上不寬爲禮不敬臨喪不哀吾何以觀之哉

疏 子曰至之哉〇此章譏當時失德之君也爲君居上者寬以得衆而當時居上者不寬也又禮以敬爲主而當時行禮者不敬也又臨喪以哀爲主而當時臨喪者不哀此三條之事並爲乖禮故

孔子所不欲觀故
云吾何以觀之哉

論語里仁第四　疏　里者鄰里也仁者仁義也此篇
明凡人之性易爲染著遇善則
升逢惡則隆故居處宜愼必擇仁者之里也所以
次前者明季氏之惡由不近仁今示避惡從善宜
居仁里故以里
仁次於季氏也

子曰里仁爲美　註　鄭玄曰里者民之所居也居於仁
者之里是爲善也擇不處仁焉得智　註　鄭玄曰求
善居而不處仁者之里不得爲有智也　疏　子曰至得智○
云里仁爲美者里者民之所居處也周家去王城
百里謂之遠郊遠郊內有六鄉六鄉中五家爲比
五比爲閭五閭爲族五族爲黨五黨爲州五州爲
鄉百里外至二百里爲之六遂遂中五家爲鄰五

鄰爲里四里爲酇五酇爲鄙五鄙爲縣五縣爲遂二百里外至王畿五百里之內並同六遂之制也仁者博施濟衆也言人居宅必擇有仁者之里所以爲美也里仁既爲美則閭仁亦美可知也云擇不處仁焉得智者中人易染遇善則善遇惡則惡若求居而不擇仁里而處之則是無智之人故云焉得智也沈居士曰言所居之里尚以仁地爲美況擇身所處而不處仁道安得智乎○註鄭元曰至善也○文云美而注云善者夫美未必善故鄭深明居仁者里必是善也

子曰不仁者不可以久處約註孔安國曰久困則爲非也不可以長處樂註孔安國曰必驕佚也仁者安仁註苞氏曰唯性仁者自然體之故謂安仁也智者利仁註王肅曰智者知仁爲美故利而行之

也疏子曰至利仁。此明不仁之人居世無宜也。云不仁者不可以久處約者，約猶貧困也。夫君子處貧愈久，德行無變；若不仁之人久居約，則必斯濫爲盜，故不可久處也。云不可以長處樂者，樂，富貴也。君子富貴愈久，愈好禮不倦；若不仁之人久處富貴，必爲驕溢也。云仁者安仁者，辨行仁之中有不同也。若禀性自仁者，則能安仁也。何以驗之？假令行仁獲罪，性仁人行之不悔，是仁者安仁也。云智者利仁者，智者謂識昭前境，而非性仁者也。利仁者，其見行仁者若於彼我皆利，則己行之；若於我有損，則便停止，是智者利仁也。註王肅曰至之也。知仁爲美而性不體之，故有利乃行之也。

子曰：唯仁者能好人，能惡人。註孔安國曰：唯仁者能審人之好惡也。疏子曰至惡人。夫仁人不佞，故能言人之好惡，是能好人能惡人也雍也仁而不佞是也○註孔安國曰至惡也○亦得爲向釋也又一解云謂極仁之人也極仁之人顏氏是也既極仁昭故能識審他人好惡也故繆播曰仁者人之極也能審好惡之表也故可以定好惡若未免好惡之境何足以明物哉

子曰苟志於仁矣無惡也註孔安國曰苟誠也言誠能志於仁者則其餘無惡也疏子曰苟志於仁矣無惡也○苟誠也言人若誠能志在於仁則是爲行之勝者故其餘所行皆善無惡行也

子曰富與貴是人之所欲也不以其道得之不處也註孔安國曰不以其道得富貴則仁者不處也貧與賤是人之所惡也不以其道得之不去也註時

有否泰故君子履道而反貧賤此則不以其道而得之者也雖是人之所惡不可違而去之也君子去仁惡乎成名【註】孔安國曰惡乎成名者不得成名爲君子也君子無終食之間違仁造次必於是顚沛必於是【註】馬融曰造次急遽也顚沛偃仆也雖急遽偃仆不違於仁也【疏】子曰至於是。○云富與貴是人之所欲也者富者財多貴者位高位高則爲他所崇敬財多則爲他所愛夫人生則莫不貪欲此二事故云是人所欲也○云不以其道得之不處也者然二途雖是人所貪欲要當取之以道則爲可居若不用道理而得則不可處也○云貧與賤是人之所惡也者乏財曰貧無位曰賤賤則爲人所欺陵貧則身困凍餒此二事者爲人所憎惡故云是人之所惡也云不以其道得之不去也者若依道理則有道者宜富貴無道者宜貧賤則是理之常道也今若有道而身反貧賤此是不以其道而得也雖非我道而招此貧賤而亦安之若貪不可除去我正道而更作非理邀之故云不去也云君子去仁惡乎成名者此更明不可去正道以求富貴也惡乎猶於何也言人所以得他人呼我爲君子者政由我爲有仁道故耳若捨去仁道傍求富貴則於何處更得成君子之名乎云君子無終食之閒違仁者終食食閒也仁既不可去故雖復飲食之閒亦必心無違離於仁也云造次必於是者造次急遽也是是仁也言雖復身有急遽之時亦必心存於仁也云顛沛必於是者顛沛偃仆也言雖身致偃仆亦必心不違於仁也○註孔安國曰至處也○不義而富且貴於我如浮雲是以君子不處也○註時有至之也○時有否泰運有通塞雖所招非己分而不可違去我正道也所以顔愿安貧不更他方

横求也。註顛沛偃仆也。偃仆猶僵踣也

子曰我未見好仁者惡不仁者好仁者無以尚之註孔安國曰難復加也惡不仁者其爲仁矣不使不仁者加乎其身註孔安國曰言惡不仁者能使不仁者不加非義於己不如好仁者無以加尚之爲優也有能一日用其力於仁者矣乎我未見力不足者也註孔安國曰言人無能一日用其力脩仁者耳我未見欲爲仁而力不足者也蓋有之乎我未之見也註孔安國曰謙不欲盡誣時人言不能

爲仁故云爲能仁有耳其我未見也【疏】子曰至見也○云我未見好仁者者歎世衰道喪仁道絕也言我未見有一人見他人行仁而好之者也云惡不仁者者又言我亦不見一人雖不能自行仁者若見他人不仁而己憎惡之者也故范甯曰世衰道喪人無廉恥見仁者既不好之見不仁者亦不惡之好仁惡不仁我未覩其人也云好仁者無以尚之者尚猶加勝也言若好仁者則爲德之上無復德可加勝此也故李充曰所好唯仁無物以尚之也云惡不仁者其爲仁矣者好仁者故不可加善若知惡憎於不仁者其人亦即是仁故云其爲仁也云不使不仁者加乎其身者此是惡不仁者之功也言既能惡於不仁而身不與親狎則不仁者不得以非理不仁之事加陵於己身也一云其其於仁者也言惡不仁之人雖不好仁而能惡於不仁者不欲使不仁之人以非理加陵仁者之身也故李充曰不仁仁者之賊也奚不惡不仁哉惡其害仁也

是以爲惜仁人之篤者不使不仁人加乎仁者之身然後仁道無適而不申不仁者無往而不屈也云有能云云者又歎世無有一日能行仁者也言人何意不行仁乎若有一日行仁而力不足者我未見有此人也言只故不行耳若行之則力必足也云蓋有之乎我未之見也者孔子既言無有復恐爲頓誣於世故追解之云世中蓋亦當有一日行仁者特是自未嘗聞見耳。註孔安國曰至優也。如前解也。註孔安國曰至見也。誣猶誷也世有而我云無是爲誷也君子可欺不可誷故云蓋有之

子曰民之過也各於其黨觀過斯知仁矣註孔安國曰黨黨類也小人不能爲君子之行非小人之過也當恕而無責之觀過使賢愚各當其所則爲仁

也【疏】子曰至仁矣。云民之過也各於其黨者過猶失也黨黨類也人之有失各有黨類小人不能爲君子之行則非小人之失也猶如耕夫不能耕乃是其失若不能書則非耕夫之失也若責之當就其輩類責之也云觀過斯知仁矣者若觀人之過能隨類而責不求備一人則知此觀過之人有仁心人也若非類而責是不仁人故云觀過斯知仁矣。【註】孔安國曰至仁也。殷仲堪解少異於此殷曰言人之過失各由於性類之不同直者以改邪爲義失在於寡恕仁者以側隱爲誠過在於容非是以與仁同過其仁可知觀過之義將在於斯者

子曰朝聞道夕死可矣【註】言將至死不聞世之有道也【疏】子曰朝聞道夕死可至。歎世無道故言設使朝聞世有道則夕死無恨故云可矣欒肇曰道所以濟民聖人存身爲行道也濟民以道非爲濟身也故云誠令道朝聞於世雖夕死可也傷

道不行且明己憂世不爲身也

子曰士志於道而恥惡衣惡食者未足與議也【疏】子曰至議也○若欲志於道而恥惡衣惡食者此則是無志之人故不足與其謀議於道也一云不可與其共行仁義也李充曰夫貴形骸之內者則忘其形骸之外矣是以昔之有道者有爲者乃使家人忘其貧王公忘其榮而況於衣食也

子曰君子之於天下也無適也無莫也義之與比也【註】言君子之於天下無適無莫無所貪慕也唯義之所在也【疏】子曰至比也○范甯曰適莫猶厚薄也比親也君子與人無有偏頗厚薄唯仁義是親也

子曰君子懷德註孔安國曰懷安也小人懷土註孔安國曰重遷也君子懷刑註孔安國曰安於法也小人懷惠註苞氏曰惠恩惠也疏子曰至懷惠。云君子懷德者懷安也君子身之所安安於有德之事云小人懷土者小人不貴於德唯安於鄉土不期利害是以安之不能遷也一云君子者人君也小人者民下也上之化下如風靡草君若化民安德則下民安其土所以不遷也故李充曰凡言君子者德足軌物義兼君人不唯獨善而已也言小人者向化從風博通下民不但反是之謂也故曰君子之德風小人之德草也此言君導之以德則民安其居而樂其俗鄰國相望而不相與往來化之至也是以大王在岐下輦成都仁政感民猛虎弗避鍾儀懷土而謂之君子然則民之君子君之小人也斯言例也云君子懷刑者刑法也言君子之人安於法則也云小人懷惠者惠恩惠利人也小人不安法雅知安利惠也又一云人君若安於刑辟則民下懷利惠也故李充曰齊之以刑則民惠利矣夫以刑制物者刑勝則民離以利望上者利極則生叛也。註孔安國曰重遷也。重猶難也以遷徙爲難不慕勝而數遷也

子曰放於利而行註孔安國曰放依也每事依利而行之者也多怨註孔安國曰取怨之道也疏子曰至多怨。云放於利而行者放依也謂每事依財利而行者也云多怨者若依利而行者則爲怨府故云多怨

子曰能以禮讓爲國乎何有註何有者言不難也不能以禮讓爲國如禮何註苞氏曰如禮何者言不

能用禮也【疏】子曰至禮何。○云能以禮讓爲國乎
何有者爲猶治也言人君能用禮讓
以治國則於國事不難故云何有言其易也故江
熙曰范宣子讓其下皆讓之人懷讓心則治國易
也云不能以禮讓爲國如禮何者若昏闇之君不
爲用禮讓以治國則如治國之禮何故江熙曰不
能以禮讓則下有爭心錐刀之末
將盡爭之唯利是恤何遑言禮也

子曰不患無位患所以立不患莫己知也求爲可知
也【註】苞氏曰求善道而學行之則人知己也【疏】子曰
至知也。○云不患無位患所以立者時多患無爵
位故孔子抑之也言何患無位但患己才闇無德
以處立於位耳云不患莫己知也求爲可知也者
又言若有才伎則不患人不見知也故云不患莫
己知也若欲得人見知唯當先學
才伎使足人知故云求爲可知也

子曰參乎吾道一以貫之哉曾子曰唯【注】孔安國曰直曉不問故荅曰唯也子出門人問曰何謂也曾子曰夫子之道忠恕而已矣【疏】子曰至已矣。云參乎者呼曾子名欲語之參曾子名也云吾道一以貫之哉者所語曾子之言也道者孔子之道也貫猶統也譬如以繩穿物有貫統也孔子語曾子曰吾教化之道唯用一道以貫統天下萬理也故王弼曰貫猶統也夫事有歸理有會故得其歸事雖殷大可以一名舉總其會理雖博可以至約窮也譬猶以君御民執一統衆之道也云曾子曰唯者唯猶今應爾也曾子曉孔子言故直應爾而已不諮問也云子出者當是孔子往曾子處得曾子荅竟後而孔子出戶去云門人問曰何謂也者門人曾子弟子也不解孔子之言故問於曾子也云曾子曰夫子之道忠恕而已矣者曾子荅弟子釋於孔子之道也忠謂盡中心也恕謂忖我以度於人也言孔子之道更無他法故用忠恕之心以己測物則萬物之理皆可窮驗也故王弼曰忠者情之盡也恕者反情以同物者也未有反諸其身而不得物之情未有能全其恕而不盡理之極也能盡理極則無物不統極不可二故謂之一也推身統物窮類適盡一言而可終身行者其唯恕也

子曰君子喻於義小人喻於利【註】孔安國曰喻猶曉也【疏】子曰至於利○喻曉也君子所曉於仁義小人所曉於財利故范甯曰棄貨利而曉仁義則爲君子曉貨利而棄仁義則爲小人也

子曰見賢思齊焉【註】苞氏曰思與賢者等也見不賢而內自省也【疏】子曰至省也○云見賢思齊焉者言人若見賢者當自思願修礪與

之齊等也云見不賢而内自省也者省視也若見人不賢者則我更自視我心内從來所行無此事不也故范甯曰顧探諸己謂之内省也

子曰事父母幾諫註苞氏曰幾微也言當微諫納善言於父母也見志不從又敬而不違勞而不怨註苞氏曰見志者見父母志有不從己諫之色則又當恭敬不敢違父母意而遂己之諫也疏子曰至不怨。此并下四章皆明孝也云事父母幾諫者幾微也子事父母義主恭從父母若有過失則子不獲不致極而諫雖復致諫猶當微微納進善言不使顔顔也云見志不從又敬而不違者雖許有諫若見父母志不從己諫則己仍起敬起孝且不違距於父母之志也待父母悦乃更諫也故禮記云父母有過下氣柔聲怡色以諫諫若不入起敬起孝說則復諫是也云勞而不怨者若諫又不從或至十至百則己不敢辭己之勞以怨於親也故禮記云雖撻之流血不敢疾怨是也然夫諫之爲義義在愛惜既在三事同君親宜一若有不善俱宜致諫今就經記參差有出沒難解案檀弓云事親有隱無犯事君有犯無隱則是隱親之失不諫親之過又諫君之失不隱君之過並爲可疑舊通云君親並諫同見孝經微進善言俱陳記傳故此云事父母幾諫而曲禮云爲人臣之禮不顯諫鄭元曰合幾微諫也是知並宜微諫也又若君親爲過大甚則亦不得不極於犯顏故孝經曰父有爭子君有爭臣又內則云子之事親也三諫不從則號泣而隨之又云臣之事君三諫不從則逃之以就經記並是極犯時也而檀弓所言欲顯真假本異故其旨不同耳何者父子真屬天性莫二背父有罪子向他說也故孔子曰子爲父隱父爲子隱直在其中故云有隱也而君臣既義合有殊天然若言君

之過於政有益則不得不言如齊晏嬰與晉叔向其言齊晉二君之過是也唯值有益乃言之亦不恒爲口實若言之無益則隱也如孔子荅陳司敗日昭公知禮是也假使與他言父過有益亦不得言或問日春秋傳晉魏戊告於閻沒女寬言父之過此豈不亦言乎荅春秋之書非復常準苟取權宜不得格於正理也又父子天性義主恭從所以言無犯是其本也而君臣假合義主匡弼故云有犯亦其本也乃其俱宜有犯微著事同是其俱如向釋又在三有師檀弓云事師無犯無隱所以然者師常居明德無可隱無可隱故亦無犯也

子曰父母在子不遠遊遊必有方【注】鄭玄曰方猶常也【疏】子曰至有方。方常也曲禮云爲人子之禮出必告反必面所遊必有常所習必有業是必有方也若行遊無常則貽累父母之憂也

子曰三年無改於父之道可謂孝矣〔註〕鄭元曰孝子在喪哀戚思慕無所改其父之道非心之所忍爲也

子曰父母之年不可不知也一則以喜一則以懼〔註〕孔安國曰見其壽考則喜見其衰老則懼也〔疏〕子曰至以懼。〔云〕父母之年不可不知也者人有年多而容少或有年少狀老此所不可爲定故爲人子者必宜知父母之年多少也〔云〕一則以喜者此宜知年之事也知父母年高而形猶壯此是壽考之徵故孝子所以喜也〔云〕一則以懼者年實未老而形容衰減故孝子所以怖懼也。〔註〕孔安國曰至懼也。亦得知向解又一釋若父母年實高而形亦隨而老此子亦一喜一懼也見年高所以喜見形老所以懼也而李充之解小異云孝子之事親也養則致其樂病則致其憂憂樂之情深則喜懼之心篤然則獻樂以排憂進歡而去戚者其唯知父母之年乎豈徒知年數而已哉貴其能稱年而致養也是以唯孝子爲能達就養之方盡將從之節年盛則常怡年衰則消息喜於康豫懼於失和孝子之道備也

子曰古之者言之不妄出也恥躬之不逮也註苞氏曰古人之言不妄出口者爲恥其身行之將不及也疏子曰至逮也○躬身也逮及也古人不輕出言者恥身行之不能及也故子路不宿諾也故李充曰夫輕諾者必寡信多易者必多難是以古人難之也

子曰以約失之者鮮矣註孔安國曰俱不得中也奢

則驕溢招禍儉約則無憂患也【疏】子曰至鮮矣。鮮少也言以儉約自處雖不得中而失國家者少也故顏延之云秉小居薄衆之所與執多處豐物之所去也

子曰君子欲訥於言而敏於行【註】苞氏曰訥遲鈍也言欲遲鈍而行欲敏也【疏】子曰至於行。訥遲鈍也敏疾速也君子欲行先於言故遲言而速行也

子曰德不孤必有鄰【註】方以類聚同志相求故必有鄰是以不孤也【疏】子曰德不孤必有鄰。言人有德者此人非孤然而必有善鄰里故也魯無君子者子賤斯焉取斯乎又一云鄰報也言德行不孤矣必為人所報也故殷仲堪曰推誠相與則殊類可親以善接物物亦不皆忘以善應之是以德不孤焉必有鄰也。【註】方以至孤

也。於前解爲便也

子游曰事君數斯辱矣朋友數斯疏矣注孔安國曰數謂速數之數也疏子游曰至疏矣。斯此也禮不貴褻故進止有儀臣非時而見君此必致恥辱朋友非時而相往數必致疏遠也一云言數計數也君臣計數必致危辱朋友計數必致疏絶也。注孔安國曰數謂速數之數也。速而又數則是不節也

論語集解義疏卷第二

論語集解義疏卷第三

魏　何晏　集解

梁　皇侃　義疏

論語公冶長第五【疏】公冶長者孔子弟子也此篇明時無明君賢人獲罪者也所以次前者言公冶雖在枉濫縲絏而為聖師證明若不近仁則曲直難辨故公冶次里仁也

子謂公冶長可妻也雖在縲絏之中非其罪也以其子妻之【注】孔安國曰公冶長弟子魯人也姓公冶名長縲黑索也絏攣也所以拘罪人也【疏】子謂至妻之。

云子謂公冶長可妻也者公冶長弟子也可妻者孔子欲以女嫁之故先評論而謂可妻也云雖在縲紲之中非其罪也者既欲妻之故備論其由來也縲黑索也紲攣也古者用黑索以攣係罪人也冶長賢人于時經枉濫在縲紲之中雖然實非其罪也云以其子妻之者評之既竟而遂以女嫁之也范甯曰公冶行正獲罪罪非其罪孔子以女妻之將以大明衰世用刑之枉濫勸將來實守正之人也別有一書名爲論釋云公冶長從衛還魯行至二堺上聞鳥相呼往清溪食死人肉須臾見一老嫗當道而哭冶長問之嫗曰兒前日出行于今不反當是已死亡不知所在冶長曰向聞鳥相呼往清溪食肉恐是嫗兒也嫗往看即得其兒也已死即嫗告村司村司問嫗從何得知之嫗曰見冶長道如此村官曰冶長不殺人何緣知之囚錄冶長付獄主問冶長何以殺人冶長曰解鳥語不殺人主曰當試之若必解鳥語便相放也若不解當令償死駐冶長在獄六十日卒日有雀子緣獄柵

上相呼嘖嘖嗺嗺治長含笑吏啓主治長笑雀語
是似解鳥語主教問治長雀何所道而笑之治長
曰雀鳴嘖嘖嗺嗺白蓮水邊有車翻覆黍粟牡牛
折角收斂不盡相呼往啄獄主未信遣人往看果
如其言後又解猪及燕語屢驗於是得放然此語
乃出雜書未必可信而亦古舊相傳云治長解鳥
語故聊記之也○【註】孔安國曰公冶長弟子魯
人也姓公冶名長○范甯曰名芝字子長也

子謂南容邦有道不廢邦無道免於刑戮以其兄之
子妻之【註】王肅曰南容弟子南宮縚魯人也字子
容不廢言見任用也【疏】子謂至妻之○云子謂南
容者又評南容也云邦有
道不廢邦無道免於刑戮者則南容之德也若遭
國君有道則出仕官不廢己之才德也若君無道
則危行言遜以免於刑戮也刑戮通語耳亦含輕
重也云以其兄之子妻之者論之既畢孔子以己

兒女妻之也昔時講說好評公冶南容德有優劣故妻有己女兒女之異侃謂二人無勝負也卷舒隨世乃爲有智而枉濫獲罪聖人猶然亦不得以公冶爲劣也以己女妻公冶兒女妻南容者非謂權其輕重政是當其年相稱而嫁事非一時在次耳則可無意其閒也。註王肅曰南容弟子南宮縚魯人也字子容。姓南宮名縚也又名閱也

子謂子賤註孔安國曰子賤魯人弟子宓不齊也君子哉若人魯無君子者斯焉取斯註苞氏曰若人者若此人也如魯無君子子賤安得取此行而學行之疏子謂至取斯。云子謂子賤者亦評子賤也云君子哉若人者此通所評之事也若人如此人也言子賤有君子之德故言君子哉若此人也云魯無君子者斯焉取斯者因美子賤又

美魯也焉安也斯此也言若魯無君子子賤安得取此君子之行而學之乎言由魯多君子故子賤學而得之

子貢問曰賜也何如子曰汝器也【註】孔安國曰言汝是器用之人也曰何器也曰瑚璉也【註】苞氏曰瑚璉者黍稷器也夏曰瑚殷曰璉周曰簠簋宗廟器之貴者也【疏】子貢問至璉也。云子貢問曰賜也何如者子貢聞孔子歷評諸弟子而不及己己獨偏偏己分故因諮問何如也云子曰汝器也者孔子答曰汝是器用之人也云曰何器也者器有善惡猶未知己器云何故更問也云曰瑚璉也者此荅定器有善分也瑚璉者宗廟寶器可盛黍稷也言汝是器中之貴者也或云君子不器器者用必偏瑚璉雖貴而爲用不周亦言汝乃是貴器亦用偏也故江熙云瑚璉置宗廟則爲貴器然不周於民用也汝言語之士束脩廊廟則爲豪秀然未必能幹煩務也器之偏用此其貴者猶不足多況其賤者乎是以玉之碌碌石之落落君子皆不欲也○註苞氏曰至貴者也○云瑚璉者黍稷器也者用盛黍稷之飯也云夏曰瑚云云者禮記云夏之四璉殷之六瑚今云夏瑚殷璉講者皆云是誤也故欒肇曰未詳也然夏殷各一名而其形未測及周則兩名其形各異外方內圓曰簠內方外圓曰簋俱容一斗二升以簠盛黍稷以簋盛稻粱或問曰子貢周人孔子何不云汝是簠簋而遠舉夏殷器也或通者曰夫子近捨當時而遠稱二代者亦微有旨焉謂湯武聖德伊呂賢才聖德則與孔子不殊賢才與顏閔豈異而湯武飛能伊呂爲阿衡之任而孔子布衣洙泗顏回簞瓢陋巷論其人則不殊但是用捨之不同耳譬此器用則一而時有廢興者也

或曰雍也仁而不佞〔註〕馬融曰雍弟子仲弓名也姓冉也子曰焉用佞禦人以口給屢憎於人不知其仁也焉用佞也〔註〕孔安國曰屢數也佞人口辭捷給數爲人所憎也〔疏〕或曰至佞也○云或曰雍也仁而不佞者或人云弟子冉雍甚有仁德而不能佞媚求會時也云子曰焉用佞者距或人也言人生在世備仁躬自足焉用作佞爲也云禦人以口給屢憎於人者更說佞人之爲惡也禦猶對也給捷也屢數也言佞者口辭對人捷給無實則數爲人所憎惡也云不知其仁也焉用佞也者憎佞爲惡之深故重答距於或人也

子使漆彫開仕對曰吾斯之未能信〔註〕孔安國曰開弟子也漆彫姓也開名也仕進之道未能信者未

論語集解義疏卷三　四

能究習也子悅【註】鄭元曰喜其志道深也【疏】子使至子悅。云子使漆彫開仕者孔子使此弟子出仕官也云對曰吾斯之未能信者開荅也荅師稱吾者古人皆然也荅云言己學業未熟未能究習則不爲民所信未堪仕也一云言時君未能信則不可仕也故張憑曰夫君臣之道信而後交者也君不信臣則無以授任臣不信君則難以委質魯君之誠未洽於民故曰未能信也云子悅者孔子聞開言而欣悅也范甯曰開知其學未習究治道以此爲政不能使民信己孔子悅其志道之深不汲汲於榮祿也

子曰道不行乘桴浮於海從我者其由也與【註】馬融曰桴編竹木也大者曰筏小者曰桴也子路聞之喜【註】孔安國曰喜與己俱行也子曰由也好勇過

我無所取材【註】鄭元曰子路信夫子欲行故言好勇過我也無所取材者言無所取桴材也以子路不解微言故戲之耳一曰子路聞孔子欲乘桴浮海便喜不復顧望故孔子歎其勇曰過我無所復取哉言唯取於己也古字材哉同耳【疏】子曰至取材○云道不行乘桴浮於海者桴者編竹木也大曰筏小曰桴孔子聖道不行於世故或欲居九夷或欲乘桴泛海故云道不行乘桴浮於海也云從我者其由也與者由子路名也言從我浮海者當時子路也故云其由與云子路聞之喜者子路聞孔子唯將與己俱行所以喜也云子曰由也好勇過我者然孔子本意託乘桴激時俗而子路信之將行既不達微旨故孔子不復更言其實且先云由好勇過

我以戲之也所以云過我者我始有乘桴之言而子路便實欲乘此是勇過我也云無所取材者又言汝勇乃過勝於我然我無所覔取爲桴之材也○註鄭玄曰至同耳○云子路信云云者此注如向釋也云一曰云云者此又一通也此意亦與前不乖也云無所復取哉言唯取於己也者此注則微異也哉送句也言子路信我欲行而所以不顧望者言將我入海不復取餘人哉言唯取己也云古字材哉同耳者古作材字與哉字同故今此字雖作材而讀義應曰哉也又一家云孔子爲道不行爲譬言我道之不行如乘小桴入於巨海終無濟理也非唯我獨如此凡門徒從我者道皆不行亦並由我故也子路聞我道由便謂由是其名故便喜也孔子不欲指斥其不解微旨故微戲曰汝好勇過我我無所更取桴材也

孟武伯問子路仁乎子曰不知也註孔安國曰仁道

至大不可全名也又問子曰由也千乘之國可使治其賦也【註】孔安國曰賦兵賦也不知其仁也求也何如子曰求也千室之邑百乘之家可使爲之宰也【註】孔安國曰千室之邑卿大夫之邑也卿大夫稱家諸侯千乘卿大夫故曰百乘也宰家臣不知其仁也赤也何如子曰赤也束帶立於朝可使與賓客言也【註】馬融曰赤弟子公西華也有容儀可使爲行人也不知其仁也【疏】孟武伯問至仁也○【云】孟武伯問子路仁乎者　武伯問孔子云弟子中有子路是仁人不乎　【云】子曰不知也者　孔子荅也所以云不知者

范甯曰仁道宏遠仲由未能有之又不欲指言無仁非奬誘之教故託云不知也云又問者武伯得荅不知而意猶未已故更問云子路定有仁不乎故范甯曰武伯意有未愜或似仲尼有隱故再問也云子曰由也云云者賦兵賦也孔子得武伯重問荅又直云不知則武伯未已故且言其才伎然後更荅以不知也言子路才勇可使治大國之兵賦仕爲諸侯之臣也云不知其仁也者言唯知其才堪而猶不知其仁也云求也何如者武伯又問孔子弟子冉求其有仁不乎故云何如也云子曰求也云云者亦不荅仁而言求之才亦堪也千室之邑卿大夫之邑也百乘之家三公采地也言求才堪爲千室百乘之邑宰也云不知其仁也者亦結荅不知其仁也云赤也何如者武伯又問弟子公西華有仁不乎云子曰赤也云云者亦唯荅赤之才能也束帶立於朝謂赤有容儀可使對賓客言語也故范甯曰束帶整朝服也賓客鄰國諸侯來相聘享也云不知其仁也者亦不荅有仁也○

註孔安國曰仁道至大不可全名也。言子路未能全受此仁名故云不知也。註孔安國曰至家臣。云千室之邑卿大夫之邑也卿大夫稱家者今不復論夏殷且作周法周天子畿內方千里三公采地方百里卿地方五十里大夫地方二十五里畿外五等公方五百里侯方四百里伯方三百里子方二百里男方一百里舊說五等之臣其采地亦爲三等各依其君國十分爲之何以然天子畿千里既以百里爲三公采五十里爲卿采二十五里爲大夫采地故畿外準之上公地方五百里其臣大采方五十里中采方二十五里小采方十二里半侯方四百里其臣大采方四十里次采方二十里小采方十里也伯方三百里其臣大采方三十里中采方十五里小采方七里半子方二百里其臣大采方二十里次采方十里小采方五里男方百里其臣大采方十里次采方五里小采方二里半也凡制地方一里爲井井有三家若方二里半有方一里者六又方半里者一則合十八家

有餘故論語云十室之邑也其中大小各隨其君
故或有三百戶是方十里者一或有千室是方十
里者三有餘也云諸侯千乘者謂上公也云卿大
夫故曰百乘也宰家臣者然百乘之家是三公之
采鄭注雜記及此並云大夫百乘者三公亦通有
大夫之稱也○註馬融曰至人也○行人謂宜使
爲君出聘鄰國及接鄰國之使
來者也周禮有大小行人職也

子謂子貢曰汝與回也孰愈註孔安國曰愈猶勝也
對曰賜也何敢望回回也聞一以知十賜也聞一
以知二子曰弗如也吾與汝弗如也註包氏曰既
然子貢弗如復云吾與汝俱不如者蓋欲以慰子
貢心也疏子謂至如也○云子謂子貢曰汝與回
也孰愈者孰誰也愈勝也孔子問子貢

汝與顏回二人才伎誰勝者也所以須此問者繆播曰學末尚名者多顧其實者寡回則崇本棄末賜也未能忘名存名則美著於物精本則名損於當時故發問以要賜對以示優劣也所以抑賜而進回也云對曰云云者荅孔子以審分也王弼曰假數以明優劣之分言已與顏淵十裁及二明相去懸遠也張封溪曰一者數之始十者數之終顏生體有識厚故聞始則知終子貢識劣故聞始裁至二也云子曰弗如也者弗不也孔子聞子貢之荅分有懸殊故定之云不如也云吾與汝弗如也者孔子既荅子貢之不如又恐子貢有怨故又云吾與汝皆不如也所以安慰子貢也○注苞氏曰至心也○云既然子貢弗如者釋前弗如也復云云云者苞意如向解而顧歡申苞注曰回為德行之俊賜為言語之冠淺深雖殊而品裁未辨故使名實無濫故假問孰愈子貢既審回賜之際又得發問之旨故舉十與二以明懸殊愚智之異夫子嘉其有自見之明而無矜尅之貌故判之以弗如

同之以吾與汝此言我與爾雖異而同言弗如能
與聖師齊見所以爲慰也侃謂顧意是言我與爾
俱明汝不如也非言我亦不如也而秦道賓
曰爾雅云與許也仲尼許子貢之不如也

宰予晝寢註苞氏曰宰予弟子宰我也子曰朽木不
可彫也註苞氏曰朽腐也彫彫琢刻畫也糞土之
牆不可杇也註王肅曰杇墁也二者喻雖施功猶
不成也於予與何誅註孔安國曰誅責也今我當
何責於汝乎深責之辭也子曰始吾於人也聽其
言而信其行今吾於人也聽其言而觀其行於予
與改是註孔安國曰改是者始聽言信行今更察

言觀行發於宰我晝寢也【疏】宰予至改是。○云宰予晝寢者寢眠也宰
予惰學而晝眠也云子曰朽木不可彫也者孔子
責宰予晝眠故爲之作譬也朽敗爛也彫彫鏤刻
畫也夫名工巧匠所彫刻唯在好木則其器乃成
若施工於爛朽之木則其器不成故云朽木不可
彫云糞土之牆不可杇也者牆謂牆壁也杇謂杇
墁之使之平泥也夫杇墁牆壁若牆壁土堅實者
則易平泥光飾耳若墁於糞土之牆則頽壞不平
故云不可杇也所以言此二者言汝今當晝而寢
不可復教譬如爛木與糞牆之不可施功也云於
予與何誅者誅責也言所責者當責有智之人而
今宰予無智則何責乎予宰予與語助也言不足
責也即是責之深也然宰我有此失者一家云其
是中人豈得無失一家云與孔子爲教故託跡受
責也故珊琳公曰宰予見時後學之徒將有懈廢
之心生故假晝寢以發夫子切磋之教所謂互爲
影響者也范甯曰夫宰我者升堂四科之流也豈

論語義疏卷之三　九

不免乎晝寢之咎以貽朽糞之譏乎時無師徒共明勸誘之教故託夫弊跡以爲發起也云子曰云云者者始謂孔子少年時也孔子歎世醨薄之跡今異昔也昔時猶可故吾少時聞於人所言便信其能有行故云而信其行也云今吾云云者今謂孔子末時也不復聽言信行乃更聽言而必又須觀見其行也云於予與改是者是此也言我所以不復聽言信行而更爲聽言觀行者起於宰予而改爲此所以起宰予而改者我當信宰予是勸學之人謂必不懶惰今忽正直晝而寢則如此之徒居然不復可信故使我并不復信於時人也

子曰吾未見剛者或對曰申棖註苞氏曰申棖魯人也子曰棖也慾焉得剛註孔安國曰慾多情慾也

疏子曰至得剛。云吾未見剛者者剛謂性無慾者也孔子言我未見世有剛性無慾之人也云或對曰申棖者或有人聞孔子說而答之云魯有姓申名棖者其人剛也云子曰棖也慾焉得剛者孔子語或人曰夫剛人性無求而申棖性多情慾多情慾者必求人求人則不得是剛故云焉得剛

子貢曰我不欲人之加諸我也吾亦欲無加諸人註馬融曰加陵也子曰賜也非爾所及也註孔安國曰言不能止人使不加非義於己也疏子貢曰至及也○云子貢曰云云者子貢自願無世人以非理加陵於我也云吾亦欲無加諸人者又云我雖唯願人不以非理加於我而我亦願不以非理加陵於人也云子曰賜也非爾所及也者孔子抑子貢也言能不招人以非理見加及不以非理加人此理深遠非汝分之所能及也爾汝也故袁氏曰加不得理之謂也非無過者何能不加人人亦不加己盡得理賢人也非子貢之分也○註孔安國曰至己也

○然不加人人不加己並難可能而注偏釋不加己者畧也

子貢曰夫子之文章可得而聞也註章明也文彩形質著見可得以耳目自修也夫子之言性與天道不可得而聞也已矣註性者人之所受以生者也天道者元亨日新之道也深微故不可得而聞也

疏子貢曰至已矣○云子貢曰云云者子貢此歎顏氏之鑽仰也但顏既庶幾與聖道相鄰故云鑽仰之子貢既懸絶不敢言其高堅故自說聞於典籍而已文章者六籍也六籍是聖人之筌蹄亦無關於魚兔矣六籍者有文字章著煥然可修耳目故云夫子文章可得而聞也然典籍著見可聞可觀今不云可見而云可聞者夫見之爲近聞之爲遠不敢言躬自近見政欲寄於遠聞之而已云

夫子云云者夫子之言即謂文章之所言也性孔子所稟以生者也天道謂元亨日新之道也言孔子六籍乃是人之所見而六籍所言之旨不可得而聞也所以爾者夫子之性與天地元亨之道合其德致此處深遠非凡人所知故其言不可得聞也。注性者至聞也。云性者人之所受以生者也者人稟天地五常之氣以生曰性性生也云天道者元亨日新之道也者元善也亨通也日新謂日日不停新新不已也謂天善道通利萬物新新不停者也言孔子所稟之性與元亨日新之道合德也云深微故不可得而聞也者與元亨合德故深微不可得而聞也或云此是孔子死後子貢之言也故大史叔明云文章者六籍是也性與天道如何注以此言之與是夫子死後七十子之徒追思曩日聖師平生之德音難可復値六籍即有性與天道但垂於世者可蹤故千載之下可得而聞也至於口說言吐性與天道蘊藉之深止乎身者難繼故不可得而聞也侃案何注似不如此且死

後之言凡者亦不可聞何獨聖乎

子路有聞未之能行唯恐有聞【註】孔安國曰前所聞未能及得行故恐後有聞不得並行也【疏】子路有聞未之能行唯恐有聞○子路稟性果決言無宿諾故前有所聞於孔子卽欲修行若未及能行則不顧更有所聞恐行之不周故唯恐有聞也

子貢問曰孔文子何以謂之文也【註】孔安國曰孔文子衛大夫孔叔圉也文謚也子曰敏而好學不恥下問是以謂之文也【註】孔安國曰敏者識之疾也下問問凡在己下者也【疏】子貢問至文也○云子貢問云云者衛大夫孔

叔圉以文爲謚子貢疑其大高故問於孔子也問其何德而謚文也云子曰云云者答所以謚文之由也敏疾速也言孔圉之識智疾速而所好在學若有所不知則不恥諮問在己下之人有此諸行故謂爲文也

子謂子產有君子之道四焉註孔安國曰子產鄭大夫公孫僑也其行己也恭其事上也敬其養民也惠其使民也義疏子謂至也義○云子謂子產有君子之道四焉者言子產有四德竝是君子之道也云其行己也恭者一也言其行己身於世常恭從不逆忤人物也云其事上也敬者二也言若事君親及凡在己上者必皆用敬也云其養民也惠者三也言其養民皆用恩惠也故孔子謂爲古之遺愛也云其使民也義者四也義宜也使民不奪農務各得所宜也

子曰晏平仲善與人交久而人敬之(註)周生烈曰齊大夫也晏姓平謚名嬰也(疏)子曰至敬之。○云晏平仲善與人交者言晏平仲與人結交有善也○云久而人敬之者此善交之驗也凡人交易絕而平仲交久而人愈敬之也孫綽曰交有傾蓋如舊亦有白首如新隆於者易克終者難敦厚不渝其道可久所以難也故仲尼表焉

子曰臧文仲居蔡(註)苞氏曰臧文仲魯大夫臧孫辰也文謚也蔡國君之守龜也出蔡地因以爲名焉長尺有二寸居蔡僭也山節藻棁(註)苞氏曰節者栭也刻鏤爲山也梲者梁上楹也畫爲藻文言其

奢僭也何如其智也【註】孔安國曰非時人謂以爲
智也【疏】子曰至智也。【云】臧文仲居蔡者居猶畜
也蔡大龜也禮唯諸侯以上得畜大龜以
卜國之吉凶大夫以下不得畜之文仲是魯大夫
而畜龜是僭人君禮也【云】山節藻梲者此奢侈也
山節者刻柱頭露節爲山如今栱斗也藻梲者畫
梁上侏儒柱爲藻文也人君居室無此禮而文仲
爲之故爲奢也宮室之飾士去首夫本大夫達稜
諸侯刻而礱之天子加密石焉出穀梁傳【云】何如
其智也者時人皆謂文仲是有智之人故孔子出
其僭奢之事而譏時人也故云何如其智也。【註】
苞氏曰至僭也。【云】蔡國云云者國君守國之龜
出蔡地因呼龜爲蔡也【云】長尺有二寸者蔡地既
出大龜龜長尺二寸者因名蔡也【云】居蔡僭也者
大夫亦得卜用龜之小者也不得畜蔡也文仲畜
之是僭濫也。【註】苞氏曰至侈也。【云】節者栭也
刻鏤爲山也者言刻栭柱頭爲山也栭是梁上柱

名也云棁者梁上楹也者梁上楹卽是檽檽卽侏儒柱也苞兩而言之當是互明之也刻檽頭爲山也畫檽身爲藻文也又有一本注云山節者刻欂櫨爲山也云畫爲藻文言其奢侈也者若以注意則此是非僭也正言是奢侈失禮人若無此禮故不僭也

子張問曰令尹子文註孔安國曰令尹子文楚大夫姓鬬名穀字於菟三仕爲令尹無喜色三已之無慍色舊令尹之政必以告新令尹何如也子曰忠矣曰仁矣乎曰未知焉得仁註孔安國曰但聞其忠事未知其仁也崔子弒齊君陳文子有馬十乘棄而違之註孔安國曰皆齊大夫也崔杼作亂陳

文子惡之捐其四十匹馬違而去之也至於他邦則曰猶吾大夫崔子也違之之至他邦則又曰猶吾大夫崔子也違之何如子曰清矣曰仁矣乎曰未知焉得仁【註】孔安國曰文子避惡逆去無道求有道當春秋時臣陵其君皆如崔杼無有可止者也【疏】子張問至得仁○云子張問曰令尹子文者令尹楚官名也子文爲楚令尹故曰令尹子文也云三仕爲令尹無喜色者文子經仕楚三過爲令尹之官而顔色未曾喜也云三已之無慍色者已謂黜止也文子作令尹經三過被黜而亦無慍恚之色也云舊令尹之政必以告新令尹者雖三過被黜每被黜受代之時必以令尹舊政令告語新人知其不知解也云何如也者子張問孔子

令尹行如此是謂何人也云子曰忠矣者孔子荅言臨代以舊告新此是爲臣之忠者也李充曰進無喜色退無怨色公家之事知無不爲忠臣之至也云曰仁矣乎者子張又問孔子如子文之行可得謂爲仁不乎云曰未知焉得仁者孔子荅曰唯聞其忠未知其何由得爲仁也李充曰子玉之敗子文之舉舉以敗國不可謂智也賊夫人之子不可謂仁侃案李謂爲不智不及注也云崔子弒齊君者崔子齊大夫崔杼也弒其君莊公也云弒者夫上殺下曰殺殺名爲卑也下殺上曰弒弒試也下之害上不得卽而致殺必先相試以漸故易曰臣弒君子弒父非一朝一夕之故其所從來漸矣如履霜以至堅冰也云陳文子有馬十乘者陳文子亦齊大夫也十乘四十匹也四馬共乘一車故十乘有四十匹也云棄而違之者文子見崔杼殺君而已力勢不能討故棄四十匹馬而違去此國更往他邦云至於他邦則曰猶吾大夫崔子也者于時天下竝亂國國皆惡文子棄馬而去復更至

他邦而所至之國亦亂與齊不異故曰猶吾大夫崔子也云違之者違去也文子所至新國又惡故又去之也云之至一邦者之往也去所至新國更復往一邦也云則又曰猶吾大夫崔子也者去初所至更往一國一國復昏亂又與齊不異故又曰猶吾大夫崔子也云違之者已復更去也云何如者子張更問孔子言文子捨馬三至新邦屢違之事如此可謂為何人也云子曰清矣者清潔也顏延之曰每適又違潔身者也云曰仁矣乎者子張又問若如此文子之行則可謂為仁不乎云曰未知焉得仁者答子張曰其能自去只可得清未知所以得名為仁也孫綽曰大哉仁道之宏以文子平粹之心無借之誠文子疾時惡之篤棄馬而逝三去亂邦坐不假寧忠信有餘而仁猶未足唯顏氏之子體仁無違其亞聖之月乎李充曰違亂求治不汙其身清矣而所之無可驟稱其亂不如甯子之能愚蘧生之可卷未可謂智也潔身而不濟世未可謂仁也李謂為未智亦不勝為未知也

。註孔安國曰生於菟。楚鬬伯比外家是邧國其還外家通舅女生子既耻之仍遂擲於山草中此女之父獵還見虎乳飲小兒因取養之既未知其姓名楚人謂乳爲穀謂虎爲於菟音烏塗此兒爲虎所乳故名之曰穀於菟也後知其是伯比子故呼爲鬬穀於菟也後長大而賢仕楚爲令尹之官范甯曰子文是謚也。註捐其四十匹馬。捐猶棄放也

季文子三思而後行子聞之曰再思斯可矣註鄭元曰季文子魯大夫季孫行父也文謚也文子忠而有賢行其舉事寡過不必及三思也疏季文子至可矣。云季文子三思而後行者言文子有賢行舉事必三過思之也云子聞之曰再思斯可矣者孔子美之言若如文子之賢不假三思唯再思此則可也斯此也有一通云言再過二思則可也又季彪曰君

子之行謀其始思其中慮其終然後允合事機舉無遺算是以曾子三省其身南容三復白圭夫子稱其賢且聖人敬慎於教訓之體但當有重耳固無緣有減損之理也時人稱季孫名過其實故孔子矯之言季孫行事多闕許其再思則可矣無緣乃至三思也此蓋矯抑之談耳非稱美之言也

子曰甯武子【註】馬融曰衛大夫甯俞也武謚也邦有道則智邦無道則愚其智可及也其愚不可及也【註】孔安國曰詳愚似實故曰不可及也【疏】子曰至及也○此章美武子德也云邦有道則智者言武子若值邦君有道則肆己智識以贊明時也云邦無道則愚者若值國主無道則卷智藏明詳昬同愚也云其智可及也者是其中人識量當其肆智之日故爲世人之可及也云其愚不可及也者時人多衍聰明故智識有及於武子者而無敢詳愚隱智如

武子者故云其愚不可及也○註孔安國曰至及也○詳詐也王朗曰或曰詳愚蓋運智之所得緣有此智故能有此愚豈得云同其智而闕其愚哉荅曰智之爲名止於布德尙善動而不黜者也愚無預焉至於詳愚韜光潛綵恬然無用支流不同故其稱亦殊凡智非足者之目可有雖審其顯而未盡其愚者矣孫綽曰人情莫不好名咸貴智而賤愚雖治亂異世而矜鄙不變唯深達之士爲能晦智藏名以全身遠害飾智以成名者易去華以保性者難也

子在陳曰歸與歸與吾黨之小子狂簡斐然成章不知所以裁之也註孔安國曰簡大也孔子在陳思歸欲去故曰吾黨之小子狂者進趨於大道妄穿鑿以成文章不知所以裁制我當歸以裁制之耳

遂歸（疏）子在至之也。云子在陳曰歸與歸與者此辭再言歸與歸與者欲歸之意深也云吾黨云者此是欲歸之辭也所以不直歸而必有辭者客仕既久主人無薄若欲去無辭則恐士人生愧故託爲此辭以申客去之有由也吾黨者謂我鄉黨中也小子者鄉黨中後生末學之人也狂者直進無避者也簡大也大謂大道也斐然文章貌也孔子言我所以欲歸者爲我鄉黨中有諸末學小子狂而無避進取正經大道輒妄穿鑿斐然以成文章皆不知其所以輒自裁斷此爲謬誤之甚故我當歸爲裁正之也。（註）進趨於大道妄穿鑿以成文章。趨取也大道正經也既狂故取正典穿鑿之也

子曰伯夷叔齊不念舊惡怨是用希（註）孔安國曰伯夷叔齊孤竹君之二子也孤竹國名也（疏）子曰至用希。

此美夷齊之德也念猶識錄也舊惡故憾也希少也人若錄於故憾則怨恨更多唯夷齊豁然忘懷若有人犯己己不怨錄之所以與人怨少也。【註】孔安國曰至名也。孤竹之國是殷湯正月三日丙寅日所封其子孫相傳至夷齊之父也父姓墨台名初字子朝伯夷名允字公信叔齊名致字公達伯夷大而庶叔齊小而正父薨兄弟相讓不復立也

子曰孰謂微生高直【註】孔安國曰微生姓名高魯人也或乞醯焉乞諸其鄰而與之【註】孔安國曰乞之四鄰以應求者用意委曲非爲直人也【疏】子曰至與之。云孰謂微生高直者于時世人多云微生高用性清直而孔子譏之故云孰謂微生高直也孰誰也云或乞醯焉者此舉微生非直之事也醯酢酒也或有人就微生乞醯者也云乞諸其鄰而與之者諸

之也時微生家自無醯而爲乞者就己鄰有醯者乞之以與或人也直人之行不應委曲今微生高用意委曲故譏其非直。註四鄰。四鄰四面鄰里之家也

子曰巧言令色足恭註孔安國曰足恭便僻之貌也左丘明恥之丘亦恥之註孔安國曰左丘明魯大史也匿怨而友其人註孔安國曰心內相怨而外詐親也左丘明恥之丘亦恥之疏子曰至恥之。云巧言令色足恭者謂己用恭情少而爲巧言令色足恭之者也繆協曰恭者從物凡人近情莫不欲人之從己足恭者以恭足於人意而不合於禮度斯皆適人之適而曲媚於物也云左丘明恥之丘亦恥之者左丘明受春秋於仲尼者也其旣良直故凡有可恥之事而仲尼皆從之爲恥也巧言令色足恭是可

恥之事也云匿怨而友其人者匿藏也謂心藏怨而外詐相親友者也云左丘明恥之丘亦恥之者亦從丘明恥也范甯曰藏怨於心詐親於形外揚子法言曰友而不心面友也亦丘明之所恥

顏淵季路侍子曰盍各言爾志子路曰願車馬衣輕裘與朋友共弊之而無憾（註）孔安國曰憾恨也顏淵曰願無伐善（註）孔安國曰自無稱己之善也無施勞（註）孔安國曰無以勞事置施於人也子路曰願聞子之志子曰老者安之朋友信之少者懷之（註）孔安國曰懷安也（疏）顏淵至懷之。○云顏淵季路侍者季路即子路也次第是季侍侍孔子卑在尊側曰侍也云子曰盍各言爾志者盍何不也孔子語顏路曰汝二人何不各言汝心中所思乎云子路曰云云者弊敗也憾恨也子路性決言朋友有通財車馬衣裘共乘服而無所憾恨也一家通云而無憾者言願我既乘服朋友衣馬而不慚憾也故殷仲堪曰施而不恨士之近行也若乃用人之財不覺非己推誠闇往感思不生斯乃交友至仲由之志與也云顔淵曰願無伐善者有善而自稱曰伐善也顔淵所願願己行善而不自稱欲潛行而百姓日用而不知也李充曰自伐者無功自矜者不長云無施勞者又願不施勞役之事於天下也故鑄劔戟爲農器使子貢無施其辨子路無厲其勇也云子路曰願聞子之志者二子說志既竟而子路又云願聞孔子志也古稱師曰子也云子曰云云者孔子荅也願己爲老人必見撫安朋友必見期信少者必見思懷也若老人安己己必是孝敬故也朋友信己己必是無欺故也少者懷己己必有慈惠故也欒肇曰敬長故見安善誘故可懷也

子曰已矣乎吾未見能見其過而內自訟者也【註】苞氏曰訟猶責也言人有過莫能自責者也【疏】子曰至者也。已止也止矣乎者歎此以下事久已無也訟猶責也言我未見人能自見其所行事有過失而內自責者也

子曰十室之邑必有忠信如丘者焉不如丘之好學也【疏】子曰至學也。丘孔子名也孔子自稱名言十室爲邑其中必有忠信如丘者焉也但無如丘之好學耳孫綽曰夫忠信之行中人所能存全雖聖人無以加也學而爲人未足稱也好之至者必鑽仰不怠故曰有顏回者好學今也則亡今云十室之學不逮於己又曰我非生而知之好古敏而求耳此皆陳深崇於教以盡汲引之道也一家云十室中若有忠信如丘者則其餘焉不如丘

之好學也言今不好學不忠信耳故衞瓘曰所以忠信不如丘者由不能好學如丘耳苟能好學則其忠信可使如丘也

論語雍也第六〔疏〕雍孔子弟子也明其才堪南面而時不與也所以次前者其雖無橫罪亦是不遇之流橫罪爲切故公冶前明而雍也爲次也

子曰雍也可使南面〔註〕苞氏曰可使南面者言任諸侯可使治國政也〔疏〕子曰雍也可使南面○南面謂爲諸侯也孔子言冉雍之德可使爲諸侯也

仲弓問子桑伯子〔註〕王肅曰伯子書傳無見也子曰可也簡〔註〕以其能簡故曰可也仲弓曰居敬而行

簡以臨其民不亦可乎【註】孔安國曰居身敬肅臨下寬略則可也居簡而行簡無乃大簡乎【註】苞氏曰伯子之簡大簡也子曰雍之言然【疏】仲弓問至簡乎○云仲弓問子桑伯子者仲弓即冉雍也問孔子曰有人名子桑伯子此是何人也云子曰可也簡者可猶可謂也簡謂疏大無細行也孔子荅曰伯子之身所行可謂疏簡也云仲弓曰云云者孔子答曰伯子所行可謂疏簡故仲弓更諮孔子許伯子之簡不合禮也將說其簡不合於禮故此先說於合禮之簡也言人若居身有敬而寬簡以臨下民能如此者乃爲合禮故云不亦可乎言其可也云居簡云云者此說伯子之簡不合禮也而伯子身無敬而以簡自居又行簡對物物皆無敬而簡如此不乃大簡乎言其簡過甚也云子曰雍之言然者雍論簡既是故孔子然許之也虞喜曰說苑曰孔

子見伯子伯子不衣冠而處弟子曰夫子何爲見此人乎曰其質美而無文繁吾欲說而文之孔子去子桑伯子門人不悅曰何爲見孔子乎曰其質美而文繁吾欲說而去其文故曰文質修者謂之君子有質而無文謂之易野子桑伯子易野欲同人道於牛馬故仲尼曰大簡無文繁吾欲說而文之。註王肅曰伯子書傳無見也。言書傳不見有子桑伯子也。註以其能簡故曰可也。言伯子能爲簡略之行故云可也

哀公問曰弟子孰爲好學孔子對曰有顏回者好學不遷怒不貳過不幸短命死矣今也則亡未聞好學者也註凡人任情喜怒違理顏淵任道怒不過分遷者移也怒當其理不移易也不貳過者有不

善未嘗復行也〇疏哀公問至者也〇云哀公問曰弟子孰爲好學者哀公問孔子諸弟子之中誰爲好學者〇云孔子對曰有顏回者好學者〇答曰弟子之中唯有顏回好學〇云不遷怒者此舉顏淵好學分滿所得之功也凡夫識昧有所瞋怒不當道理唯顏回學至庶幾而行藏同於孔子故識照以道怒不乖中故云不遷遷猶移也怒必是理不遷移也〇云不貳過者但不能照機機非己所得故於己成過凡情有過必文是爲再過而回當機時不見己乃有過機後卽知知則不復文飾以行之是不貳也故易云顏氏之子其殆庶幾乎有不善未嘗不知知之未嘗復行是也然學至庶幾其美非一今獨舉怒過二條者蓋有以也爲當時哀公濫怒貳過欲因答寄箴者也〇云不幸短命死矣者凡應死而生曰幸應生而死曰不幸若顏子之德非應死而今死故曰不幸也命者稟天所得以生如受天教命也天何言哉設言之耳但命有短長顏生所得短者也不幸而死由於短

命故曰不幸短命死矣云今也則亡者亡無也言顏淵既已死則無復好學者也然游夏文學著於四科而不稱之便謂無者何也游夏非體之人不能庶幾尚有遷有貳非關喪予唯顏生鄰亞故曰無也云未聞好學者也者好學庶幾曠世唯一此士難再得故曰未聞也。註凡人至行也。云凡人任情喜怒違理者未得坐忘故任情不能無偏故違理也云顏淵任道怒不過分者過猶失也顏子與道同行捨不自任己故曰任道也以道照物物豈逃形應可怒者皆得其實故無失分也云遷者移也怒當其理不移易也者照之故當理當理而怒之不移易也云不貳過者有不善未嘗復行也者即用易繫爲解也未嘗復行謂不文飾也

子華使於齊冉子爲其母請粟子曰與之釜註馬融曰子華弟子公西華赤字也六斗四升曰釜也請

益曰與之庾〔註〕苞氏曰十六斗爲庾也冉子與之粟五秉〔註〕馬融曰十六斛爲秉五秉合八十斛也子曰赤之適齊也乘肥馬衣輕裘吾聞之也君子周急不繼富〔註〕鄭玄曰非冉求與之太多也〔疏〕子華使至繼富。云子華使於齊者子華弟子公西赤字也姓公西名赤有容儀故爲使往齊國也但不知時爲魯君之使爲孔子之使耳云冉子爲其母請粟者冉子冉求也其母子華母也請粟就孔子請粟也時子華既出使而母在家冉有朋友之情故爲子華之母就孔子請粟也云子曰與之釜者孔子得冉求之請故命與粟一釜釜容六斗四升也云請益者冉求嫌一釜之少故更就孔子請益也云曰與之庾者冉子既請益故孔子令與之庾也庾十六斗也然初請唯得六斗四升請益而

得十六斗是益多於初如爲不次政恐益足前釜
以成十六斗也云冉子與之粟五秉者十六斛曰
秉五秉秉八十斛也孔子與粟既竟故冉子又自以
己粟八十斛與之也云子曰赤之適齊也乘肥馬
衣輕裘者孔子說我所以與少又說冉求不應與
多意也肥馬馬之食穀者也輕裘裘之皮精毛軟
及新綿爲著者也若家貧則馬不食穀而瘦裘用
麤皮毛強而故絮爲著縕袍是也今子華往使於
齊去時所乘馬肥其所衣裘輕軟則是家富其母
不乏之也云吾聞之也君子周急不繼富者孔子曰
吾聞舊語夫君子施但周贍人之急者耳不係繼
足人爲富蓄也〇註六斗四升曰釜也〇春秋傳
昭公三年冬晏子曰齊舊四量豆區釜鍾四升爲
豆各自加其四以登於釜釜十則鍾案如茲說是
四升爲豆四豆爲區區斗六升也四區爲釜釜六
斗四升如馬注也若鍾則六斛四斗也〇註苞氏
曰十六斗爲庾也〇然案苞注十六斗爲庾與賈
氏注國語同而不合周禮周禮旊人職云豆實三

而成觳鄭云豆實四升則觳實一斗二升也又陶人職云庾實二觳案如陶旊二文則庾二斗四升矣而苞氏注曰十六斗爲庾卽是聘禮之籔也聘禮十六斗曰籔不知苞賈當別有所出耳○註馬融曰十六斛爲秉五秉合八十斛也○聘禮云十斗曰斛十六斗曰籔十籔曰秉是馬注與聘禮之籔同也○注鄭玄曰非冉求與之太多也○非猶譏也孔子此語是譏冉求與子華母粟之太多也然舊說疑之子華之母爲當定乏之爲當定不乏若實乏之而子華肥輕則爲不孝孔子不多與是爲不仁若不乏之而冉求與之則爲不智誰爲得失舊通者云三人皆得宜也子華中人豈容己乘肥馬衣輕裘而令母乏之必不能然矣且夫子明言不繼富則知其家富也實富而冉求爲請與多者明朋友之親有同己親既一人不在則一人宜相共恤故也今不先直以己粟與之而先請於孔子者己若直與則人嫌子華母有乏之故先請孔子孔子再與猶不至多明不繼富也己故多與欲招不繼富之

責是知華毋不乏也華毋不乏而已與之爲於朋友之義故也不乏何與況乏者也

原思爲之宰【註】苞氏曰弟子原憲也思字也孔子爲魯司寇以原憲爲家邑宰也與之粟九百辭【註】孔安國曰九百九百斗也辭讓不受也子曰毋【註】孔安國曰祿法所當受無以讓也以與爾鄰里鄉黨乎【註】鄭玄曰五家爲鄰五鄰爲里萬二千五百家爲鄉五百家爲黨也【疏】原思至黨乎○云原思爲之宰者弟子原憲也孔子爲魯司寇有采邑故使原思爲邑宰也云與之粟九百者九百九百斗也原憲既爲邑宰邑宰宜得祿故孔子以粟九百與之也云辭者原性廉讓辭不受粟也云子曰毋者原辭不肯受故孔子止之

也毋毋辭也云以與爾鄰里鄉黨乎者又恐原憲不肎受故又說云汝莫辭但受之若無用當還分與爾鄰里鄉黨也此是示賢人仕官潤澤州鄉之教也云鄰里鄉黨者內外互言之耳鄰里在百里之外鄉黨在百里之內也○註孔子爲魯司寇○余見鄭注本云孔子初仕魯爲中都宰從中都宰爲司空從司空爲司寇也○註孔安國曰九百九百斗也○漫云九百而孔必知九百斗者孔政當嫌九百升爲少九百斛爲多故應是斗也宜與粟五秉亦相類也

子謂仲弓曰犂牛之子騂且角雖欲勿用山川其舍諸註犂雜文也騂赤色也角者角周正中犧牲也雖欲以其所生犂而不用山川寧肎舍之乎言父雖不善不害於其子之美也疏子謂至舍諸○此明不以父無德而

廢子之賢也云子謂仲弓者仲弓父劣當是于時爲仲弓父劣而不用仲弓故孔子明言之也范甯曰謂非必對言也云曰犂牛之子騂且角者爲設譬也犂文也雜文曰犂或音狸狸雜文也或音梨犂謂耕犂也騂赤色也周家所貴也角角周正長短尺寸合禮也言假令犂牛而生好子色角合禮也云雖欲勿用山川其舍諸者勿猶不也舍猶棄也言犂牛生好子子既色角悉正而時人或言此牛出不任之用急欲舍棄此牛而不用特祭於鬼神則山川百神豈薄此牛母惡而棄舍其子遂不歆饗此祭乎必不舍矣譬如仲弓之賢其父雖劣若遭明王聖主豈爲仲弓父劣而舍仲弓之賢不用爲諸侯乎明必用也故鯀則殛死禹乃嗣興是也案周禮牧人職云凡陽祀用騂牲毛之陰祀用黝牲毛之望祀各以其方之色牲毛之鄭云陽祀祭天於南郊及宗廟也陰祀祭地北郊及社稷也望祀五嶽四鎮四瀆也然今云山川者趣舉言之也若南方則用赤是有其方色也且既云山川則

宗廟亦可知亦互言之也

子曰回也其心三月不違仁其餘則日月至焉而已矣注言餘人暫有至仁時唯回移時而不變也疏子曰至已矣。云回也其心三月不違仁者仁是行盛非體仁則不能不能者心必違之能不違者唯顏回耳既不違則應終身而止舉三月者三月一時爲天氣一變一變尚能行之則他時能可知也亦欲引汲故不言多時也故苞述云顏子不違仁豈但一時將以勗羣子之志故不絕其階耳云其餘則日月至焉而已矣者其餘謂他弟子也爲仁豈不能一時或至一日或至一月故云日月至焉而已矣。注言餘至變也。既言三月不違不違故知移時也

季康子問仲由可使從政也與子曰由也果注苞氏

曰果謂果敢決斷也於從政乎何有曰賜也可使從政也與子曰賜也達【註】孔安國曰達謂通於物理也於從政乎何有曰求也可使從政也與子曰求也藝【註】孔安國曰藝謂多才能也於從政乎何有【疏】季康子問至何有。○云季康子問仲由可使從政也與者仲由子路也尊卿季康子問孔子曰子路可使從政爲官長諸侯不也云子曰由也果者荅康子說子路才行可爲政也言子路才性果敢能決斷也云於從政乎何有者既解決斷則必能從政也何有言不足有也故衞瓘曰何有者有餘力也云曰賜也可使從政也與者又問孔子曰子貢可使從政不也云子曰賜也達者亦荅才能也言賜能達於物理也云於從政乎何有者旣達物理故亦云何有也云曰求也可使從政也

與者又問孔子曰冉求何如云子曰求也藝者又荅才能也言求多才能也云於從政乎何有者有才能故亦云何有也

季氏使閔子騫爲費宰〔註〕孔安國曰費季氏邑也季氏不臣而其邑宰數叛聞閔子騫賢故欲用也閔子騫曰善爲我辭焉〔註〕孔安國曰不欲爲季氏宰語使者曰善爲我作辭說令不復召我也如有復我者〔註〕孔安國曰復我者重來召我也則吾必在汶上矣〔註〕孔安國曰去之汶水上欲北如齊也〔疏〕季氏至上矣〇云季氏使閔子騫爲費宰者云弟子閔損也費季氏采邑也時季氏邑宰叛聞閔子騫

賢故遣使召之爲費宰也云閔子騫曰善爲我辭焉者子騫賢不願與惡人爲宰故謂季氏之使者曰汝還可善好爲我作辭辭於季氏道我不欲爲宰之意也云如有復我者者復又也子騫曰汝若不能爲我作善辭而今有使又來召我者語在下也云則吾必在汶上矣者汶水名也在魯北齊南子騫時在魯謂使者云若又來召我我當北渡汶水之上往入齊也。註孔安國曰至數叛。云季氏不臣者爲僭於魯故曰不臣也云而其邑宰數叛者其邑宰即公山弗擾也亦賢人也見季氏惡故叛也所以後引云公山弗擾以費叛召子欲往是也

伯牛有疾註馬融曰伯牛弟子冉耕也子問之自牖執其手註苞氏曰牛有惡疾不欲見人故孔子從牖執其手也曰亡之註孔安國曰亡喪也疾甚故

持其手曰喪也命矣夫斯人也而有斯疾也斯人也而有斯疾也註苞氏曰再言之者痛惜之甚也

疏伯牛至疾也○云伯牛有疾者伯牛弟子冉耕字也魯人有疾有惡疾也云子問之者孔子往問伯牛之疾差不也云自牖執其手者牖南窗也君子有疾寢於北壁下東首今師來故遷出南窗下亦東首令師從戶入於牀北得面南也孔子恐其惡疾不欲見人故不入戶但於窗上而執其手也云曰亡之者亡喪也孔子執牛手而曰喪之言牛必死也云命矣夫者亦是不幸之流也言如汝才德實不應死而今喪之豈非稟命之得矣夫夫助語也云斯人云云者斯此也言有此善人而嬰此惡疾疾與人反故歎之也再言之者痛惜之深也

子曰賢哉回也一簞食一瓢飲註孔安國曰簞笥也

瓢瓠也在陋巷人不堪其憂回也不改其樂賢哉
回也註孔安國曰顏淵樂道雖簞食在陋巷不改
其所樂也疏子曰至回也。云賢哉回也者美顏
淵之賢行故先言賢哉回也云一簞
食一瓢飲者簞竹筥之屬也用貯飯瓢瓠片也瓟
持盛飲也言顏淵食不重餚及無雕鏤之器唯有
一簞食一瓢飲而已也云在陋巷者不願夾增而
居處之在窮陋之巷中也云人不堪其憂者凡人
以此爲憂而不能處故云不堪其憂也云回也不
改其樂者顏淵以此爲樂久而不變故云不改其
樂也云賢哉回也者美其樂道情篤故始末言賢
也。註孔安國曰簞笥也。以竹爲之如箱篋之
屬也。註孔安國曰至
樂也。所樂則謂道也
冉求曰非不悅子之道力不足也子曰力不足者中

道而廢今汝畫【注】孔安國曰畫止也力不足者當中道而廢今汝自止耳非力極也【疏】冉求曰至汝畫○云冉求曰非不悅子之道力不足也者冉求諮孔子曰求之心誠非不喜悅夫子之道而欲行之只才力不足無如之何也云子曰力不足者中道而廢者孔子抑冉求無企慕之心也言汝但學不行之矣若行之而力不足者當中道而廢耳豈發初自誠不能行也云今汝畫者畫止也汝今云力不足矣是汝自欲止耳

子謂子夏曰汝爲君子儒無爲小人儒【注】馬融曰君子爲儒將以明其道小人爲儒則矜其名也【疏】子謂至人儒○儒者濡也夫習學事久則濡潤身中故謂久習者爲儒也但君子所習者道道是君子儒

也小人所習者矜誇矜誇是小人儒也孔子語子夏曰當當爲君子儒不得習爲小人儒也

子游爲武城宰（注）苞氏曰武城魯下邑也子曰汝得人焉耳乎哉（注）孔安國曰焉耳乎哉皆辭也曰有澹臺滅明者行不由徑非公事未嘗至於偃之室也（注）苞氏曰澹臺姓滅明名也字子羽言其公且方也（疏）子游至室也○云子游爲武城宰者子游弟子言偃字也時爲武城邑宰也云子曰汝得人焉耳乎哉者孔子問子游言汝作武城宰而武城邑民有好德行之人爲汝所得者不乎故云汝得人焉耳乎哉故袁氏云謂得其邦之賢才不也云曰有澹臺滅明者行不由徑者荅爲宰而所得邑中之人也澹臺滅明亦孔子弟子也言滅明每事方正故行出皆不邪徑於小路也一云滅

明德行方正不爲邪徑小路行也云非公事未嘗至於偃之室也者公事其家課稅也偃子游名也偃之室謂子游所住邑之廨舍也子游又言滅明既方正若非常公稅之事則不嘗無事至偃住處也舉其明不託狎倚勢於朋友也。註孔安國曰焉耳乎哉皆辭也。皆是送句之辭也。註苞氏曰至方也。公謂非公事不至偃室方謂不由徑

子曰孟之反不伐註孔安國曰魯大夫孟之側也與齊戰軍大敗不伐者不自伐其功也奔而殿將入門策其馬曰非敢後也馬不進也註馬融曰殿在軍後者也前曰啓後曰殿孟之反賢而有勇軍大奔獨在後爲殿人迎爲功之不欲獨有其名故云

我非敢在後距敵也馬不能前進耳【疏】子曰至進也○云孟之反不伐者魯臣也不伐謂有功不自稱也云奔而殿者此不伐之事也軍前曰啓軍後曰殿于時魯與齊戰魯軍大敗退奔而孟之側獨住軍後爲殿以捍衛奔者故曰奔而殿也云將入門策其馬者門魯國門也策杖也初敗奔時在郊去國門遠孟之側在後及還將至入國門而孟之側杖馬令在奔者前也然六籍唯川馬乘車無騎馬之文唯曲禮云前有車騎是騎馬耳今云策其馬不知爲騎馬爲乘車也云曰非敢後也馬不進也者其既在後而國人皆迎之謂己有功己不欲獨受其功故將入門杖馬而云我非敢在後距敵政是馬行不進故在後耳所以杖馬示馬從來不進也○註孔安國曰至功也○此不伐之源魯哀公十一年魯師及齊師戰于郊之事也見春秋傳也余見鄭注本姓孟名之側字之反也○馬融曰至進耳○云孟之反賢而有勇軍大奔獨在後爲殿者故停

軍後爲捍敵也云人迎爲功之者在國人迎軍見其在後而謂爲之有功故云功之也云馬不能前進耳者前猶進也

子曰不有祝鮀之佞而有宋朝之美難乎免於今之世矣【註】孔安國曰佞口才也祝鮀衛大夫名子魚也時世貴之宋朝宋國之美人也而善淫言當如祝鮀之佞而及如宋朝之美難矣免於今世之害也【疏】子曰至世矣○祝鮀能作佞也宋朝宋國之美人善能淫欲者也當于爾時貴佞重淫此二人並有其事故得寵幸而免患難故孔子曰言人若不有祝鮀佞反宜有宋朝美若二者並無則難免今世之患難也故范甯曰祝鮀以佞諂被寵於靈公宋朝以美色見愛於南子無道之世並以

取容孔子惡時民濁亂唯佞色是尚忠正之人不容其身故發難乎之談將以激亂俗亦欲發明君子全身遠害也。註孔安國曰至害也。云時世貴之者貴其能佞也云宋朝宋國之美人也而善淫者于時在衛通靈公夫人南子也云及如宋朝之美者一本云反如宋朝之美也通者云佞與淫異故云反也

子曰誰能出不由戶者何莫由斯道也註孔安國曰言人之立身成功當由道譬猶人出入要當從戶也疏子曰至道也。道先王之道也人生得在世皆由於先王道理而通而世人多違理背道故孔子爲譬以示解時惑也言人之在室出入由戶而通亦如在世由道理而生而人皆知出室由戶而未知在世由道故云誰能出不由戶何莫由斯道也莫無也斯此也故范甯云人咸知由戶而

行莫知由學而成也

子曰質勝文則野【註】苞氏曰野如野人言鄙略也文勝質則史【註】苞氏曰史者文多而質少也文質彬彬然後君子【註】苞氏曰彬彬文質相半之貌也【疏】子曰至君子。【云】質勝文則野者謂凡行禮及言語之儀也質實也勝多也文華也言若實多而文飾少則如野人野人鄙略大樸也【云】文勝質則史者史記書史也史書多虛華無實妄語欺詐言人若爲事多飾少實則如書史也【云】文質彬彬然後君子者言彬彬文質相半也若文與質等半則爲會時之君子也

子曰人生也直【註】馬融曰言人之所以生於世而自

終者以其正直之道也罔之生也幸而免【註】苞氏曰誣罔正直之道而亦生是幸而免也【疏】子曰至而免。云人生也直者言人得全生居世者必由直行故也故李充曰人生之道唯身直乎云罔之生也幸而免者罔謂爲邪曲誣罔者也應死而生曰幸生即由直若有誣罔之人亦得生世者是獲幸而免死耳故李充曰失平生之道者則動之死地矣必或免之者由於幸耳故君子無幸而有不幸小人有幸而無不幸也。【註】馬融曰至道也。自終謂用道故不横夭殤也

子曰知之者不如好之者好之者不如樂之者【註】苞氏曰學問知之者不如好之者篤好之者又不如樂之者深也【疏】子曰至樂之者。云知之者不如好之者者謂學者深淺也知之謂

知學問有益者也好之謂欲好學之以爲好者也夫知有益而學之則不如欲學之以爲好者也故李充曰雖知學之爲益或有計而後知學利在其中故不如好之者篤也云好之者不如樂之者者樂謂歡樂之也好有盈厭故不如性歡而樂之如顔淵樂在其中也故李充曰好有盛衰不如樂之者深也

子曰中人以上可以語上也中人以下不可以語上也註王肅曰上謂上智之人所知也兩舉中人以其可上可下也疏子曰至上也○此謂爲教化法也師說云就人之品識大判有三謂上中下也細而分之則有九也有上上上中上下也又有中上中中中下也又有下上下中下下也凡有九品上上則是聖人聖人不須教也下下則是愚人愚人不移亦不須教也而可教者謂

上中以下下中以上凡七品之人也今云中人以上可以語上卽以上道語於上分也中人以下不可以語上雖不可語上猶可語之以中及語之以下何者夫教之爲法恒導引分前也聖人無須於教故以聖人之道可以教顏以顏之道可以教閔斯則中人以上可以語上也又以閔道可以教中品之上此則中人亦可語上也又以中品之上道教中品之中又以中品之中道教中品之下斯卽中人亦有可以語之以中也又以中品之下道教下品之上斯卽中人以下可以語中又以下品之上道教下品之中斯卽中人以下可以語下也此云中人以上中人以下大略言之耳既有九品則第五爲正中人也以下卽六七八也以上卽四三二也○注王肅曰至可也○云上謂上智之人所知也者謂聖人之道可教顏閔者也云兩舉中人以其可上可下也者若分九品則第五以上可以語上第五以下不可語上今但應云中人以上可以語上以下不可語上而復云中人以下是再舉

中人也所以爾者明中人之大分有可上可下也若中人之上可以語上中人之下不可語上故再言中人也又一云中人若遇善師則可上若遇惡人則可下故再舉中人明可上可下也

樊遲問智子曰務民之義【註】王肅曰務所以化導民之義也敬鬼神而遠之可謂智矣【註】苞氏曰敬鬼神而不瀆也問仁子曰仁者先難而後獲可謂仁矣【註】孔安國曰先勞苦乃後得功此所以爲仁也

【疏】樊遲問至仁矣。云樊遲問智者問孔子爲智之道也云子曰務民之義者答曰若欲爲智當務在化導民之義也云敬鬼神而遠之者鬼神不可慢故曰敬鬼神也可敬不可近故宜遠之也云可謂智矣者如上二事則可爲智也云問仁者樊遲又問爲仁也云子曰云云者獲得也言臣必先歷爲難事而後乃可得祿受報則是仁也若不先勞事而食則爲不仁故范甯曰艱難之事則爲物先獲功之事而處物後則爲仁矣。註苞氏曰敬鬼神而不瀆也。瀆猶數近也

子曰智者樂水註苞氏曰智者樂運其才智以治世如水流而不知已也仁者樂山註仁者樂如山之安固自然不動而萬物生焉智者動註苞氏曰自進故動也仁者靜註孔安國曰無欲故靜也智者樂註鄭元曰智者自役得其志故樂也仁者壽註苞氏曰性靜故壽考也疏子曰至者壽。陸特進曰此章極辨智仁之分凡分爲三段自智者樂水仁者樂山爲第一明智仁之性又智者動仁者靜爲第二明智仁之用先

既有性性必有用也又智者樂仁者壽爲第三明智仁之功已有用用宜有功也云智者樂水者今第一明智仁之性此明智性也智者識用之義也樂者貪樂之稱也水者流動不息之物也智者樂運其智化物如流水之不息故樂水也云仁者樂山者此即明仁者之性仁者惻隱之義山者不動之物也仁人之性願四方安靜如山之不動故云樂山也云智者動者此第二明用也智者何故如水耶政自欲動進其識故云智者動也云仁者靜者仁者何故如山耶其心寧靜故也云智者樂者第三明功也樂懽也智者得運其識故得從心而暢故懽樂也云仁者壽者性靜如山之安固故壽考也然則仁既壽不樂而智樂不必壽緣所役用多故也

子曰齊一變至於魯魯一變至於道註苞氏曰言齊魯有太公周公之餘化也太公大賢周公聖人今

其政教雖衰若有明君興之者齊可使如魯魯可使如大道行之時也【疏】子曰至於道○太公封於營丘之地爲齊國周公封於曲阜之地爲魯國周公大聖太公大賢賢聖既有優劣雖同致太平而其化不得不微異故末代二國齊有景公之昏闇魯有定公之寡德然其國猶有望旦之遺風故禮記云孔子曰吾捨魯何適耶明魯猶勝餘國也今孔子歎其君之並惡故有此言也言若齊有明君一變便得如魯太平之日魯有明君一變便如大道之時也此是引汲之教耳實理則不然矣若明君興之政當得各如其初何容得還淳反本耶

子曰觚不觚【註】馬融曰觚禮器也一升曰爵三升曰觚也觚哉觚哉【註】觚哉觚哉言非觚也以喻爲政

不得其道則不成也。疏子曰至觚哉。云觚不觚者觚禮器也禮云觚酌酒一獻之禮賓主百拜此則明有觚之用也當于爾時用觚酌酒而沈湎無度故孔子曰觚不觚也故王肅曰當時沈湎于酒故曰觚不觚言不知禮也蔡謨曰酒之亂德自古所患故禮說三爵之制尚書著明酒誥之篇易有濡首之戒詩列賓筵之刺皆所以防沈湎王氏之說是也觚失其禮故曰觚不觚猶言君臣不君臣耳云觚哉觚哉者言用觚之失道也故重曰觚哉觚哉。注觚哉至成也。云觚哉觚哉言非觚也者何此注亦得同王蔡之釋也云以喻爲政不得其道則不成也者如何此注則與王蔡小異也何意言用觚不得其道則非復觚德譬如人所爲不得其道者則事亦不成也若欲知氣味何說則特前觚不觚如王蔡之釋後云觚哉觚哉自因前以寄後喻事不乖王蔡而有兼得之美也故褚仲都曰作觚而不用觚法觚終不成猶爲政而不用政法豈成哉疾世爲政不

用政法故再言焉

宰我問曰仁者雖告之曰井有仁者焉其從之與【註】孔安國曰宰我以爲仁者必濟人於患難故問有仁人墮井將自投下從而出之否乎欲極觀仁人憂樂之所至也子曰何爲其然也君子可逝也不可陷也【註】包氏曰逝往也言君子可使往視之耳不肯自投救之也可欺也不可罔也【註】馬融曰可欺者可使往也不可罔者不可得誣罔令自投下也【疏】宰我問至罔也○云宰我問云云者宰我欲極觀仁者之懷故假斯以問也言有人告於

仁者云彼處有仁者墮井而仁者常救人於急難當自投入井救取之不耶云子曰何爲其然也者孔子距之故云何爲其然也言仁者雖復救濟若審有人墮井當爲方計出之豈容自投從之云君子可逝也不可陷也者逝往也陷沒也言聞有人墮井乃可往看之耳不遂投井取之也云可欺也不可罔也者云欺者謂遥相語也罔者謂面相誣也初彼來見告云井中有仁人我往覗之是可欺也既至井實無人人不可變通而自投入井是不可罔也或問曰仁人救物一切無偏何不但云井中有人而必云有仁者耶若唯救仁者則非仁人墮井則仁人所不救乎荅曰仁者能好人能惡人其雖惻隱濟物若聞惡人墮井亦不往也又李充曰欲極言仁設云救井爲仁便當從不耶故夫子荅云何爲其然也言何至如此是君子之人若於道理宜爾身猶可亡故云可逝逝往也若理有不可不宜陷於不知故云不可誣罔令投下也君子不逆詐故可以闇昧欺大德居正故不可以非道罔也

子曰君子博學於文約之以禮亦可以弗畔矣夫【註】鄭玄曰弗畔不違道也【疏】子曰至矣夫○博廣也約束也畔違也背也言君子廣學六籍之文又用禮自約束能如此者亦可得不違背於道理也

子見南子子路不悅夫子矢之曰予所否者天厭之天厭之【註】孔安國曰等以爲南子者衛靈公夫人也淫亂而靈公惑之孔子見之者欲因以說靈公使行治道也矢誓也子路不悅故夫子誓之曰行道既非婦人之事而弟子不悅與之咒誓義可疑也【疏】子見至厭之○云子見南子者南子衛靈公夫人也淫亂而孔子入衛欲與之相見也所

以欲相見者靈公唯婦言是用孔子欲因南子說
靈公使行正道也故繆播曰應物而不擇者道也
兼濟而不辭者聖也靈公無道蒸庶困窮鍾救於
夫子物困不可以不救理鍾不可以不應應救之
道必明有路路由南子故尼父見之涅而不緇則
處汚不辱無可無不可故兼濟而不辭以道觀之
未有可猜也云子路不悅者子路于時隨夫子在
衛見夫子與淫亂婦人相見故不悅也繆播曰賢
者守節怪之宜也或以亦發孔子之荅以曉衆也
王弼曰案本傳孔子不得已而見南子猶文王拘
羑里蓋天命之窮會也子路以君子宜防患辱是
以不悅也云夫子云云者矢誓也予我也否不也
厭塞也子路既不悅而孔子與之呪誓也言我見
南子若有不善之事則天當厭塞我道也繆播曰
否不也言體聖而不爲聖者之事天其厭塞此道
耶王弼曰否泰有命我之所屆不用於世者乃天
命厭之言非人事所免也重言之者所以誓其言
也蔡謨曰矢陳也尚書叙曰皋陶矢厥謨也春秋

經曰公矢魚于棠皆是也夫子爲子路矢陳天命非誓也李充曰男女之别國之大節聖人明義教正内外者也而乃廢常違禮見淫亂之婦人者必以權道有由而然子路不悅固其宜也夫道消運否則聖人亦否故曰予所否者天厭之天厭之厭亦否也明聖人與天地同其否泰耳豈區區自明於子路而已

子曰中庸之爲德也其至矣乎民鮮久矣註庸常也中和可常行之德也世亂先王之道廢民鮮能行此道久矣非適今也疏子曰至久矣○中中和也庸常也鮮少也言中和可常行之德是先王之道其理甚至善而民少有行此者也已久言可歎之深也

子貢曰如能博施於民而能濟衆者何如可謂仁乎

子曰何事於仁必也聖乎堯舜其猶病諸【注】孔安國曰若能廣施恩惠濟民於患難堯舜至聖猶病其難也夫仁者己欲立而立人己欲達而達人能近取譬可謂仁之方也已【注】孔安國曰更爲子貢說仁者之行也方道也但能近取譬於己皆恕己所不欲而勿施人也【疏】子貢曰至也已。云子貢曰云云者子貢問言若有人所能廣施恩惠於民又能救濟衆民之患難能如此者何如可得謂爲仁人否乎云子曰何事於仁必也聖乎者孔子荅曰若能如此者何事是仁乎乃是聖人之行也云堯舜其猶病諸者堯舜古聖天子也病猶患也諸之也又言前所能之事乃是聖人之行而聖人猶病患其事之難行也云夫仁者云云者既云前事不啻是仁爲聖所難故此更荅爲仁之道也言己若欲自立自達則必先立達他人則是有仁之者也云能近云云者能近取譬諸身遠取諸物己所不欲勿施於人能如此者可謂爲仁之方也方猶道也

論語集解義疏卷第三

論語集解義疏卷第四

魏　何晏　集解

梁　皇侃　義疏

論語述而第七

疏 述而者明孔子行教但祖述堯舜自比老彭而不制作也所以次前者時既夷嶮聖賢地閉非唯二賢之不遇而聖亦失常故以聖不遇證賢不遇非賢之失所以述而次雍也

子曰述而不作信而好古竊比於我老彭 註 苞氏曰老彭殷賢大夫也好述古事我若老彭祖述之耳

疏子曰至老彭。此孔子自說也云述而不作者述者傳於舊章也作者新制作禮樂也孔子自言我但傳述舊章而不新制禮樂也夫得制禮樂者必須德位兼竝德爲聖人尊爲天子者也所以然者制作禮樂必使天下行之若有德無位旣非天下之主而天下不畏則禮樂不行若有位無德雖爲天下之主而天下不服則禮樂不行故必須竝兼者也孔子是有德無位故述而不作也云信而好古者又言己常存於忠信而復好古先王之道故曰信而好古也所以中庸云仲尼祖述堯舜憲章文武是也云竊比於我老彭者竊猶盜也老彭彭祖也年八百歲故曰老彭也老彭亦有德無位但述而不作信而好古孔子欲自比之而謙不敢灼然故曰竊比也

子曰默而識之學而不厭誨人不倦何有於我哉注鄭元曰人無有是行於我我獨有之也疏子曰至我哉。

云默而識之者見事心識而口不言謂之默識者也云學而不厭者又學先王之道而不厭止也云誨人不倦者誨教也又教一切之人而不疲倦也云何有於我哉者言人無此諸行故天下貴於我耳若世人皆有此三行則何復貴有於我哉故李充曰言人若有此三行者復何有貴於我乎斯勸學敦誨誘之辭也○註鄭玄曰至之也○云人無有是行者言天下人皆無此三行也云於我我獨有之也者釋於我哉也言由我獨有之故天下貴有於我也

子曰德之不脩也學之不講也聞義不能徙也不善不能改也是吾憂也註孔安國曰夫子常以此四者爲憂也疏子曰至憂也○云德之不脩者得理之事宜脩治在身也而世人不脩也云學之不講者所學經業恒宜講說使決了也而世人不講也云聞義不能徙者聞有仁義之事徙

意從也而世人不從也云不善不能改者身本有不善當自改正令善也而世人不改也云是吾憂也者吾孔子自謂也言孔子恆憂世人不爲上四事也

子之燕居申申如也夭夭如也註馬融曰申申夭夭和舒之貌也疏子之至如也○明孔子居處有禮也燕居者退朝而居也申申者心和也夭夭者貌舒也玉藻云燕居告溫溫注告謂教使也詩云溫溫恭人鄉黨云居不容故當燕居時所以心和而貌舒也故孫綽曰燕居無事故云心內夷和外舒暢者也○註馬融曰至貌也○申申心申暢故和也貌舒緩故夭夭也詩云桃之夭夭灼灼其華即美舒義

子曰甚矣吾衰也久矣吾不復夢見周公也註孔安國曰孔子衰老不復夢見周公也明盛時夢見周

公欲行其道也【疏】子曰至公也。夫聖人行教既須得德位兼竝若不爲人主則必爲佐相聖而君相者周公是也雖不九五而得制禮作樂道化流行孔子乃不敢期於天位亦猶願放乎周公故年少之日恒存慕發夢及至年齒衰朽非唯道教不行抑亦不復夢見所以知己德衰而發衰久矣即歎不夢之徵也然聖人懸照本無俟夢想而云夢者同物而示衰故也故李充曰聖人無想何夢之有蓋傷周德之日衰哀道教之不行故寄慨於不夢發歎於鳳鳥也。【註】孔安國曰至道也。即謂攝行天子事而復制禮作樂也

子曰志於道【註】志慕也道不可體故志之而已據於德【註】據杖也德有成形故可據也依於仁【註】依倚也仁者功施於人故可倚之也游於藝【註】藝六藝

也不足據依故曰游也【疏】子曰至於藝。此章明人生處世須道藝自輔不得徒然而已也。云志於道者志者在心向慕之謂也道者通而不壅者也道既是通通無形相故人當恒存志之在心造次不可暫捨離者也。云據於德者據者執杖之辭也德謂行事得理者也行事有形有形故可據杖也。云依於仁者依者倚也仁者施惠之謂也施惠於事宜急故當依之而行也仁劣於德倚減於據故隨事而配之。云游於藝者游者履歷之辭也藝六藝謂禮樂書數射御也其輕於仁故云不足依據而宜遍游歷以知之也。【註】道不可體。不可體謂無形體也。【註】德有成形。前事有涯故云有形也

子曰自行束脩以上吾未嘗無誨焉【註】孔安國曰言人能奉禮自行束脩以上則皆教誨之也【疏】子曰至誨

焉○此明孔子教化有感必應者也束脩十束脯也古者相見必執物爲贄贄至也表己來至也上則人君用玉中則卿羔大夫鴈士雉下則庶人執鶩工商執雞其中或束脩壺酒一犬悉不得無也束脩最是贄之至輕者也孔子言人若能自施贄行束脩以上來見謁者則我未嘗不教誨之故江熙云見其翹然向善思益也古以贄見脩脯也孔注雖不云脩是脯而意亦不得離脯也

子曰不憤不啓不悱不發舉一隅而示之不以三隅反則吾不復也【註】鄭玄曰孔子與人言必待其人心憤憤口悱悱乃後啓發爲之說也如此則識思之深也說則舉一隅以語之其人不思其類則不復重教之也【疏】子曰至復也○又明孔子教人法也【云】不憤不啓不悱不發者憤謂

學者之心思義未得而憤憤然也啓開也悱謂學者之口欲有所諮而未能宣悱悱然也發發明也言孔子之教待人心憤憤乃後爲開導之若不憤則不爲開也又待其口悱悱而後乃爲發明之若不悱則不爲發明也所以然者人若不悱憤而先爲啓發則受者識錄不堅故須悱憤乃爲發啓則聽受分明憶之深也云舉一云云者隅角也牀有四角牀有四角皆曰隅也孔子爲教雖待悱憤而爲開發開發已竟而此人不識事類亦不復教之也譬如牀有四角已示之一角餘三角從類可知若此人不能以類反識三角則不復教示也

子食於有喪者之側未嘗飽也子於是日也哭則不歌〔註〕喪者哀戚飽食於其側是無惻隱之心也〔疏〕子食至不歌〇云子食於有喪者之側未嘗飽也者謂孔子助葬時也爲應執事故必食也必有哀

色故不飽也故禮云飢而廢事非禮也飽而忘哀亦非禮也云子於是日也哭則不歌者謂孔子弔喪之日也弔喪必哭哭歌不可同日故是於弔哭之日不歌也故范甯曰是日卽弔赴之日也禮歌哭不同日也故哭則不歌也

子謂顏淵曰用之則行舍之則藏唯我與爾有是夫註孔安國曰言可行則行可止則止唯我與顏淵同耳子路曰子行三軍則誰與註孔安國曰大國三軍子路見孔子獨美顏淵以爲己有勇至於夫子爲三軍將亦當唯與己俱故發此問也子曰暴虎憑河死而無悔者吾不與也註孔安國曰暴虎

徒搏也憑河徒涉也必也臨事而懼好謀而成者也【疏】子謂至成者也○云子謂云云者此明顏孔於事等於行藏也用者謂時世宜可行之事也藏者謂時世不宜行之事爾汝也自降聖以下而賢人能得故可行用則顏孔所同故云用行捨藏唯我與爾有是夫孫綽曰聖人德合於天地用契於四時不自昏於盛明不獨曜於幽夜顏齊其度故動止無違所以影附日月絕塵於游鳥也一云與許也唯我許汝如此也故江熙曰聖人作則賢人佐天地閉則聖人隱用則行捨則藏也唯我許爾有是分者非聖無以盡賢也云子路曰子行三軍則誰與者子路聞孔子論行藏而獨美顏淵然若行三軍必當與己己有勇故也故問則誰與之云子曰云云者孔子聞子路之衒勇故抑之也空手搏虎爲暴虎無舟渡河爲憑河言搏虎須杖渡河須舟然後身命可全若無杖而搏虎無舟而渡河必致傷溺若爲此勇則我行三軍所不與也

以斥子路之勇必不得其死然也繆播曰聖教軌物各應其求隨長短以抑引隨志分以誘導使歸於會通合乎道中以故剛勇者屈以優柔儉弱者厲以求及由之性也以勇爲累常恐有失其分覓功衒世故因題目於回舉三軍以倒問將以仰叩道訓陶染情性故夫子應以篤誨以示厥中也云必也云云者孔子既抑子路而又云我所以與者政欲須臨事而懼又好爲謀事而必成者也況居士曰若子路不平與顔淵而尙其勇鄙昧也已甚孔子以之比暴虎憑河附之於惡貿爲太深余以爲子路聞孔子許顔之遠悅而慕之自恨己才之近唯強而已故問子行三軍則誰與言必與許己也言許己以麤近也故夫子因慰而廣之言若在三軍如暴虎憑河則可賤而不取謂世之麤勇也若懼而能謀抑亦仁賢之次流謂子路也如此三軍則不獨麤近也○註孔安國曰至問也○云大國三軍者天子六軍大國三軍小國一軍軍一萬二千五百人也云至於夫子爲三軍將者將猶帥

也孔子得爲三軍帥時也。【註】孔安國曰至涉也
。徒空也謂空手搏也爾雅云暴虎徒搏也郭注
云空手執也又云憑河
徒涉也郭云無舟檝也

子曰富而可求也雖執鞭之士吾亦爲之【註】鄭元曰
富貴不可求而得者也當修德以得之若於道可
求者雖執鞭賤職我亦爲之矣如不可求者從吾
所好【註】孔安國曰所好者古人之道也【疏】子曰至所好。
【云】子曰云云者孔子意云夫富貴貧賤皆稟天之
命不可苟且求若可求而得者雖假令執鞭賤職
而吾亦爲之則不辭矣繆協稱袁氏曰執鞭君之
御士亦有祿位於朝也【云】如不可求者從吾所好
者既不可求則當隨我性所好我性所好者古人
之道也。【註】鄭元曰至之矣。【云】富貴不可求而

得者言不可以非理求也云當修德以得之者若値明世修德必得也若逢亂世雖修德不得而是得之道也猶如言寡尤行寡悔祿在其中矣云若於云云者道猶世道也若於世道可求則吾不辭賤職也周禮有條狼氏職掌執鞭以趨避王出入則八人夾道公則六人侯伯四人子男二人鄭言趨而避行人若今卒避車之爲也

子之所愼齊戰疾注孔安國曰此三者人所不能愼而夫子能愼之也疏子之所愼齊戰疾○記孔子所愼之行也齊者先祭之名也將欲祭祀則先散齊七日致齊三日也齊之言齊也人心有欲散漫不齊故將接神先自寧靜變食遷坐以自齊潔也時人慢神故於齊不愼而孔子愼之也戰者兩刃相交性命俄傾身體髮膚彌宜全重時多暴虎不避毁傷唯孔子愼之故後則云子畏於匡又云善人敎民七年亦可卽戎又云

以不教民戰是謂棄之茲是慎戰也疾者宜將養制節飲食以時人不愼而孔子愼之也故云子之所愼齊戰疾也

子在齊聞韶樂三月不知肉味【註】周生烈曰孔子在齊聞習韶樂之盛美故忽於肉味也曰不圖爲樂之至於斯也【註】王肅曰爲作也不圖作韶樂至於此此此齊也【疏】子在至斯也○云子在齊聞韶樂三月不知肉味者韶者舜樂名也盡善盡美者也孔子至齊聞齊君奏於韶樂之盛而心爲痛傷故口忘肉味至於一時乃止也三月一時也何以然也齊是無道之君而濫奏聖王之樂器存人乖所以可傷慨也故郭象曰傷器存而道廢得有聲而無時江熙曰和璧與瓦礫齊貫卞子所以惆悵虞韶與鄭衛比響仲尼所以永歎爾

時忘味何遠情之深也范甯曰夫韶乃大虞盡善之樂齊諸侯也何得有之乎曰陳舜之後也樂在陳陳敬仲竊以奔齊故得僭之也云曰不圖爲樂之至於斯也者此孔子說所以忘味之由也圖猶謀慮也爲猶作奏也樂韶樂也斯此也此指齊也孔子言實不意慮奏作聖王之韶樂而來至此齊侯之國也或問曰樂隨人君而變若人君心善則樂善心淫則樂淫今齊君無道而韶音那獨不變而猶盛耶且若其音猶盛則齊民宜從樂化而齊民猶惡不隨樂化何也侃答曰夫樂隨人君而變者唯在時王之樂耳何者如周王遍奏六代之樂當周公成康之日則六代之聲悉善亦悉以化民若幽厲傷周天下大壞則唯周樂自隨時君而變壞其民亦隨時君而惡所餘殷夏以上五聖之樂則不隨時變故韶樂在齊而音猶盛美者也何以然哉是聖王之樂故不隨惡君變也而武亦善而獨變者以其君是周之子孫子孫既變故先祖之樂亦與之而變也又既五代音存而不能化民者

既不隨惡王而變寧爲惡王所御乎既不爲所御故雖存而不化民也又一通云當其末代其君雖惡而其先代之樂聲亦不變也而其君所奏淫樂不復奏正樂故不復化民也○註忽於肉味●忽猶忘也

冉有曰夫子爲衛君乎註鄭元曰爲猶助也衛君者謂輒也衛靈公逐大子蒯聵公薨而立孫輒後晉趙鞅納蒯聵于戚衛石曼姑帥師圍之故問其意助輒否乎子貢曰諾吾將問之入曰伯夷叔齊何人也子曰古之賢人也曰怨乎曰求仁而得仁又何怨乎註孔安國曰伯夷叔齊讓國遠去終於餓

死故問怨乎以讓爲仁豈怨乎出曰夫子不爲也

註鄭元曰父子爭國惡行也孔子以伯夷叔齊爲賢且仁故知不助衛君明也

疏冉有曰至爲也○云冉有曰夫子爲衛君乎者爲猶助也衛君謂輒也衛靈公逐太子蒯聵靈公以魯哀公二年夏四月薨而立蒯聵之子輒爲衛君孔子時在衛爲輒所賓接後蒯聵還奪輒國父子相圖時人多疑孔子應助輒拒父故冉有傳物之疑以問子貢也故江熙曰夫子在衛受輒賓主悠悠者或疑爲之故問也云子貢曰諾吾將問之者子貢荅冉有也故先應諾言吾將入問於孔子助輒不也云入曰伯夷叔齊何人也者此子貢入問孔子之辭也所以不問助輒不而問夷齊者不欲斥言衛君事故以微理求之也伯夷叔齊兄弟讓國而輒父子爭位其事已反故問夷齊何人若孔子荅以夷齊爲非則知助輒荅以夷

齊爲是則知不助輒也云子曰古之賢人也者荅子貢也言夷齊是古賢人也云曰怨乎者怨恨也子貢又問夷齊有怨恨不乎所以問有恨不者夷齊兄弟讓國隱首陽山遂餓死首陽山下賢人相讓而致餓死死應不恨也云曰求仁而得仁又何怨乎者孔子荅曰不怨也言兄弟相讓本求仁義而萬代美其相讓之德是求仁得仁也求之而得雖死有何怨是君子殺身成仁不安生害仁云出曰夫子不爲也者子貢既聞孔子以夷齊之讓爲賢且爲仁故知輒父子爭國爲惡也所以荅冉有云夫子不爲衛君也。註鄭元曰至否乎。云公薨而立孫輒者公死後乃立輒也云後晉趙鞅納蒯聵于戚者後謂輒立爲君後也蒯聵奔在戚輒立定後其年六月晉臣趙鞅於戚以納蒯聵遂入衛奪輒位也云衛石曼姑帥師圍之者至哀公三年衛輒之臣石曼姑帥師圍蒯聵于戚也云故問其意助輒否乎者其其孔子也冉有問子貢曰孔子意助輒不也哀公二年孔子在衛至十一年反

魯至十五年冬蒯聵乃勝輒出奔魯子路死難使來魯報孔子也至十六年正月蒯聵從戚入衛爲君也

子曰飯蔬食飲水曲肱而枕之樂亦在其中矣【註】孔安國曰蔬食菜食也肱臂也孔子以此爲樂也不義而富且貴於我如浮雲【註】鄭玄曰富貴而不以義者於我如浮雲非己之有也【疏】子曰至浮雲○云飯蔬食飲水者此明孔子食無求飽也飯猶食也蔬食菜食也言孔子食於菜食而飲水無重肴方丈也云曲肱而枕之樂亦在其中矣者此明孔子居無求安也肘前曰臂肘後曰肱通亦曰臂言孔子眠曲臂而枕之不錦衾角枕也孔子麤食薄寢而歡樂怡暢自在麤薄之中也云不義而富且貴於我如浮雲

者富與貴是人之所欲不以其道得之不處也不義而富貴於我如天之浮雲也所以然者言浮雲自在天與我何相關如不義之富貴與我亦不相關也又浮雲倏聚歘散不可爲常如不義富貴聚散俄頃如浮雲也。註鄭元曰至有也。如前釋也

子曰加我數年五十以學易可以無大過矣註易窮理盡性以至於命年五十而知天命以知命之年讀至命之書故可以無大過也疏子曰至過矣。此孔子重易故欲令學者加功於此書也當孔子爾時年已四十五六故云加我數年五十而學易也所以必五十而學易者人年五十是知命之年也易有大演之數五十是窮理盡命之書故五十而學易也旣學得其理則極照精微故身無過失也云無大過者小事易見大事難明故學照大理則得一不復大

過則小者故不失之王弼曰易以幾神爲教顏淵庶幾有過而改然則窮神研幾可以無過明易道深妙戒過明訓微言精粹熟習然後存義也王朗又爲一通云鄙意以爲易蓋先聖之精義後聖無間然者也是以孔子即而因之少而誦習恆以爲務稱五十而學者明重易之至欲令學者專精於此書雖老不可以廢倦也。註易窮至過也○云易窮理盡性以至於命者易明乾元亨利貞窮測陰陽之理遍盡萬物之性故云窮理盡性也又識窮通故云以至於命也云年五十而知天命者人年五十應大演之數與易數同故知天命也云以知命之年讀至命之書者其數會同也云故可以無大過也者照幾窮理故無失也

子所雅言註孔安國曰雅言正言也詩書執禮皆雅言也註鄭元曰讀先王典法必正言其音然後義

全故不可有所諱也禮不誦故言執也【疏】子所至言也○云子所雅言者子孔子也雅正也謂孔子平生讀書皆正言之不爲私所避諱也云詩書執禮皆雅言也者此是所不諱之書也詩及書禮皆正言之也六籍皆正言獨云詩書禮者舉一隅餘三隅可及也故顧歡曰夫引綱尋綱振裘提領正言此三則靡典不統矣○【註】鄭元曰至執也○云讀先云云者若讀書避諱則疑誤後生故禮云教學臨文不諱詩書不諱是也云禮不誦故言執也者釋不直云詩書禮而禮上長云執之義也背文而讀曰誦詩是詠歌書是謨誥故並須誦之而禮但執文依事而行不須背文誦之故曰執也

葉公問孔子於子路子路不對【註】孔安國曰葉公名諸梁楚大夫食采於葉僭稱公不對者未知所以

荅也子曰汝奚不曰其爲人也發憤忘食樂以忘憂不知老之將至也云爾【疏】葉公問至云爾○云葉公問孔子於子路者葉公楚臣也食采於葉楚僭稱王故臣稱公自比諸侯也問子路以論孔子之事也但不知所問何事也云子路不對者所問之事當非孔子之德故子路不對之也故江熙曰葉公見夫子數應聘而不遇尚以其問近故不荅也李充曰凡觀諸問聖師於弟子者諸道也則稱而近之誣德也必揚而抑之未有默然而不荅者也疑葉公問之必將欲致之爲政子路知夫子之不可屈故未許其說耳云子曰云云者孔子聞子路不對故以此言語子路也奚何也其其孔子也謂孔子慨世道之不行故發憤而忘於飡食也又飲水曲肱樂在其中忘於貧賤之憂也又年雖耆朽而信天任命不知老之將至也言葉公問汝汝何不曰我有如此之德云爾以示之也然此諸語當是斥於葉公也李

充曰夫子乃抗論儒業大明其志使如此之徒絕望於覬覦不亦弘而廣乎江熙曰葉公唯知執政之貴不識天下復有勝遠故欲令子路抗明素業無嫌於時得以清波濯彼穢心也

子曰我非生而知之者好古敏而以求之者也〔註〕鄭元曰言此者勉勸人於學也〔疏〕子曰至者也○云我非生而知之者者知之謂知事理也孔子謙以同物故曰我有所知非生而自然知之者也王藻云此蓋自同常教以身率物者也云好古敏而以求之者也者我既不生知而今有所知者政由我所好古人之道疾速以求知之也敏疾速也

子不語怪力亂神〔註〕王肅曰怪怪異也力謂若奡盪舟烏獲舉千鈞之屬也亂謂臣弒君子弒父也神

謂鬼神之事也或無益於教化也或所不忍言也
子不語怪力亂神。怪怪異也謂妖孽之事也
【疏】力謂多力也若烏獲舉千鈞之屬也亂謂臣子
弑害君父之事也神謂鬼神之事也此四事言之
無益於教訓故孔子語不及之也或問曰易文言
孔子所作云臣殺君子殺父並亂事而云孔子不
語之何也荅曰發端曰言荅述曰語此云不語謂
不誦荅耳非云不言也或通云怪力是一事亂神
是一事都不言此二事也故李充曰力不由理斯
怪力也神不由正斯亂神也怪力亂神有興於邪
無益於教故不言也。註王肅曰至言也。云怪
怪異也者舊云如山啼鬼哭之類也云力謂若奡
盪舟烏獲舉千鈞之屬者奡多力能陸地推舟也
盪推也烏獲古時健兒也一舉千斤曰鈞烏獲能舉
三萬斤重也云亂謂臣弑君子弑父者惡逆爲亂
甚者也云神謂鬼神之事者子路問事鬼神孔子
曰未能事人焉能事鬼是不言也云或無益於教

化者解不言怪力神三事也云或所不忍言者解不言亂事也

子曰我三人行必得我師焉擇其善者而從之其不善者而改之【注】言我三人行本無賢愚擇善從之不善改之故無常師也【疏】子曰至改之。此則人生處世則宜更相進益雖三人同行必推勝而引劣故必有師也有勝者則諮受自益故云擇善而從之也有劣者則以善引之故云其不善者而改之然善與不善即就一人上為語也人不圓足故取善改惡亦更相師改之義也故王朗曰于時道消俗薄鮮能崇賢尚勝故託斯言以厲之夫三人之行猶或有師況四海之內何求而不應哉縱能尚賢而或滯於一方者又未盡善也故曰擇其善者而從之其不善者而改之或問曰何不二人必云三人也答曰二人則彼此自好各言我是若有三人則恒一人見二人則之有是非明也。【註】言我至師也。【云】言我三人行本無賢愚者就注意亦是敵者也既俱非圓德則遞有優劣也【云】擇善云云者我師彼之長而改彼之短彼亦師我之長而改我之短既更相師法故云無常師也

子曰天生德於予桓魋其如予何【註】苞氏曰桓魋宋司馬黎也天生德於予者謂授我以聖性也合德天地吉而無不利故曰其如予何也【疏】子曰至予何。○予我也桓魋宋司馬也凶愚心恒欲害孔子孔子故明言語之使其凶心止也言天生聖德於我我與天同體桓魋雖無道安能違天而害我乎故云如予何也夫凶人亦宜不屢謝而有時須以道折之故江熙曰小人為惡以理喻之則愈凶強晏然待之則更自處亦猶匡人聞文王之德而兵解也

子曰二三子以我爲隱子乎吾無隱乎爾【註】苞氏曰二三子謂諸弟子也聖人智廣道深弟子學之不能及以爲有所隱匿故解之也吾無所行而不與二三子者是丘也【註】苞氏曰我所爲無不與爾共之者是丘之心也【疏】子曰至丘也○云二三子以我爲隱子乎者二三子諸弟子也孔子聖道深遠諸弟子學所不及而有怨者恒言孔子於己有所隱惜故孔子今呼而問之曰汝等言我有所隱於汝乎云吾無隱乎爾者爾汝也先呼問之此更語之云吾無所隱於汝也云吾無云云者行猶爲也丘孔子名也孔子已向云無隱故此更自稱名而說無隱之事使之信也言凡我所爲之事無不與汝共之者是丘之心如此

子以四教文行忠信【註】四者有形質可舉以教也【疏】子以四教文行忠信。孔子爲教恒用此四事爲首故云子以四教也李充曰其典籍辭義謂之文孝悌恭睦謂之行爲人臣則忠與朋友交則信此四者教之所先也故以文發其蒙行以積其德忠以立其節信以全其終也

子曰聖人吾不得而見之矣得見君子者斯可矣【註】疾世無明君也子曰善人吾不得而見之矣得見有恒者斯可矣亡而爲有虛而爲盈約而爲泰難乎有恒矣【註】孔安國曰難可名之爲有常也【疏】子曰至恒矣。云子曰云云者孔子歎世無賢聖也言吾已不能見世有聖人若得見有君子之行則亦

可矣言世亦無此也然君子之稱上通聖人下至片善今此上云不見聖下云得見君子則知此之君子賢人以下也故王弼曰此爲聖人與君子異也然德足君物皆稱君子亦有德者之通稱也云子曰云云者善人之稱亦上通聖人下通一分而此所言指賢人以下也言世道流喪吾復不得善人也云得見有恆者斯可矣者有恆謂雖不能作善而守常不爲惡者也言爾時非唯無作片善者亦無直置不爲惡者故亦不得見也云亡而云云者此目不恆之人也亡無也當時澆亂人皆誇張指無爲有說虛作盈家貧約而外詐奢泰皆與恆反故云難乎有恆矣故江熙曰言世人負情反實逐波流遷若影無持係索此有恆難也

子釣而不綱弋不射宿註孔安國曰釣者一竿釣也綱者爲大綱以横絕流以繳繫釣羅屬著綱也弋

繳射也宿宿鳥也疏子釣至射宿。云子釣而不綱者周孔之教不得無殺是欲因殺止殺故同物有殺也釣者一竿屬一鉤而取魚也綱者作大綱橫遮於廣水而羅列多鉤著之以取魚也孔子用一竿而釣則一一得魚是所少也若綱橫流而取則得者多則孔子所不爲也故云子釣而不綱也云弋不射宿者弋者繳射也此人皆多繳射取鳥也宿者夜栖宿之鳥也孔子亦繳射唯白日用事而不及夜射栖宿之鳥也所以然者宿鳥夜聚有羣易得多故不射之也又恐驚動夜宿仁心所不忍也故孫綽曰殺理不可頓去故禁綱而存釣也繆協曰將令物生有路人殺有節所以易其生而難其殺也。註孔安國曰至羅鳥也。云綱者云云者繳繩也以小繩係釣而羅列屬著大繩也云弋繳射也者解繳射者多家一云古人以細繩係丸而彈謂爲繳射也一云取一杖長一二尺計以長繩係此杖而橫颺以取鳥謂爲繳射也鄭玄注周禮司弓矢云結繳於矢謂之矰矰高也詩云弋鳧與鴈司弓矢又云田弋充籠箙矢其矰矢注云籠竹箙也矰矢不在箙者爲其相繞亂將用乃共之也侃案鄭意則繳射是細繩係箭而射也云宿宿鳥者或云不敢老宿之鳥也宿鳥能生伏故不取也此通不及夜也

子曰蓋有不知而作之者我無是也註苞氏曰時人多有穿鑿妄作篇籍者故云然也多聞擇其善者而從之多見而識之知之次也註孔安國曰如此次於生知之者也疏子曰至次也○云蓋有云云者不知而作謂妄作穿鑿爲異端也時蓋多有爲此者故孔子曰我無是不知而作之事也云多聞擇其善者而從之者因戒妄作之人也言豈得妄爲穿鑿也人居世間若有耳多所聞則擇善者從之者也云多見而識之者若

四多所見則識錄也多見不云擇善者與上互文亦從可知也云知之次也者若多聞擇善多見錄善此雖非生知亦是生知之者次也

互鄉難與言童子見門人惑註鄭玄曰互鄉鄉名也其鄉人言語自專不達時宜而有童子來見孔子門人怪孔子見也子曰與其進也不與其退也唯何甚註孔安國曰教誨之道與其進不與其退怪我見此童子惡惡何一甚也人潔己以進與其潔也不保其往也註鄭玄曰往猶去也人虛己自潔而來當與其進之亦何能保其去後之行也疏互鄉

至往也。云互鄉難與言者互鄉鄉名也此一鄉之人皆專愚不可與之共言語也云童子見者童子十九以下未冠者也見來見孔子也此互鄉有一少兒來見孔子也琳公曰此八字通爲一句言此鄉有一童子難與言耳非一鄉皆專愚也云門人惑者門人孔子弟子也惑猶嫌怪也言彼一鄉皆惡況復少兒乎孔子忽然見之故弟子皆嫌惑之也云子曰云云者孔子爲門人釋惑也言凡教化之道唯進是與唯退是抑故無來而不納豈不本其所本耶故云與其進不與其退也云唯何甚者言教化與進而汝等怪之此亦一何太甚也唯語助也云人潔己以進者更釋教誨所以與進之義也言人有來進師門者非潔則不進進則必是潔己者也云與其潔也不保其往也者往謂已過之行言其既潔己而猶進之是與其潔也而誰保其往日之所行耶何須惡之也顧歡曰往謂前日之行也夫人之爲行未必可一或有始無終或先迷後得故教誨之道潔則與之往日行非我所保也。註孔安國曰至甚也。言汝等爲惡其鄉而憎其善童所以是惡惡之甚也。註鄭玄曰至行也。虗謂清其心也然鄭注云去後之行亦謂今日之前是已去之後也

子曰仁遠乎哉我欲仁斯仁至矣註苞氏曰仁道不遠行之則是至也疏子曰至至矣。世人不肯行仁故孔子引之也問言仁道遠乎也言其不遠也但行之由我我行即是此非出自遠也故云我欲仁而斯仁至也斯此也江熙曰復禮一日天下歸仁是仁至近也

陳司敗問昭公知禮乎註孔安國曰司敗官名也陳大夫也昭公魯昭公也孔子對曰知禮孔子退揖巫馬期而進也曰吾聞君子不黨君子亦黨乎君

娶於吳爲同姓謂之吳孟子君而知禮孰不知禮註孔安國曰巫馬期弟子也名施相助匿非曰黨魯吳俱姬姓也禮同姓不婚而君娶吳女當稱吳姬諱曰孟子也巫馬期以告子曰丘也幸苟有過人必知之註孔安國曰以司敗之言告也諱國惡禮也聖人智深道宏故受以爲過也疏陳司敗問至知之○云陳司敗問昭公知禮乎者昭公魯君也陳司敗見孔子而問魯君知禮以不也云孔子對曰知禮者答司敗曰昭公稱知禮也云孔子對者答司敗竟而退去云揖巫馬期而進也者揖者古人欲相見前進皆先揖之也巫馬期孔子弟子也司敗知昭公無禮故問孔子孔子答曰知禮而司敗心所不許

故孔子退而後揖孔子弟子進之欲與語也云曰吾云云者相助匿非曰黨昭公不知禮而孔子云知禮所以是黨也故司敗語巫馬期曰吾從來聞君子之人義與比無所私相阿黨孔子既是君子而今匿君之惡故曰君子亦黨乎云君娶於吳者司敗此舉昭公不知禮事也昭公是周公後吳是大伯後大伯是周公伯祖昭公與吳同是姬姓周禮百世婚姻不通而昭公娶其吳之女故云君娶於吳也云爲同姓謂之吳孟子者禮稱婦人皆稱國及姓猶如齊姜秦嬴之屬也魯之娶吳當謂爲吳姬而昭公爲吳是同姓故諱不得言吳姬而謂吳孟子也云君而知禮孰不知禮者孰誰也君娶同姓君是知禮則誰爲惡事者而謂爲不知禮乎云巫馬期以告者巫馬期得司敗之語還則具述之以告孔子也云子曰云云者孔子得巫馬期之告而自稱名云是己幸受以爲過者也故云苟有過人必知之也所以然者昭公不知禮而我荅司敗云知禮者若使司敗無譏則千載之後遂承信

我言用昭公所行爲知禮則禮亂之事從我而始今得司敗見非而我受以爲過則後人不謬故我所以爲幸也繆協曰諱則非諱斯誠然矣若受以爲過則所以諱者又以明矣亦非諱也向司敗之問則詭言以爲諱今巫馬師徒將明其義故向之言爲合禮也苟曰合禮則不爲黨矣今若不受爲過則何禮之有乎。註孔安國曰司敗官名也陳大夫也。陳有司敗之官也。註孔安國曰至過也。云諱國惡禮也者諱國之惡是禮之所許也。云聖人云云者涅而不緇故受之也

子與人歌而善必使反之而後和之註樂其善故使重歌而後自和之也疏子與至和也。此明孔子重於正音也反猶重也孔子與人共歌若彼人歌善合於雅頌者則孔子欲重聞其音曲故必使重歌也重歌既竟欣之無已故孔子又自歌以答和之也衛瓘曰禮無不答歌以和相答也其善乃當和音不相反故今更爲歌

然後和也案衞之後句不及也○註樂其至之也○如前釋也

子曰文莫吾猶人也註莫無也文無者猶俗言文不也文不吾猶人者言凡文皆不勝於人也躬行君子則吾未之行得也註孔安國曰躬爲君子行己未能得之也疏子曰至得也○云文莫吾猶人也者孔子謙也文文章也莫無也無猶不也孔子言我之文章不勝於人故曰吾猶人也云躬行君子則吾未之有得也者又謙也躬身也言我文既不勝人故身自行君子之行者則吾亦未得也○註文無者猶俗言文不也○何云俗云文不當是于時呼文不勝人爲文不也

子曰若聖與仁則吾豈敢註孔安國曰孔子謙不敢

自名仁聖也抑爲之不厭誨人不倦則可謂云爾已矣公西華曰正唯弟子不能學也註馬融曰正如所言弟子猶不能學也況仁聖乎疏子曰至學也。云若聖與仁則吾豈敢者亦謙也言聖及仁則吾不敢自許有故云豈敢也不敢自名己有此二事也云抑爲云云者孔子雖不受仁聖之目而以此二事自許也抑語助也爲猶學也爲之不厭謂雖不敢云自有仁聖而學仁聖之道不厭也學而不厭又教誨不倦乃可自謂如此耳云公西華云云者公西華聞孔子自云學仁聖不厭又教人不倦故己自稱弟子以往諮也言正如夫子所自許之事則弟子亦不能學爲此事也

子疾病子路請禱註苞氏曰禱禱請於鬼神也子曰

有諸【註】周生烈曰言有此禱請於鬼神之事乎子路對曰有之誄曰禱爾于上下神祇【註】孔安國曰子路失旨也誄禱篇名也子曰丘之禱之久矣【註】孔安國曰孔子素行合於神明故曰丘禱之久矣

【疏】子疾至久矣。【云】子疾病子路請禱者疾甚曰病孔子疾甚也禱謂祈禱鬼神以求福也孔子疾甚故子路請於孔子欲爲孔子祈求福也【云】子曰有諸者諸之也孔子言死生有命不欲有禱故反問子路有此禱請之事乎心不許也【云】子路對曰云云者子路不達孔子意聞孔子之問仍引得古舊禱天地之誄辭以答孔子也故云有之誄曰也天曰神地曰祇也【云】子曰丘之禱之久矣者子路既不達孔子意而引舊禱天地之誄孔子不欲非也故云我之禱已久今則不復須也實不禱而云久禱者聖人德合神明豈爲神明所禍病而祈之乎欒肇曰案說者徒謂無過可謝故止子路之請不謂上下神祇非所宜禱也在禮天子祭天地諸侯祈山川大夫奉宗廟此禮祀典之常也然則禱爾于上下神祇乃天子禱天地之辭也子路以聖人動應天命欲假禮祈福二靈孔子不許直言絕之也曰丘禱久矣此豈其辭乎欲卒舊之辭也自知無過可謝而云丘之禱久矣豈其辭乎夫聖行無違凡庸所知也子路豈誣夫子於神明哉以爲祈福自不主以謝過爲名也若以行合神明無所禱請是聖人無禱請之禮夫知如是則禮典之言棄金縢之義廢矣侃謂若案何集則子路自不達旨引得舊禱天地之誄是子路之失亦復何傷若如欒義則猶是使門人爲臣之意也然無臣非君而子路欲此亦不達之甚乃得深於請禱之過耳幸不須譏此而同彼不如依何集爲是也○註孔安國曰至名也○誄者謂如今行狀也誄之言累也人生有德行死而累列其行之跡爲謚也

子曰奢則不遜儉則固與其不遜也寧固【註】孔安國曰俱失之也奢不如儉奢則僭上儉則不及禮耳固陋也【疏】子曰至寧固。云奢則不遜儉則固者奢華則僭濫不恭若儉約則固陋也人若其不遜也寧固者二事乃俱爲失若不遜陵物物必害之傾覆之期俄頃可待若止復固陋誠爲不遜而物所不侵故與其不遜寧爲固陋也

子曰君子坦蕩蕩小人長慼慼【註】鄭玄曰坦蕩蕩寬廣貌也長慼慼多憂懼貌也【疏】子曰至慼慼。云君子坦蕩蕩者坦蕩蕩心貌寬曠無所憂患也君子內省不疚故也云小人長慼慼者長慼慼恒憂懼也小人好爲罪過故恒懷憂懼也江熙曰君子坦爾夷任蕩然無私小人馳競於榮利耿介於得失故長爲愁府也

子溫而厲威不猛恭而安【疏】子溫至而安。明孔子德也亦有云子曰者亦厲世也溫和潤也厲嚴也人溫和者好不能嚴厲孔子溫而能厲也又人作威者心事雄猛孔子威能不猛也又恭者好聳險不安孔子恭而能安也故王弼曰溫者不厲厲者不溫威者心猛猛者不威恭則不安安者不恭此對反之常名也若夫溫而能厲威而不猛恭而能安斯不可名之理全矣故至和之調五味不形大成之樂五聲不分中和備質五材無名也

論語泰伯第八【疏】泰伯者周太王長子能推位讓國者也所以次前者物情見孔子栖遑常謂實係心慮今明泰伯賢人尚能讓國以證孔子大聖雖位非九五豈以粃糠累真故泰伯次述而也

子曰泰伯其可謂至德也已矣三以天下讓民無得

而稱焉【註】王肅曰泰伯周太王之太子也次弟仲雍少弟曰季歷季歷賢又生聖子文王昌昌必有天下故泰伯以天下三讓於王季其讓隱故民家無得而稱言之者所以爲至德也【疏】子曰至稱焉○【云】泰伯其可謂至德也已矣者泰伯者周太王之長子也太王者即古公亶甫也亶甫有三子大者泰伯次者仲雍少者季歷季歷三子竝賢而泰伯有讓德深遠雖聖不能加故云其可謂至德也已矣其至德之事在下范甯曰泰善大之稱也伯長也泰伯周太王之元子故號泰伯其德宏遠故曰至也【云】三以天下讓者此至德之事也其讓天下之位有三跡故云三以天下讓也所以有讓者少弟季歷生子文王昌昌有聖人德泰伯知昌必有天位但升天位者必須階漸若從庶人而起則爲不易太王是諸

論語集解義疏卷四　三三

侯己是太王長子長子後應傳國今欲令昌取王位有漸故讓國而去令季歷傳之也其有三跡者范甯曰有二釋一云泰伯少弟季歷生子文王昌昌有聖德泰伯知其必有天下故欲令傳國於季歷以及文王因太王病託採藥於吳越不反太王薨而季歷立一讓也季歷薨而文王立二讓也文王薨而武王立於此遂有天下是爲三讓也又一云太王病而託採藥出生不事之以禮一讓也太王薨而不反使季歷主喪死不葬之以禮二讓也斷髮文身示不可用使季歷主祭禮不祭之以禮三讓也繆協曰泰伯三讓之所爲者季歷文武三人而王道成是三以天下讓也云民無得而稱焉者德讓跡既隱當時人民不覺故無能稱其讓德者也故范甯曰詭道合權隱而不彰故民無得而稱乃大德也繆協曰其讓之跡詭當時莫能知故無以稱焉可謂至德也或問曰泰伯若堪有天下則不應讓人若人有天下則泰伯復無天下可讓今云三以天下讓其事如何或通云泰伯實應傳

諸侯今讓者諸侯位耳而云讓天下者是爲天下而讓令卽之有階故云天下也然仲雍亦隨泰伯而隱不稱仲雍者國位在泰伯泰伯讓是導仁軌也仲雍隨是揚其波也

子曰恭而無禮則勞慎而無禮則葸【註】葸畏懼之貌也言慎而不以禮節之則常畏懼也勇而無禮則亂直而無禮則絞【註】馬融曰絞絞刺也君子篤於親則民興於仁故舊不遺則民不偸【註】苞氏曰興起也君能厚於親屬不遺忘其故舊行之美者也則民皆化之起爲仁厚之行不偸薄也【疏】子曰至不偸。此章明行事悉須禮以爲節也云恭而無禮則勞者夫行恭遜必宜得禮則若恭而無禮則遜在牀下所以身自爲勞苦也云愼而無禮則葸者葸畏懼過甚也若愼而無禮則畏懼之甚於事不行也云勇而無禮則亂者勇而有禮內則擎跪於廟堂之上外則捍難於彊場之所若勇而無禮則爲殺害之亂也云直而無禮則絞者絞刺也直若有禮則自行不邪曲若不得禮對面譏刺他人之非必致怨恨也云君子篤於親則民興於仁者君子人君也篤厚也人君若自於親屬篤厚則民下化之皆競興起仁恩也孝悌也者其仁之本與也云故舊不遺則民不偷者故舊謂朋友也偷薄也人君富貴而不遺忘昔舊友朋則下民效之不爲薄行也

曾子有疾召門弟子曰啓予足啓予手注鄭元曰啓開也曾子以爲受身體於父母不敢毀傷之故使弟子開衾而視之也詩云戰戰兢兢如臨深淵如

履薄冰【註】孔安國曰言此詩者喻己常誡愼恐有所毀傷也而今而後吾知免夫小子【註】周生烈曰乃今日而後我自知免於患難矣小子弟子也呼者欲使聽識其言也【疏】曾子有至小子○云曾子云云者啓開也予我也孔子昔授孝經於曾子曰身體髮膚受之父母不敢毀傷曾子稟受至死不忘故疾病臨終日召己門徒弟子令開衾視我手足毀傷與不亦示父母全而生己己亦全而歸之也先足後手手近足遠示急從遠而視也○云詩云云云者既令開衾又引詩證己平生敬愼畏懼有毀傷之心也戰戰恐懼兢兢戒愼也如臨深淵恐墜也如履薄冰恐陷也夫人於高巖之頂俯臨萬丈之深淵必恐懼寒心恒畏墜落也冰之厚者猶不可履況跪行薄冰之上孰不斂身戒愼恐陷乎言我平生畏愼身體之心

如人之臨履深薄也云而今而後吾知免夫者引
詩既竟又語諸弟子也而今今日也而後即今日
以後也免免毀傷也既臨終而得不毀傷故知自
今日以後全歸泉壤得免毀傷之事也云小子者
小子諸弟子也曾子言竟而
呼諸弟子語之令識己言也

曾子有疾孟敬子問之註馬融曰孟敬子魯大夫仲
孫捷也曾子言曰鳥之將死其鳴也哀人之將死
其言也善註苞氏曰欲戒敬子言我且將死言善
可用也君子所貴乎道者三動容貌斯遠暴慢矣
正顏色斯近信矣出辭氣斯遠鄙倍矣註鄭元曰
此道謂禮也動容貌能濟濟蹌蹌則人不敢暴慢

之也正顏色能矜莊嚴栗則人不敢欺誕之也出辭氣能順而説則無惡戾之言入於耳也籩豆之事則有司存【注】苞氏曰敬子忘大務小故又戒之以此也籩豆禮器也【疏】曾子有至司存。○云曾子有疾孟敬子問之者敬子魯大夫仲孫捷也來參問曾子之疾也云曾子言曰云云者曾子得敬子之問疾因而戒之也將欲戒之故先發此言欲明我所以相戒之意也言鳥之臨死唯知哀鳴而不知出善言此則是鳥之常人之將死必宜出善言此則是人之常也若人臨死而無善言則與鳥獸不異今我將臨死故欲出善言以戒汝也故李充曰人之所以貴於禽獸者以其慎終始在困不撓也禽獸之將死不遑擇音唯吐窘急之聲耳人若將死而不思令終之言唯哀懼而已者何以別於禽獸乎是以君子之將終必正存道不忘格言臨死易簀困不違禮辨論三德大加明訓斯可謂善言也或問曰不直云曾子曰而云言曰何也答曰欲重曾子臨終言善之可錄故特云言也又一通云出己曰言答述曰語曾子臨終綿困不堪答述也不直出己之懷而已云君子所貴乎道者三者此以下即曾子所述善言也道猶禮也言君子所貴禮者有三事也云動容貌斯遠暴慢矣者此所貴三之第一也動容貌謂成儀容舉止也君子坐則儼然行則蹌濟如此則人望而畏之不敢有暴慢之者故云斯遠暴慢也故顏延之云動容則人敬其儀故暴慢息也云正顏色斯近信矣者此所貴三之第二也就凡人相見先觀容儀容儀故先也次見顏色顏色故爲次也人之顏色恆欲莊正不數變動則人不敢欺詐之故云近信也故顏延之云正色則人達其誠故信者立也云出辭氣斯遠鄙倍矣者此所貴三之第三也辭氣言語音聲也既見顏色次接言語也出言有章故人不敢鄙藏倍違之也故顏延之云

出辭則人樂其文故鄙倍絕也侃謂暴慢鄙倍同是惡事故曰遠而信是善事故云近也云籩豆之事則有司存者籩豆禮器也竹曰籩木曰豆豆盛俎醢籩盛果實竝容四升柄尺二寸下有跗也舊云敬子不存大事大事即斥前三禮也而好修飾籩豆籩豆比三事爲小事故曾子先戒此三禮若籩豆之事付於有司不關汝也有司謂典籩豆之官也。註苞氏曰至用也。此注亦明如向釋又繆協曰曾子謙不以遠理自喻且敬子近人故以常言語悟之冀其必納也然繆解亦得會苞注也。註鄭元曰至耳也。云人不敢欺誕者誕猶詐妄也云無惡戾之言入於耳者惡鄙醜也戾背也禮記云言悖而出亦悖而入若出能不悖故鄙戾不入於耳也。註苞氏曰至器也。依苞此注亦得如舊說也若欲又爲一通亦得云敬子好務小事而忽略籩豆故曾子曰汝不須務小當使有司存於宗廟籩豆之禮也而繆協別通曰籩豆禮器可以致敬於宗廟者言人能如上三貴則祝史陳

信無愧辭故有司所存籩豆而已

曾子曰以能問於不能以多問於寡有若無實若虛犯而不校【註】苞氏曰校報也言見侵犯而不校之也昔者吾友嘗從事於斯矣【註】馬融曰友謂顏淵也【疏】曾子曰至斯矣○此明顏淵德也云以能問於不能者能才能也時多誇競無而爲有虛而爲盈雖顏淵謙而反之也顏淵實有才能而恆如己不能故雖見不能者猶諮問尋求也云以多問於寡者多謂識性之多也己識雖多常不敢自言己多故每問於寡識者也云有若無實若虛者又處人間未嘗以己之才德爲有爲實恆謙退如虛無也云犯而不校者校報也人有惡加犯己者己不報之也殷仲堪曰能問不能多問於寡或疑其負實德之跡似乎爲教而然余以爲外假謙虛

黃中之道沖而用之每事必然夫推情在於忘賢故自處若不足處物以賢善故期善於不能因斯而言乃虛中之素懷處物之誠心何言於爲教哉犯而不校者其亦不居物以非乎推誠之理然也非不爭事也應物之跡異矣其爲中虛一也○云昔者吾友嘗從事於斯矣者友謂顏淵也曾子言唯昔吾友能爲上諸行也江熙曰稱吾友言己所未能也

曾子曰可以託六尺之孤【註】孔安國曰六尺之孤謂幼少之君也可以寄百里之命【註】孔安國曰攝君之政令也臨大節而不可奪也【註】大節者安國家定社稷也奪者不可傾奪之也君子人與君子人也【疏】曾子曰至人也○云曾子曰可以託六尺之孤者託謂憑託也六尺之孤謂童子無父而

爲國君者也年齒幼少未能自立故憑託大臣如成王託周公者也云可以寄百里之命者百里謂國也言百里舉全數也命者謂國之教令也幼君既未能行政故寄冢宰攝之也如周公攝政也然幼孤云託教令云寄者有以故也託是長憑無反之言寄是暫寄有反之目也君身尊重故云託示長憑於阿衡者也教命待君年長而還君自裁斷是有反也云臨大節而不可奪也者國有大難臣能死之是臨大節不可奪也云君子人與君子人也者言爲臣能受託幼寄命又臨大節不回此是君子人與也再言君子美之深也而繆協曰夫能託六尺於其臣寄顧命於其下而我無二心彼無二節授任而不失人受任而不可奪故齊必同乎君子之道審契而要終者也非君子之人與君子者孰能要其終而均其致乎

曾子曰士不可以不弘毅任重而道遠（註）苞氏曰宏

大也毅強而能決斷也士宏毅然後能負重任致遠路也仁以爲己任不亦重乎死而後已不亦遠乎【註】孔安國曰以仁爲己任重莫重焉死而後已遠莫遠焉【疏】曾子曰至遠乎○云曾子曰士不可以不弘毅者士通謂丈夫也宏大也毅謂能強果斷也言丈夫居世必使德行宏大而能果斷也云任重而道遠者釋所以宜宏毅義也即所任者重所行者遠故宜德大而能斷也云仁以爲己任不亦重乎者此解任重也士既以仁爲平生之任此任豈得不謂爲重乎云死而後已不亦遠乎者此釋道遠也已止也言知行仁不可少時而止必至死乃後而止耳至死乃止此道豈不遠乎

子曰興於詩【註】苞氏曰興起也言修身當先學詩也

立於禮〔註〕苞氏曰禮者所以立身也成於樂〔註〕孔安國曰樂所以成性也〔疏〕子曰至於樂○此章明人學須次第也〔云〕興於詩者興起也言人學先從詩起後乃次諸典也所以然者詩有夫婦之法人倫之本近之事父遠之事君故也又江熙曰覽古人之志可起發其志也〔云〕立於禮者學詩已明次又學禮也所以然者人無禮則死有禮則生故學禮以自立身也〔云〕成於樂者學禮若畢次宜學樂也所以然者禮之用和爲貴行禮必須學樂以和成己性也。〔註〕孔安國曰樂所以成性也。王弼曰言有爲政之次序也夫喜懼哀樂民之自然應感而動則發乎聲歌所以陳詩採謠以知民志風既見其風則損益基焉故因俗立制以達其禮也矯俗檢刑民心未化故又感以聲樂以和神也若不採民詩則無以觀風風乖俗異則禮無所立禮若不設則樂無所樂樂非禮則功無所濟故三體相扶而用有先後也侃案輔嗣之言可思也且案內則明學次第十三舞勺十五舞象二十始學禮惇行孝悌是先學樂後乃學禮也若欲申此注則當云先學舞勺舞象皆是舞詩耳至二十學禮後備聽八音之樂和之以終身成性故後云樂也

子曰民可使由之不可使知之【注】由用也可使用而不可使知者百姓能日用而不能知也【疏】子曰至知之○此明天道深遠非人道所知也由用也元亨日新之道百姓日用而生故云可使由之也但雖日用而不知其所以故云不可使知之也張憑曰爲政以德則各得其性天下日用而不知故曰可使由之若爲政以刑則防民之爲姧民知有防而爲姧彌巧故曰不可使知之言爲政當以德民由之而已不可用刑民知其術也

子曰好勇疾貧亂也【註】苞氏曰好勇之人而患疾己貧賤者必將爲亂也人而不仁疾之已甚亂也【註】孔安國曰疾惡大甚亦使其爲亂也【疏】子曰至亂也○云好勇疾貧亂也者好勇之人若能樂道自居此乃爲可耳若不能樂道而憎疾己之貧賤則此人必爲亂也故繆協曰好勇則剛武疾貧則多怨以多怨之人習於武事是使之爲亂也○云人而不仁疾之已甚亂也者夫不仁之人當以理將養或冀其感悟若復憎疾之太甚則此不仁者近無所在必爲逆亂也故鄭康成曰不仁人疾之太甚是使之爲亂也

子曰如有周公之才之美設使驕且吝其餘不足觀也已矣【註】孔安國曰周公者周公旦也【疏】子曰至已矣○

其餘謂周公之才伎也言人假令有才能如周公旦之美而用行驕悋則所餘如周公之才伎者亦不足復可觀者以驕沒才也故王弼曰人之才美如周公設使驕悋其餘無可觀者言才美以驕悋棄也況驕悋者必無周公才美乎假無設有以其驕悋之鄙也

子曰三年學不至於穀不易得也已注孔安國曰穀善也言人三歲學不至於善不可得言必無及也所以勸人於學也疏子曰至也已。勸人學也穀善也言學三年者必至於善道也若三年學而不至善道者必無此理也故云不易得也已孫綽曰穀祿也云三年學足以通業可以得祿雖時不祿得祿之道也不易得已者猶云不易已得也教勸中人已下也

子曰篤信好學守死善道危邦不入亂邦不居天下

有道則見無道則隱【注】苞氏曰言行當常然也危邦不入謂始欲往也亂邦不居今欲去也臣弒君子弒父亂也危者將亂之兆也邦有道貧且賤焉恥也邦無道富且貴焉恥也【疏】子曰至恥也。此章教人立身法也云篤信好學者令篤厚於誠信而好學先王之道也云守死善道者寧爲善而死不爲惡而生故云守死善道也云危邦不入者謂初仕時也見彼國將危則不須入仕也云亂邦不居者謂我國已亂則宜避之不居住也然亂時不居則始危時猶居也危者不入則亂故宜不入也云天下有道則見者天下謂天子也見謂出仕也若世王有道則宜出仕也云無道則隱者若時王無道則隱枕石漱流也陳文子棄馬十乘而去是亂邦不居也云邦有道貧且賤焉恥也者國君有道則宜運我才智從時出仕宜始得富貴而已獨貧賤則是才德淺薄不會明時故爲可恥也云邦無道富且貴焉恥也者國君無道而己出仕招致富貴則是己亦無道得會惡逆之君故亦爲可恥也江熙曰不枉道而事人何以致無道寵寵所以恥也夫山林之士笑朝廷之人束帶立朝不獲逍遥也在朝者亦詆山林之士褊厄也各是其所是而非其所非是以夫子兼宏出處之義明屈申貴於當時也

子曰不在其位不謀其政也註孔安國曰欲各專一於其職也

子曰師摯之始關雎之亂洋洋乎盈耳哉註鄭玄曰師摯魯太師之名也始猶首也周道既衰微鄭衛之音作正樂廢而失節魯太師摯識關雎之聲而

首理其亂者洋洋乎盈耳哉聽而美也【疏】子曰至耳哉○師魯太師也摯太師名也始首也關雎詩篇也洋洋聲盛也于時禮樂崩壞正聲散逸唯魯太師猶識關雎之聲而首理調定使聲盛盈於耳聽也侃謂即前篇孔子語其樂曰樂其可知始作翕如之屬而其受孔子言而理之得正也

子曰狂而不直【注】孔安國曰狂者進取宜直也侗而不愿【注】孔安國曰侗未成器之人也宜謹愿也悾悾而不信【注】苞氏曰悾悾慤慤也宜可信也吾不知之矣【注】孔安國曰言皆與常度反故我不知也【疏】子曰至之矣○此章歎時世與古反也云狂而不直者狂者用行宜其直趣無廻不俟於善惡

而當時狂者不復直也故下卷則云古之狂也肆今之狂也蕩〈云〉侗而不愿者〈者〉侗謂籠侗未成器之人也愿謹愿也人幼未成人者情性宜謹愿而當時幼者亦不謹愿也〈云〉悾悾而不信者〈者〉悾悾謂野慤也野慤之人宜可信而于時野慤者皆詐詭不復宜可信也〈云〉吾不知之矣〈者〉既與古時反故孔子曰非復我能知測也王弼曰夫推誠訓俗則民俗自化求其情僞則儉心茲應是以聖人務使民皆歸厚不以探幽爲明務使姦僞不興不以先覺爲賢故雖明並日月猶曰不知也○〈註〉宜謹愿也○謹愿無情愿貌也

子曰學如不及猶恐失之〈註〉學自外入至熟乃可長久如不及猶恐失之耳〈疏〉子曰至失之○言學之爲法急務取得恒如追前人欲取必及故云如不及也又學若有所得則戰戰持之猶如人執物恒恐去失當録之爲意也

李充曰學有交勞而無交利自非天然好樂者則易爲懈矣故如懼不及猶恐失之況可怠乎繆協稱中正曰學自外來非夫內足恆不懈惰乃得其用如不及者已及也猶恐失者未失也言能恐失之則不失如不及則能及也。註學自至之耳。如注意則云如若也言人學宜熟若學而不及於熟雖得猶恐失之也

子曰巍巍乎舜禹之有天下也而不與焉註美舜禹己不與求天下而得之也巍巍者高大之稱也疏子曰至與焉。此美舜禹也舜禹亦古聖天子也巍巍高大之稱也言舜禹逢時遇世高大可美也舜受堯禪而有天下禹受舜禪而有天下此二聖得時有天下竝非身所預求而君自禪之也一云孔子歎己不預見舜禹之時也若逢其時則己宜道當用也故王弼曰逢時遇世莫如舜禹也江熙

曰舜禹受禪有天下之極故樂盡其善歎不與竝時菸感道契在昔而理屈當今也

子曰大哉堯之爲君也巍巍乎唯天爲大唯堯則之

註孔安國曰則法也美堯能法天而行化也蕩蕩乎民無能名焉註苞氏曰蕩蕩廣遠之稱也言其布德廣遠民無能識名焉巍巍乎其有成功也註功成化隆高大巍巍也煥乎其有文章註煥明也其立文垂制復著明也疏子曰至文章○此美堯也云大哉堯之爲君也者爲禪讓之始故孔子歎其爲君之德大也云巍巍乎唯天爲大唯堯則之者則法也言唯天德巍巍既高既大而唯堯能法而行之也所以有則天之德者夫天道無私唯德是與而堯有天位禪舜

亦唯德是與功遂身退則法天而行化也云蕩蕩
乎民無能名焉者蕩蕩廣遠之稱也言堯布德廣
遠功用遍匝故民無能識而名之者也王弼曰聖
人有則天之德所以稱唯堯則之者唯堯於時全
則天之道也蕩蕩無形無名之稱也夫名所名者
生於善有所章而惠有所存善惡相須而名分形
焉若夫大愛無私惠將安在至美無偏名將何生
故則天成化道同自然不私其子而君其臣凶者
自罰善者自功功成而不立其譽罰加而不任
其刑百姓日用而不知所以然夫又何可名也

舜有臣五人而天下治註孔安國曰禹稷契皋陶伯
益也**武王曰予有亂臣十人**註馬融曰亂理也理
官者十人也謂周公旦召公奭太公望畢公榮公
大顛閎夭散宜生南宮适其餘一人謂文母也孔

子曰才難不其然乎唐虞之際於斯爲盛有婦人爲九人而已【註】孔安國曰唐者堯號也虞者舜號也際者堯舜交會之間也斯此也此於周也言堯舜交會之間比於此周周最盛多賢才然尚有一婦人其餘九人而已大才難得豈不然乎參分天下有其二以服事殷周德其可謂至德也已矣【註】苞氏曰殷紂淫亂文王爲西伯而有聖德天下之歸周者三分有二而猶以服事殷故謂之至德也【疏】舜有至已矣○記者又美舜德也云舜有臣五人而天下治者五人者禹一稷二契三皐

陶四伯益五也言舜有此五臣共治天下故治也云武王曰予有亂臣十人者武王周發也予我也亂理也武王曰我有其理天下者有十人也云孔子曰才難不其然乎者記者先列虞周二國之臣數而後書孔子之言於下也孔子歎曰良才之難得不其如此乎言如此云唐虞云云者此是才難之證也唐虞堯舜有天下之號也際者謂堯舜交代之間也斯此也此謂周也言唐虞二代交際其有此五臣若比於此周周最爲盛雖爲盛尚不滿十人十人之中有文母一婦人爲十人之數所以是才難也季彪難曰舜之五臣一聖四賢八元八凱十有六人據左氏明文或稱齊聖或云明哲雖非聖人抑亦其次也周公一人可與禹爲對太公召公是當稷契自畢公以下恐不及元凱就復強相攀繼而數交少何故唐虞人士反不如周朝之盛也耶彪以爲斯此也蓋周也今云唐虞之際於此爲盛言唐虞之朝盛於周室周室雖隆不及唐虞由來尚矣故曰巍巍蕩蕩莫之能名今更謂唐

虞人士不如周室反易舊義更生殊說無乃攻乎異端有害於正訓乎侃案師說曰季氏之意極自允會春秋傳合當堯舜但既多才勝周而孔子唯云兩代有五人者別有以也欲盛美周德隆於唐虞賢才多乎堯舜而猶事殷紂故特云唐虞五而周代十也又明言有婦人者明周代之盛匪唯丈夫之才抑婦人之能匡弼於政化也○云參分天下有其二以服事殷者參三也天下有九州文王爲雍州西伯六州化屬文王故云三分天下有二猶服事於殷也○云周德其可謂至德也已矣者雖聖德之盛猶服事惡逆之君故可謂爲德之至極者也○註馬融曰至母也○云理官者十人也謂周公旦以下者周公旦第一也周公名旦是武王弟也召公奭第二也亦武王弟也太公望第三也謂呂望也呂望本姓姜氏呂望名尚釣於磻溪文王出獵遙見而呼之曰望公七年矣今乃見光景于斯於是接之上車文王自御而還因名爲望爲周太師故云太公也畢公第四也榮公第五也大顛

第六也閎夭第七也散宜生第八也南宮适第九
也云其餘一人謂文母也者文母文王之妻也是
有莘氏之女太姒也十人有九丈夫一婦人也。
註苞氏曰殷紂淫亂文王爲西伯。殷家州牧曰
伯文王爲雍州伯雍州
在紂西故曰西伯也

子曰禹吾無閒然矣註孔安國曰孔子推禹功德之
盛言已不能復閒廁其閒也菲飲食而致孝乎鬼
神註馬融曰菲薄也致孝乎鬼神祭祀豐潔也惡
衣服而致美乎黻冕註孔安國曰損其常服以盛
祭服也卑宮室而盡力乎溝洫註苞氏曰方里爲
井井閒有溝溝廣深四尺十里爲城城閒有洫洫

廣深八尺也禹吾無閒然矣疏子曰至然矣○此美禹也云禹吾無閒然矣者閒猶非閒也孔子美禹之德美盛而我不知何以厝於非閒矣郭象曰舜禹相承雖三聖故一堯耳天下化成則功美漸去其所因循常事而已故史籍無所稱仲尼不能閒故曰禹吾無閒然矣李充曰夫聖德純粹無往不備故堯有則天之號舜稱無為而治又曰巍巍乎舜禹之有天下而弗與焉斯則美聖之極名窮理之高詠矣至於此章方復以事跡歎禹者而豈徒哉蓋以季世僻王肆情縱欲窮奢極侈麗厚珍膳而簡偽乎享祀盛纖靡而闕慢乎祭服崇臺榭而不恤乎農政是以亡國喪身莫不由乎此矣於有國有家者觀夫禹之所以興也覽三季之所以亡可不慎與云非飲食而致孝乎鬼神者此以下皆是禹不可閒之事也其有三事一是飲食飲食為急故最先也二是衣服衣服綏於飲食故為次也三是居室居室綏於衣服故最後也非薄也禹自所飲食甚自麤

薄而祭祀牲牢極乎豐厚故云非飲食致孝乎鬼神也云惡衣服而致美乎黻冕者禹又自常衣服甚自麤惡而祭祀之服大華美也飲食供鬼神故云孝祭服供自己身故云美也然云黻冕冕是首服爲尊黻是十二章最下爲卑卑尊俱居中可知也一云黻非服章政是韠黻之服也舉此則正服可知也云卑宫室而盡力乎溝洫者溝洫田上通水之用也禹自所居土階三尺茅茨不翦是卑宫室也而通達畎畝以利田農是盡力溝洫也云禹吾無閒然矣者美禹既深故重云無閒然也

論語集解義疏卷第四

論語集解義疏卷第五

魏　何晏　集解

梁　皇侃　義疏

論語子罕第九

疏 子孔子也罕希也此篇明時感者既少故聖應亦希也所以次前者外遠富貴既爲粗糠故還反凝寂所以希言故子罕次泰伯也

子罕言利與命與仁 註 罕者希也利者義之和也命者天之命也仁者行之盛也寡能及之故希言也

疏 子罕言利與命與仁。子孔子也罕者希也言者說也利者天道元亨利萬物者也與者言語

許與之也命天命窮通夭壽之目也仁者惻隱濟
衆行之盛者也弟子記孔子爲教化所希言及所
希許與人者也所以然者利是元亨利貞之道也
百姓日用而不知其理元絕故孔子希言也命是
人稟天而生其道難測又好惡不同若逆向人說
則傷動人情故孔子希說與人也仁是行盛非中
人所能故亦希說許與人也然希者非都絕之稱
亦有時而言與人也周易文言是說利之時也謂
伯牛亡之命矣夫及云若由也不得其死然是說
與人命也又孟武伯問子路冉求之屬仁乎子曰
不知及云楚令尹陳文子焉得仁並是不與人仁
也而云顏回三月不違仁及云管仲如其仁則是
說與人仁時也故云子罕言利與命與仁也○註
罕者至言也○云罕者希也利者義之和也者卽
引文言也義者宜也和者無害也凡人世之利利
彼則害此非義和也若天道之利利而無害故萬
物得宜而和故曰義之和也云命者天之命者人
稟天而生故云天命也中庸曰天命之謂性是也

云仁者行之盛也者仁義禮智信五者竝是人之行而仁居五者之首主生故曰行盛也云寡能及之者天道微妙天命深遠仁道盛大非人所能知及故云寡能及之也云故希言也者爲世人寡及故孔子亦希言也

達巷黨人曰大哉孔子博學而無所成名註鄭元曰達巷者黨名也五百家爲黨此黨之人美孔子博學道藝不成一名而已子聞之謂門弟子曰吾何執執御乎執射乎吾執御矣註鄭元曰聞人美之承以謙也吾執御者欲名六藝之卑也疏達巷至御矣。云達巷云云者五百家爲黨黨各有名此黨名達巷達巷黨中人美孔子道大故曰大哉也博廣也言大哉孔子廣學道藝周偏不可一一而稱故云無所成名也猶如堯德蕩蕩民無能名也故王弼曰譬猶和樂出乎八音乎然八音非其名也江熙曰言其彌貫六流不可以一藝取名焉故曰大也云子聞云云者孔子聞達巷人美己故呼弟子而語之也彼既美我之博學而我於道藝何所持執乎欲自謙也云執御乎執射乎者既欲謙己之不多故陳六藝之下者以自許也言吾所執執於御及射乎御御車者也云吾執御矣者向欲合以射御自許又嫌太多故又減射而云吾執御者也○註鄭元曰至卑也○六藝一曰五禮二曰六樂三曰五射四曰五馭五曰六書六曰九數也今云執御御比禮樂射爲卑也

子曰麻冕禮也今也純儉吾從衆註孔安國曰冕緇布冠也古者績麻三十升布以爲之純絲也絲易

成故從儉也拜下禮也今拜乎上泰也雖違衆吾從下【註】王肅曰臣之與君行禮者下拜然後升成禮時臣驕泰故於上拜也今從下禮之恭也【疏】子曰至從下。云麻冕禮也者禮謂周禮也周禮有六冕以下板爲主而用三十升麻布衣板上元下纁故云麻冕禮也云今也純者今謂周末孔子時也純絲也周末不復用三十升布但織絲爲之故云今也云儉者三十升布用功巨多難得難得則爲奢華而織絲易成易成則爲儉約故云儉也云吾從衆者衆謂周末時人也時既人人從易用絲故孔子云吾亦從衆也所以從之者周末每事奢華孔子寧欲抑奢就儉今幸得衆共用儉故孔子從之也云拜下禮也者下謂堂下也禮君與臣燕君賜酒皆下堂而再拜故云拜下禮也云今拜乎上泰也者今謂周末孔子時也上謂堂上也泰驕泰也當于時周末君臣飲燕臣得君賜酒不復下堂但於堂上而拜故云今拜乎上泰也拜不下堂是由臣驕泰故云泰也〔云〕雖違衆吾從下者當時皆違禮而拜上者衆孔子不從拜上故云雖違衆也違衆而從舊禮拜於下故云吾從下也。〔註〕孔安國曰冕緇布冠也。冠冕通名也且周家委貌冠亦用三十升緇布也。〔註〕王肅曰至恭也。〔云〕臣之云云者燕義云君舉旅於賓及君所賜爵皆降再拜稽首升成拜明臣禮也案燕義云賓皆是臣也臣得君旅及賜爵降下堂再拜再拜竟更升堂又再拜謂爲成成拜成拜者向在堂下之拜若禮未成然故更升堂以成之也〔云〕時臣云云者周末時如此也〔云〕今從下禮之恭也者孔子欲從下之禮是禮爲恭也

子絕四毋意〔註〕以道爲度故不任意也毋必〔註〕用之則行捨之則藏故無專必也毋固〔註〕無可無不可

故無固行也毋我註述古而不自作處羣萃而不自異唯道是從故不自有其身也疏○子絕至毋我○云子絕四者絕者無也明孔子聖人無此下四事故云絕四也不云無而曰絕者據世人以言之也四事世人未能絕而孔子絕之故云絕也顏延之云謂絕人四者也云毋意者一也此謂聖人心也凡人有滯故動靜委曲自任用其意聖人無心泛若不係舟豁寂同道故無意也云毋必者二也此謂聖人行化時也物求則赴應無所抑必故互鄉進而與之是也無所抑必由無意故能爲化無必也云毋固者三也此聖人已應物行化故也固謂執守堅固也聖雖已應物物若不能得行則聖亦不追固執之不反三隅則不復是也亦由無意故能無固也云毋我者四也此聖人行教功德成身退之跡也聖人晦跡功遂身退恒不自異故無我也亦由無意故能無我也或問曰孔子或拒孺悲或天生德

於予何得云無必無我乎荅曰聖人作致應幾不可一準今爲其跡涉茲地爲物所嫌恐心實如此故正明絶此四以見本地也○註羣萃○萃聚也

子畏於匡註苞氏曰匡人誤圍夫子以爲陽虎陽虎嘗暴於匡夫子弟子顏剋時又與虎俱往後剋爲夫子御至於匡匡人相與共識剋又夫子容貌與虎相似故匡人以兵圍之曰文王既沒文不在茲乎註孔安國曰茲此也言文王雖巳沒其文見在此此自此其身也天之將喪斯文也後死者不得與於斯文也註孔安國曰文王既沒故孔子自謂

後死也言天將喪斯文者本不當使我知之今使我知之未欲喪也天之未喪斯文也匡人其如予何〔註〕馬融曰如予何者猶言柰我何也天之未喪此文也則我當傳之匡人欲柰我何言其不能違天而害己也〔疏〕子畏至予何。云子畏於匡者心服曰畏匡宋地名也于時匡人誤以兵圍孔子故孔子同物畏之孫綽云畏匡之說皆衆家之言而不釋畏名解書之理爲漫夫體神知幾元定安危者雖兵圍百重安若太山豈有畏哉雖然兵事阻險常情所畏聖人無心故卽以物畏爲畏也云曰文王既沒文不在茲乎者孔子得圍而自說己德欲使匡人知己茲此也孔子自此己也言昔文王聖德有文章以教化天下也文王今既沒則文章宜須人傳傳文章者非我而誰故云文王既沒文不在茲乎言此我當傳之也〔云天之將喪云云者〕既云傳文在我故更說我不可殺之意也斯文郎文王之文章也後死孔子自謂也夫生必有死文王既沒己亦當終但文王既沒於前則己方死於後故自謂爲後死也言天若將欲喪棄文王之文章則不應今使我已得預知識也〔云天之未喪云云者〕天今使我知之是未欲喪此文也既未欲喪此文使己傳之則匡人豈能違天而害我乎故云如予何也衛瓘云若孔子自明非陽虎必謂之詐晏然而言若是匡人是知非陽虎而懼害賢所以免也江熙云言文王之道爲後代之軌己未得述上天之明必不使沒也。〔註〕苞氏曰至圍之。釋誤圍之由者也。

〔註〕此自此其身也。身夫子身也

大宰問於子貢曰夫子聖者與何其多能也〔註〕孔安國曰大宰大夫官名也或吳或宋未可分也疑孔

子多能於小藝也子貢曰固天縱之將聖又多能也【註】孔安國曰言天固縱之大聖之德又使多能也子聞之曰大宰知我者乎吾少也賤故多能鄙事君子多乎哉不多也【註】苞氏曰我少小貧賤常自執事故多能爲鄙人之事君子固不當多能也

【疏】大宰至多也。○云大宰問云云者大宰聞孔子聖又聞孔子多能而其心疑聖人務大不應細碎多能故問子貢言孔子旣聖其那復多能乎云子貢曰云云者子貢荅云孔子大聖是天所固縱又使多能也固故也將大也云子聞云云者孔子聞大宰之疑而云知我則許疑我非聖是也繆協云我信多能故曰知我江熙曰大宰嫌多能非聖故云知我謙之意也云吾少也賤故多能鄙事者又說我非聖而所以多能之由也言我少小貧賤故多能爲鄙之事也〔云〕君子多乎哉不多也者更云若聖人君子豈多能鄙事乎則不多能也繆協云君子從物應務道達則務簡務簡則不多能也江熙云言君子所存遠者大者不應多能繁肇云周禮百工之事皆聖人之作也明聖人兼材備藝過人也是以大宰見其多能固疑夫子之聖也子貢曰固天縱之將聖又多能故承以謙也且抑排務言不以多能爲君子也謂君子不當多能也明兼材者自然多能多能者非所學所以先道德後伎藝耳非謂多能必不聖也據孔子聖人而多能斯伐柯之近鑒也。〔註〕孔安國曰至分也。〔云〕大宰大夫官名者鄭大夫職有家宰或云大宰故云是大夫官也〔云〕或吳或宋未可分者既唯云大宰不論名氏故不知何人而吳有大宰嚭宋有大宰華督故云未可分也然此應是吳臣何以知之魯哀公七年公會吳于鄫吳人徵百牢使子貢辭於大宰嚭十二年公會吳師于橐皋吳子使大宰

嚭請尋盟公不欲使子貢對將恐此時大宰嚭問
子貢也且宋大宰嚭去孔子世遠或其至後世所
不論
耳

牢曰子云吾不試故藝【注】鄭玄曰牢弟子子牢也試用也言孔子自云我不見用故多能伎藝也【疏】牢曰至故藝○試用也子牢述孔子言緣我不被時用故得多學伎藝也繆協云此蓋所以多能之義也言我若見用將崇本息末歸純反素兼愛以忘仁遊藝以去藝豈唯不多能鄙事而已

子曰吾有知乎哉無知也【注】知者知意之知也言知者言未必盡也今我誠盡也有鄙夫來問於我空空如也我叩其兩端而竭焉【注】孔安國曰有鄙夫

來問於我，其意空空然，我則發事之終始兩端以語之，竭盡所知，不爲有愛也。〔疏〕子曰至竭焉。云吾有知乎哉無知也者，知謂有私意於其間之知也。聖人體道爲度，無有用意之知，故先問弟子云吾有知乎哉也。又云無知也，明己不有知知之意也，即是無意也。云有鄙夫來問於我空空如也者，此舉無知而誠盡之事也。鄙夫，鄙劣之夫也。空空，無識也。言有鄙夫來問我，而心抱空虛如也。云我叩其兩端而竭焉者，兩端，事之終始也。言雖復鄙夫，而心虛空來問於我，我亦無隱，不以用知處之，故即爲其發事終始，竭盡我誠也，即是無必也。故李充云：日月照臨，不爲愚智易光；聖人善誘，不爲賢鄙異教。雖復鄙夫寡識，而率其疑誠，諮疑於聖，必示之以善惡之兩端，己竭心以誨之也。繆協云：夫名由跡生，故知從事顯；無爲寂然，何知之有？唯其無也，故能無所不應。雖鄙夫誠問，必爲盡其本末也。〔注〕知者至

盡也。云知者知意之知者知意謂故用知爲知
也聖人忘知故無知知意也云言知者言未必盡
者若用知者則用意有偏故其言未必盡也云
今我誠盡者我以不知知故於言誠無不盡也

子曰鳳鳥不至河不出圖吾已矣夫注孔安國曰有
聖人受命則鳳鳥至河出圖今天無此瑞吾已矣
夫者不得見也河圖八卦是也疏子曰至矣夫。
夫時人皆願孔
子有人王之事故孔子釋己不得以塞之也言昔
之聖人應王者必有鳳鳥河圖之瑞今天無此瑞
故云吾已矣夫已止也言吾已止無此事也故繆
協云夫聖人達命不復俟此乃知也方遺知任事
故理至乃言所以言者將釋衆庶之望也又孫綽
云孔子所以乃發此言者以體大聖之德弟子皆
禀絕異之質疊落殊才英偉命世之才蒞王德光
于上將相備乎下當世之君咸有忌難之心故稱

此以徵己之不王絕不達者之疑望也。〔註〕孔安
國曰至是也。〔云〕有聖云云者〔者〕麟鳳五靈王者之
嘉瑞也〔云〕河出云云者〔者〕聖人王則有龍馬及神龜
負應王之圖書從河而出為瑞也如龍圖授伏犧
龜書畀姒禹也〔云〕河圖八卦是也者〔者〕八卦則
易乾坤等八方之卦也龍負之出授伏犧也

子見齊衰者冕衣裳者與瞽者〔註〕苞氏曰冕者冕冠
也大夫之服也瞽者盲者也見之雖少者必作過
之必趨〔註〕苞氏曰作起也趨疾行也此夫子哀有
喪尊在位恤不成人也〔疏〕子見至必趨。〔云〕子見
齊衰者者〔者〕此記孔子哀
人有喪者也齊衰五服之第二者也言齊則斬從
可知而大功不預也〔云〕冕衣裳者者〔者〕記孔子尊敬
在位者也冕衣裳者周禮大夫以上之服也大夫
以上尊則士不在列也〔云〕與瞽者者〔者〕記孔子愍不

成人也瞽盲者也言與者盲者卑故加與字以別之也言瞽者則聾者不預也聾輕於盲也云見之雖少者必作者言孔子見此三種人雖復年少孔子改坐而見之必爲之起也云過之必趨者趨疾行也又明孔子若行過此三種人必爲之疾速不敢自修容也范甯云趨就之也○註恤不成人也○恤憂也

顏淵喟然歎曰註喟然歎聲也仰之彌高鑽之彌堅註言不可窮盡也瞻之在前忽焉在後註言忽怳不可爲形象也夫子循循然善誘人註循循次序貌也誘進也言夫子正以此道勸進人有次序也博我以文約我以禮欲罷不能既竭吾才如有所

立卓爾雖欲從之末由也已【注】孔安國曰言夫子既以文章開博我又以禮節節約我使我欲罷而不能已竭我才矣其有所立則又卓然不可及言己雖蒙夫子之善誘猶不能及夫子之所立也【疏】顔淵至也已。【云】顔淵喟然歎曰者孔子至聖顔生上賢賢聖道絶故顔致歎也【云】仰之彌高鑽之彌堅者此所歎之事也夫物雖高者若仰瞻則可覩也物雖堅者若鑽錐則可入也顔於孔子道愈瞻愈高彌鑽彌堅非己厝力之能得也故孫綽云夫有限之高雖嵩岱可陵有形之堅雖金石可鑽若乃彌高彌堅鑽仰所不逮故知絶域之高堅未可以力至也【云】瞻之在前忽焉在後者向明仰鑽上下之絶域此明四方之無窮也若四方而瞻復爲遼遠故恍惚非己所定所以或前或後也又一通云愈瞻愈遠故云瞻之在前也愈顧愈後故云忽焉在後也故孫綽云馳而不及待而不至不行不動孰能測其所妙哉江熙云慕聖之道其殆庶幾是以欲齊其高而仰之愈邈思等其深而鑚之愈堅尚竝其前而俛仰塵絕此其所以喟然者也云夫子循循然善誘人者又歎聖道雖懸而令人企慕也循循次序也誘進也言孔子以聖道進勸人而有次序故曰善誘人云博我以文約我以禮者此說善誘之事也博廣也文文章也言孔子廣以文章誘引於我故云博我以文章也又以禮教約束我故云約我以禮也云欲罷不能者文博禮束故我雖欲罷止而不能止也云既竭吾才者既盡也才才力也我不能罷故盡竭我之才力學之也故孫綽云既以文章博我視聽又以禮節約我以中俯仰動止莫不景行才力已竭猶不能已罷猶罷息也云如有所立卓爾者此明絕地不可得言之處也卓高遠貌也言雖自竭才力以學博文約禮而孔子更有所言述創立則卓爾高絕也云

雖欲從之末由也已者末無也言其好妙高已絕雖已欲從之而無由可及也故孫綽云常事皆循而行之若有所興立卓然出視聽之表猶天之不可階而升從之將何由也此顏孔所絕處也

子疾病（註）苞氏曰疾甚曰病也子路使門人爲臣（註）鄭玄曰孔子嘗爲大夫故子路欲使弟子行其臣之禮也病間曰久矣哉由之行詐也無臣而爲有臣吾誰欺欺天乎（註）孔安國曰病少差曰間也言子路有是心非唯今日也且予與其死於臣之手也無寧死於二三子之手乎（註）馬融曰無寧寧也二三子門人也就使我有臣而死其手我寧死弟

子之手乎且予縱不得大葬注孔安國曰君臣禮葬也予死於道路乎注馬融曰就使我不得以君臣之禮葬有二三子在我寧當憂棄於道路乎疏子疾至路乎。云子疾病者孔子疾甚也云子路使門人爲臣者子路以孔子聖人宜爲人君且嘗爲大夫大夫亦有家臣今疾病恐忽終亡故使弟子行臣禮也故江熙云子路以聖人君道足宜有臣猶禱上下神祇也云病閒云云者孔子病少差也少差曰閒謂少差爲閒者若病不差則病病相續無閒斷也若少差則病勢斷絶有閒隙也當孔子病困時不覺子路爲立臣至於少差乃覺而歎子路行詐也言子路有此行詐之心非復一日故曰久矣也云無臣而爲有臣者無臣而爲有是所以行詐也云吾誰欺欺天乎者我實無臣今汝詐立之持此詐欲欺誰乎天下人皆知我無臣則人

不可欺今日立之此政是遠欲欺天故云欺天乎
云且予與云云者又以理喻之言在三事同若以
親察而言則臣不及弟子也予我也二三子諸弟
子也無寧寧也言設使與我死於臣手則我寧死
弟子手也臣禮就養有方有方則隔弟子無方無
方則親也云且予縱云云者又明在三同也大葬
臣禮葬君也君葬禮大故曰大葬也若縱不得君
臣禮葬有二三子在我豈復被棄擲於道路乎言
亦必得葬也。【疏】孔安國曰至日也。夫立臣事
大非卒可定汝今立之是知有其心已久故也

子貢曰有美玉於斯韞匵而藏諸求善賈而沽諸【疏】
馬融曰韞藏也匵匱也藏諸匵中也沽賣也得善
賈寧賣之耶子曰沽之哉沽之哉我待賈者也【疏】
苞氏曰沽之哉不衒賣之辭也我居而待賈者也

疏子貢曰至者也。云子貢曰有美玉於斯者子貢欲觀孔子聖德藏用何如故託事以諮衰否也美玉譬孔子聖道也言孔子有聖道可重如世間有美玉而在此也云韞匵云云者諸之也韞裹之也匵謂匣櫃也善賈貴賈也沽賣也言孔子聖道如美玉在此爲當韞匣而藏之爲當得貴賈而賣之否乎假有人請求聖道爲當與之不邪云子曰沽之哉者荅云我不衒賣之者也故重云沽之哉明不衒賣之深也王弼曰重言沽之哉賣之不疑也故孔子乃聘諸侯以急行其道也云我待賈者也者又言我雖不衒賣然我亦待貴賈耳有求者則與之也

子欲居九夷注馬融曰九夷東方之夷有九種也或曰陋如之何子曰君子居之何陋之有注馬融曰君子所居者皆化也疏子欲至之有。云子欲居九夷者孔子聖道不行於

中國故託欲東往居於九夷也亦如欲乘桴浮海也云或曰陋如之何者或人不達孔子意謂之實居故云陋如之何言夷狄鄙陋不可居也云子曰云云者孔子荅云君子所居即化豈以鄙陋爲疑乎不復遠申己意也孫綽云九夷所以爲陋者以無禮義也君子所居者化則陋有泰也○註馬融曰至種也○四方東有九夷一元菟二樂浪三高麗四滿飾五鳧更六索家七東屠八倭人九天鄙南有八蠻一天竺二咳首三僬僥四跂踵五穿胸六儋耳七狗軹八旁春西有六戎一僥夷二依貊三織皮四耆羌五鼻息六天剛北有五狄一月支二濊貊三匈奴四單于五白屋也○註馬融曰至化也○聖人所在則化九夷變中夏也

子曰吾自衛反於魯然後樂正雅頌各得其所註鄭元曰反魯魯哀公十一年冬也是時道衰樂廢孔

子來還乃正之也故曰雅頌各得其所也疏子曰至其所。孔子去魯後而魯禮樂崩壞孔子以魯哀公十一年從衞還魯而刪詩書定禮樂故樂音得正樂音得正所以雅頌之詩各得其本所也雅頌是詩義之美者美者既正則餘者正亦可知也

子曰出則事公卿入則事父兄喪事不敢不勉不爲酒困何有於我哉註馬融曰困亂也疏子曰至我哉。云出則事公卿者公君也卿長也人子之禮移事父孝以事於君則忠移事兄悌以事於長則從也故出仕朝廷必事公卿也云入則事父兄者孝以事父悌以事兄還入閨門宜盡其禮先言朝廷後云閨門者勗已仕者也猶仕而優則學也云喪事不敢不勉者勉強也父兄天性續莫大焉公卿義合厚莫重焉若有喪事則不敢不勉強也云不爲酒困者雖唯酒無量不及亂時多沈酗故戒之也衞瓘

云三事爲酒興也侃案如衞意言朝廷閨門及有喪者竝不爲酒所困故云三事爲酒興也云何有於我哉者言我何能行此三事故云何有於我哉又一云人若能如此則何復須我故云何有於我哉也緣人不能故有我應世耳

子在川上曰逝者如斯夫不舍晝夜註鄭玄曰逝往也言凡往者如川之流也疏子在至晝夜○逝往去之辭也孔子在川水之上見川流迅邁未嘗停止故歎人年往去亦復如此向我非今我故云逝者如斯夫者也斯此也夫語助也日月不居有如流水故云不舍晝夜也江熙云言人非南山立德立功俛仰時過臨流興懷能不慨然聖人以百姓心爲心也孫綽云川流不舍年逝不停時已晏矣而道猶不興所以憂歎也

子曰吾未見好德如好色者也註疾時人薄於德而厚於色故以發此言也疏子曰至者也○時人多好色而無好德孔子患之故云未見以厲之也　云責其心也

子曰譬如爲山未成一簣止吾止也註苞氏曰簣土籠也此勸人進於道德也爲山者其功雖已多未成一籠而中道止者我不以其前功多而善之也見其志不遂故不與也譬如平地雖覆一簣進吾往也註馬融曰平地者將進加功雖始覆一簣我不以其見功少而薄之也據其欲進而與之也疏

子曰至往也○云子曰云云者此戒人爲善垂成而止者也簣土籠也言人作善垂足而止則善事不成如爲山垂足唯少一籠土而止則山不成此是建功不篤與不作無異則吾亦不以其前功多爲善如爲善不成吾亦不美其前功多也故云吾止也○云譬如平地云云者此奬人始爲善而不住者也譬於平地作山山乃須多土而始覆一籠一籠雖少交是其有欲進之心可嘉如人始爲善善乃未多交求進之志可重吾不以其功少而不善之善之有勝於垂成而止者故云吾往也

子曰語之而不惰者其回也與註顏淵則解故語之不惰餘人不解故有惰語之時也疏○子曰至也與惰疲懈也餘人不能盡解故聞孔子語而有疲懈唯顏回體之故聞語即解所以云語之而不惰其回也與

子謂顏淵曰惜乎吾見其進也未見其止也註馬融

曰孔子謂顏淵進益未止痛惜之甚也疏子謂至止也○顏淵死後孔子有此歎也云見進未見止惜其神識猶不長也然顏淵分已滿至於屢空而此云未見其止者勸引之言也故殷仲堪云夫賢之所假一語而盡豈有彌進勖實乎蓋其軌物之行日見於跡夫子從而咨嗟以盛德之業也

子曰苗而不秀者有矣夫秀而不實者有矣夫註孔安國曰言萬物有生而不育成者喻人亦然也疏子曰至矣夫○又爲歎顏淵爲譬也萬物草木有苗稼蔚茂不經秀穗遭風霜而死者又亦有雖能秀穗而値沴焊氣不能有粒實者故竝云有矣夫也物既有然故人亦如此所以顏淵摧芳蘭於早年矣

子曰後生可畏也焉知來者之不如今也【註】後生謂年少也四十五十而無聞焉斯亦不足畏也已矣

【疏】子曰至已矣。○云後生可畏者後生謂年少在己後生者也可畏謂有才學可心服者也云焉知云云者焉安也來者未來事也今謂我今師徒也後生既可畏亦安知未來之人師徒教化不如我之今日乎言不可誣也云四十云云者又言後生雖可畏若年四十五十而無聲譽聞達於世者則此人亦不足可畏也孫綽云年在知命蔑然無聞不足畏也

子曰法語之言能無從乎改之爲貴【註】孔安國曰人有過以正道告之口無所不順從之能必自改乃爲貴也巽與之言能無悅乎繹之爲貴【註】馬融曰

巽恭也謂恭巽謹敬之言也聞之無不悅者也能尋繹行之乃爲貴也悅而不繹從而不改吾末如之何也已矣疏子曰至已矣○云子曰云云者言彼人有過失若我以法則語之彼人聞法當時無不口從而云止當不敢復爲者也故云能無從乎但若口雖從而身爲失不止者則此口從不足爲貴也我所貴者在於口從而行改者耳故云改之爲貴也云巽與云云者巽恭遜也繹尋續也言有彼人不遜而我謙遜與彼恭言故云巽與之言也彼不遜者得我遜言遜彼彼必亦特遜爲悅故云能無悅乎然雖悅人遜己而已不能尋續行此遜事是雖悅不足爲貴也我所貴者在尋續行遜耳故云繹之爲貴也云悅而云云者不繹不改聖所不教故孔子云末如之何也末無也孫綽云疾夫形服心不化也

子曰主忠信無友不如己者過則勿憚改【註】愼其所

主所友有過務改皆所以爲益者也【疏】子曰至憚改○此事

再出也所以然者范甯云聖人應於物作教一

事時或再言弟子重師之訓故又書而存焉

子曰三軍可奪帥也匹夫不可奪志也【註】孔安國曰

三軍雖衆人心非一則其將帥可奪之而取匹夫

雖微苟守其志不可得而奪也【疏】子曰至志也○此明人能守志

雖獨夫亦不可奪若其心不堅雖衆必傾故三軍

可奪匹夫無回也謂爲匹夫者言其賤但夫婦相

配匹而已也又云古人質衣服短狹二

人衣裳唯其用一匹故曰匹夫匹婦也

子曰衣弊縕袍與衣狐貉者立而不恥者其由也與

註孔安國曰縕枲著也不忮不求何用不臧註馬融曰忮害也臧善也言不忮害不貪求何用爲不善疾貪惡忮害之詩也子路終身誦之子曰是道也何足以臧註馬融曰臧善也尚復有美於是者何足以爲善也疏子曰至以臧○云子曰云云者衣猶著也弊敗也縕枲著也狐貉輕裘也由子路也當時人尚奢華皆以惡衣爲恥唯子路能果敢率素雖服敗麻枲著袍裘與服狐貉輕裘者並立而不爲羞恥故云其由也與顔延之云狐貉縕袍誠不足以策恥然自非勇於見義者或以心戰不能素泰也云不忮云云者孔子更引疾貪惡之詩證子路德美也忮害也求貪也臧善也言子路之爲人身不害物不貪求德行如此何用不謂之爲善乎言其善也云子路終身誦

之者子路得孔子美己才以爲美故終身長誦不忮不求何用不臧之言也云子曰云云者孔子見子路誦之不止故抑之也言此不忮不求乃可是道亦何足過爲善而汝誦之不止乎言倘復有勝於此者也顔延之云懼其伐善也○註孔安國曰緼枲著也○枲麻也以碎麻著袠也碎麻曰緼故絮亦曰緼玉藻曰緼爲袍是也

子曰歲寒然後知松柏之後凋也註大寒之歲衆木皆死然後知松柏之小凋傷平歲則衆木亦有不死者故須歲寒而後別之喻凡人處治世亦能自修整與君子同在濁世然後知君子之正不苟容也疏子曰至凋也○此欲明君子德性與小人異也故以松柏匹於君子衆木偶乎小人矣言

君子小人若同居聖世君子性本自善小人服從教化是君子小人竝不爲惡故堯舜之民比屋可封如松柏與衆木同處春夏松柏有心故本蓊鬱衆木從時亦盡其茂美者也若至無道之主君子秉性無回故不爲惡而小人無復忌憚即隨世變改桀紂之民比屋可誅譬如松柏衆木同在秋冬松柏不改柯易葉衆木枯零先盡而此云歲寒然後知松柏後凋者就如平叔之注意若如平歲之寒衆木猶有不死不足致別如平世之小人亦有脩飾而不變者唯大寒歲則衆木皆死大亂則小人恐惡故云歲寒也又云然後知松柏後凋者後非俱時之目凋非枯死之名言大寒之後松柏形小凋衰而心性猶存如君子之人遭値積惡外逼闇世不得不遜跡隨時是小凋矣而性猶不變如松柏也而琳公曰夫歲寒別木遭困別士寒嚴霜降知松柏之後凋謂異凡木也遭亂世小人自變君子不改

其操也

子曰智者不惑註苞氏曰不惑亂也仁者不憂註孔安國曰不憂患也勇者不懼疏子曰至不懼○此章談人性分不同也云智者不惑者智以照了爲用故於事無疑惑也故孫綽云智能辨物故不惑也云仁者不憂者憂患也仁人常救濟爲務不嘗侵物故不憂物之見侵患也孫綽云安於仁不改其樂故無憂也云勇者不懼者勇以多力爲用故無怯懼於前敵也繆協云見義而爲不畏強禦故不懼也○註孔安國曰不憂患也○內省不疚故無憂患也

子曰可與共學未可與適道註適之也雖學或得異端未必能之道者也可與適道未可與立註雖能之道未必能以有所成立者也可與立未可與權

註雖能有所立未必能權量其輕重之極也唐棣之華偏其反而豈不爾思室是遠而註逸詩也唐棣移也華反而後合賦此詩以言權道反而後至於大順也思其人而不得見者其室遠也以言思權而不得見者其道遠也子曰未之思也夫何遠之有哉註夫思者當思其反反是不思所以為遠也能思其反何遠之有言權可知唯不知思耳思之有次序斯可知矣疏子曰至有哉○此章明權道之難也云可與共學未可與適道者夫正道易行權事難達既欲明權故先從正起也道謂所學之道也言凡人乃可與同

處師門共學而已既未得彼性則未可便與爲友共適所志之道也云可與適道未可與立者立謂謀議之立事也亦人性各異或能學問而未必能建立世中正事者故可與共適所學之道而未便可與共立事也云可與立未可與權者權者反常而合於道者也自非通變達理則所不能故雖可共立於正事而未可便與之爲權也故王弼曰權者道之變變無常體神而明之存乎其人不可豫設尤至難者也張憑云此言學者漸進階級之次耳始志於學求發其蒙而未審所適也既向方矣而信道未篤則所立未固也又既固又未達變通之權也明知反而合道者則日勸之業亹亹之功其幾乎此矣云唐棣之華偏其反而者引明權之逸詩以證權也唐棣棣樹也華花也夫樹木之花皆先合而後開唐棣之花則先開而後合譬如正道則行之有次而權之爲用先反後至於大順故云偏其反而言偏者明唯其道偏與常反也云豈不爾思室是遠而者言凡思其人而不得見者其

居室遼遠故也人豈不思權權道元邈如其室奧遠故也云子曰云云者又引孔子言證權可思也言權道易思但未有思之者耳若反道而思之則必可得故云夫何遠之有也。註適之至者也。異端非正典也人各自有性彼或不能寧學正道而唯能讀史子故未可便與之共之於正道也。註雖有至極也。能權量輕重即是曉權也。註逸詩至遠也。如前釋也云權道反而後至於大順者初逆而後從也

論語鄉黨第十

疏鄉黨者明孔子教訓在於鄉黨之時也所以次前者既朝廷感希故退還應於鄉黨也故鄉黨次於子罕也

孔子於鄉黨恂恂如也似不能言者註王肅曰恂恂溫恭貌也其在宗廟朝廷便便言唯謹爾註鄭元

曰便便言辨貌雖辨而謹敬也朝與下大夫言侃侃如也註孔安國曰侃侃和樂貌也與上大夫言誾誾如也註孔安國曰誾誾中正貌也君在踧踖如也與與如也註馬融曰君在者君視朝也踧踖恭敬貌也與與威儀中適之貌也疏孔子至與如也○此一篇至末竝記孔子平生德行也云孔子云云者於鄉黨謂孔子還家教化於鄉黨中時也天子郊內有鄉黨郊外有遂鄙孔子居魯魯是諸侯今云鄉黨當知諸侯亦郊內爲鄉郊外爲遂也孔子家當在魯郊內故云於鄉黨也恂恂溫恭貌既還鄉黨鄉黨宜須和恭以相接故恂恂如也既其溫恭則言語寡少故一往觀之如似不能言者也云其在云云者謂孔子助君祭在宗廟及朝廷也既在君朝

應須酬荅及入大廟每事須問並不得不言也言須流便故云便便言也言雖流便而必謹敬故云唯謹爾〔云〕朝與下大夫言侃侃如者侃侃和樂貌也下大夫賤孔子與之言宜用和樂相接故侃侃如也〔云〕與上大夫言誾誾如者上大夫卿也誾誾中正貌也卿貴不敢和樂接之宜以謹正相對故誾誾如也〔云〕君在云云者君在謂君出視朝時也踧踖恭敬貌也禮每日旦諸臣列在路門外以朝君君至日出而出視之視之則一一揖卿大夫而都一揖士當此君視朝之時則臣皆起恭敬之貌故孔子踧踖如也雖須踧踖又不得急速所以形容舉動每須與與如也與與猶徐徐也所以恭而安也

君召使擯〔註〕鄭元曰君召使擯者有賓客使迎之也色勃如也〔註〕孔安國曰必變色也足躩如也〔註〕

苞氏曰盤辟貌也揖所與立左右其手衣前後襜如也註鄭元曰揖左人左其手揖右人右其手一俛一仰故衣前後則襜如也趨進翼如也註孔安國曰言端正也賓退必復命曰賓不顧矣註孔安國曰復命白賓已去也疏君召至顧矣。云君召使擯者擯者爲君接賓也謂有賓來君召己迎接之也云色勃如者既召己接賓故己宜變色起敬故勃然也云足躩如者躩盤辟貌也既被召不敢自容故速行而足盤辟也故江熙云不暇閑步躩速貌也云揖所與立云云者此謂君出迎賓已爲君副列擯時也賓副曰命介主人副曰擯副且作匹敵國而言若公詣公法也賓至主人大門外西邊而向北去門九十步而下車面向北而倚衡則九副在賓北而東向邐迤而西北在四十五步之中主人出門東邊南向而倚主人是公則五擯主人是侯伯則四擯主人是子男則三擯不隨命數主人謙故並用強半數也公陳擯在公之南而西向邐迤而東南亦在四十五步中使主人下擯與賓下介相對而中間相去三丈六尺列賓主介擯既竟主人語上擯使就賓請辭問所以來之意於是上擯相傳以至於下擯下擯進前揖賓之下介而傳語問之下介傳問而以次上至賓賓荅語使上介傳以次而下至下介下介亦進揖下擯下擯傳而上以至主人凡相傳辭在列位當授受言語之時皆半轉身戾手相揖既並立而相揖故曰揖所與立也若揖左人則移其手向左若揖右人則移其手向右故云左右其手也既半迴身左右迴手當使身上所著之衣必襜襜如有容儀也故江熙云揖兩手衣裳襜如動也云趨進翼如者謂擯迎賓進在庭行時也翼如謂端正也徐趨衣裳端正如鳥欲翔舒翼時也云賓退云云者謂君使已送賓時也復命反命也

反命謂初受君命以送賓賓退故反還君命以白君道賓已去云不顧者舊云主人若禮送賓未足則賓猶迴顧若禮已足送則賓直去不復迴顧此明則送賓禮足故云不顧也。註鄭元曰至之也。聘禮云卿爲上擯大夫爲承擯士爲紹擯是也。註苞氏曰盤辟貌。盤辟即足轉速也。註孔安國曰復命白賓已去也。言反白君道賓已去也然云賓已去亦是不復來見顧也

入公門鞠躬如也如不容註孔安國曰斂身也立不中門行不履閾註孔安國曰閾門限也過位色勃如也足躩如也註苞氏曰過君之空位也其言似不足者攝齊升堂鞠躬如也屏氣似不息者註孔安國曰皆重愼也衣下曰齊攝齊者摳衣也出

降一等逞顏色怡怡如也註孔安國曰先屏氣下階舒氣故怡怡如也沒階趨進翼如也註孔安國曰沒盡也下盡階也復其位踧踖如也註孔安國曰來時所過位也疏入公門至踖如也○云入公云云者公君也謂孔子入君門時也鞠曲斂也躬身也臣入君門自曲斂身也君門雖大而已恆曲斂如君門之狹不見容爲云立不中門者謂在君門倚立時也中門謂棖闑之中也門中央有闑闑以砭門兩扇之交處也門左右兩棖邊各豎一木名之爲棖棖以禦車過恐觸門也闑東是君行之道闑西是賓行之道也而臣行君道示係屬於君也臣若倚門立時則不得當君所行棖闑之中央當中是不敬故云不中門也云行不履閾者履踐也閾限也若出入時則不得踐君之門限也所以然者其義有二一則忽上升

限似自高矜二則人行跨限己若履之則汙限汙限則汙跨者之衣也云過位云云者謂臣入朝君時也位君常所在外之位也謂在宁屏之間揖賓之處也即君雖不在此位此位可尊故臣行入從位之邊過而色勃然足躩爲敬也云其言似不足者者既入過位漸以近君故言語細下不得多言如言不足之狀也不足少若不能也云攝齊云云者至君堂也攝摳也齊裳下縫也既至君堂當升之未升之前而摳提裳前使齊下去地一尺故云攝齊升堂也升堂將近君故又自斂鞠躬如也必攝齊者爲妨履輟行故也云屏氣似不息者者屏疊除貌息亦氣也已至君前當疊除藏其氣如似無氣息者也不得炰烋振君也云出降云云者降下也逞申也出降一等謂見君已竟而下堂至階第一級時也初對君時既屏氣故出降一等而申氣氣申則顏色亦申故顏容怡悅也云没階趨進翼如者没猶盡也盡階謂下諸級盡至平地時也既去君遠故又徐趨而翼如也云復其位踧踖如

者位謂初入時所過君之空位也今出至此位而更踧踖爲敬也○註攝齊者摳衣也○曲禮云兩手摳衣去齊尺是也

執圭鞠躬如也如不勝註苞氏曰爲君使以聘問鄰國執持君之圭鞠躬者敬愼之至也上如揖下如授勃如戰色足蹜蹜如有循註鄭玄曰上如揖授玉宜敬也下如授不敢忘禮也戰色敬也足蹜蹜如有循舉前曳踵行也享禮有容色註鄭玄曰享獻也聘禮既聘而享享用圭璧有庭實也私覿愉愉如也註鄭玄曰覿見也既享乃以私禮見愉

愉顏色和也【疏】執圭至愉如也。○云執圭云云者謂爲君出使聘問鄰國時也圭瑞也圭瑞玉也周禮五等諸侯各受王者之玉以爲瑞信公桓圭九寸侯信圭七寸伯躬圭七寸子穀璧五寸男蒲璧五寸五等若自執朝王則各如其寸數若使其臣出聘鄰國乃各執其君之玉而減其君一寸也今云執圭魯是侯侯執信圭則孔子所執執君之信圭也初在國及至他國執圭皆爲敬愼圭雖輕而已執之恆如圭重似己不能勝故曲身如不勝也云上如揖者謂初授受圭之容儀也上如揖謂就下取玉上授與人時也俯身爲敬故如揖時也云下如授者謂奠玉置地時也雖奠置地亦徐徐俯僂如授與人時也云勃如戰色者通謂執行及授時之顏色也臨陣戰鬭則色必懼怖故今重君之玉使已顏色恆如戰時也云足蹜蹜如有循者謂舉玉行時之容也蹜蹜猶蹴蹴也循猶緣循也言舉玉行時不敢廣步速進恆如足前有所蹴有所緣循也云享禮有容色者享者聘後之禮也夫諸侯朝天子及五等更相朝聘禮初至皆先單執玉行禮禮王謂之爲朝使臣禮主國之君謂之爲聘聘問也政言久不相見使臣來問於安否也既是初至其禮質敬故無他物唯有瑞玉表至誠而已行朝聘既竟次行享禮享者獻物也亦各有玉玉不與聘玉同也又皆有物將之或川皮馬或用錦繡又獻土地所生羅列滿庭謂之庭實其中差異不復曲論但既是次後行禮以多爲貴則質敬之事猶稍輕故有容貌采章及裼以行事故云有容色也〔云〕私覿愉愉如也者私非公也覿見也愉愉顏色和也謂行聘享公禮已竟別日使臣私齎己物以見於主君故謂爲私覿也既私見非公故容儀轉以自若故顏色容貌有和悅之色無復勃戰之容者也○〔註〕足蹜至行也○解蹜蹜有循之事也舉足前恆使不至地而蹕或不離地如車輪也○〔註〕鄭元曰至實也○亦有圭璧所執不同聘時也○〔註〕鄭元曰至禮見

○私禮謂束帛乘馬之屬也

君子不以紺緅飾〔註〕孔安國曰一入曰緅飾者不以爲領袖緣也紺者齋服盛色以爲飾似衣齋服也緅者三年練以緅飾衣爲其似衣喪服故皆不以飾衣也紅紫不以爲褻服〔註〕王肅曰褻服私居非公會之服者也皆不正褻尚不衣正服無所施當暑縝絺綌必表而出〔註〕孔安國曰暑則單服絺綌葛也必表而出加上衣也緇衣羔裘素衣麑裘黃衣狐裘〔註〕孔安國曰服皆中外之色相稱也褻裘長短右袂〔註〕孔安國曰私家裘長主溫也短右

袂便作事也必有寢衣長一身有半註孔安國曰今被也狐貉之厚以居註鄭元曰在家以接賓客也去喪無所不佩註孔安國曰去除也非喪則備佩所宜佩也非帷裳必殺之註王肅曰衣必有殺縫唯帷裳無殺也羔裘玄冠不以弔註孔安國曰喪主素吉主元吉凶異服故不相弔也吉月必朝服而朝註孔安國曰吉月月朔也朝服皮弁服也齊必有明衣布註孔安國曰以布爲沐浴衣也疏君子至衣布。云君子不以紺緅飾者君子者自士以上士以上衣服有法不可雜色也紺緅者孔

意言紺是元色也緅是淺絳色也飾者衣之領袖
緣也所以不用紺緅爲衣領袖緣者元是齋服若
用紺爲衣飾是似衣齋服故不用也又三年之喪
練而受淺絳爲緣也若用緅爲衣飾是似衣喪服
故不敢用也故云君子不以紺緅飾也〇云紅紫不
以爲褻服者紅紫非正色也褻服私褻之服非正
衣也褻尚不衣則正服故宜不用也所以言此者
爲時多重紅紫棄正色故孔子不衣之也故後卷
云惡紫之奪朱也鄭元注云紺緅紫元之類也紅
纁之類也元纁所以爲祭服等其類也紺緅木染
不可爲衣飾紅紫草染不可爲褻服而已飾謂純
緣也侃案五方正色青赤白黑黃五方閒色綠爲
青之閒紅爲赤之閒碧爲白之閒紫爲黑之閒緇
爲黃之閒也故不用紅紫言是閒色也所以爲閒
者穎子嚴云東方木木色青木剋於土土色黃以
青加黃故爲綠綠爲東方之閒也又南方火火色
赤火剋金金色白以赤加白故爲紅紅爲南方閒
也又西方金金色白金剋木木色青以白加青故

爲碧碧爲西方間也又北方水水色黑水剋火火色赤以黑加赤故爲紫紫爲北方間也又中央土土色黃土剋水水色黑以黃加黑故爲緇黃緇黃爲中央間也緇黃黃黑之色也又一注云東甲乙木南丙丁火中央戊巳土西庚辛金北壬癸水以木剋土戊以妹己嫁於木甲是黃入於靑故爲綠也又火剋金庚以妹辛嫁於丙是白入於赤故爲紅也又金剋木甲以妹乙嫁於庚是靑入於白故爲碧也又水剋火丙以妹丁嫁於壬是赤入於黑故爲紫也又土剋水壬以妹癸嫁於戊是黑入黃故爲緇黃者也云當暑云云者暑熱也縝單也絺細練葛也綌大練葛也表謂加上衣也古人冬則衣裘夏則衣葛也若在家則裘葛之上亦無別加衣若出行接賓皆加上衣當暑雖熱絺綌可單若出不可單則必加上衣也故云必表而出也然裘上出亦必加衣而獨云當暑絺綌者嫌暑熱不加故特明之也然又衣裏之裘必隨上衣之色使衣裘相稱則葛之爲衣亦未必隨上服色也云緇衣

羔裘者裘色既隨衣故此仍明裘上之衣也緇染黑七入者也元則六入色也羔者烏羊也裘與上衣相稱則緇衣之內故曰羔裘也緇衣服者元冠十五升緇布衣素積裳也素積者用素爲之襞積攝之無數故云素積也此是諸侯日視朝服也諸侯視朝與羣臣同服孔子是魯臣故亦服此服以日朝君也云素衣麑裘者素衣謂衣裳竝用素也麑鹿子也鹿子色近白與素微相稱也謂國有凶荒君素服則羣臣從之故孔子魯臣亦服之也喪服則大鹿爲裘也故檀弓云鹿裘橫長袪是也此凶荒之服既輕故裘用鹿子鹿子文勝於大鹿也或云大蜡祭百物之神皮弁素服也故鄭元注郊特牲云皮弁素服而祭以送終也注云素服衣裳皆素也云黃衣狐裘者此服謂蜡祭宗廟五祀也歲終大蜡報功象物色黃落故著黃衣黃冠也而狐貉亦黃故特爲裘以相稱也孔子爲臣助蜡祭亦隨君著之黃衣也故禮運云昔者仲尼預於蜡賓是也鄭元注郊特牲云黃衣黃冠而祭注云祭

謂既蜡臘先祖五祀也又云論語云黃衣狐裘案鄭以論語黃衣卽是郊特牲蜡臘祭廟服也云褻裘長短右袂者褻裘謂家中常著之裘也上無加衣故不云衣也家居主溫暖故長爲衣也而右臂是有事之用故短爲右袂使作事便也袂謂衣屬身者也若手開屬袂者則名袪亦曰袖也云必有寢衣長一身有半者寢衣謂被也宜長故長一身有半也云狐貉之厚以居者此謂在家接賓客之裘也家居主溫故厚爲之也既接賓客則其上亦應有衣也云去喪無所不佩者去喪謂三年喪畢喪服已除也無所不佩謂佩己今吉所宜得佩者悉佩之也嫌既經喪親恐除服後猶宜有異故特明之者也云非帷裳必殺之者帷裳謂帷幔之屬也殺謂縫之也若非帷幔裳則必縫殺之以殺縫之面置裏不殺之面在外而帷裳但刺連之如今服帊不有裏外殺縫之異也所以然者帷幔內外並爲人所見必須飾故刺連之而已也所以喪服云凡裳內削幅裳外不削幅鄭注云削猶殺也

而鄭注此云帷裳謂朝祭之服其制正幅如帷也非者謂餘衣也殺之者削其幅使縫齊陪腰者也云羔裘元冠不以弔者弔弔喪也喪凶主素故羔元不用弔也云吉月必朝服而朝者吉月者月朔也朝服者凡言朝服唯是元冠緇布衣素積裳今此云朝服謂皮弁十五升白布衣素積裳也所以亦謂爲朝服者天子用之以日視朝今云朝服是從天子受名也諸侯用之以視朝孔子魯臣亦得與君同服故月朔必服之也然魯自文公不視朔故子貢欲去告朔之餼羊而孔子是哀公之臣應無隨君視朝之事而云必服之者當是君雖不視朔而孔子月朔必服而以朝是我愛其禮也云齊必有明衣布者謂齋浴時所著之衣也浴竟身未燥未堪著好衣又不可露肉故用布爲衣如衫而長身也著之以待身燥故玉藻云君衣布晞身是也○註孔安國曰至飾衣也○然案孔以紺爲齋服盛色或可言紺深於元爲似齋服故不用也而禮家三年練以緅爲深衣領緣不云用緅且檢考

工記三入爲纁五入爲緅七入爲緇則緅非復淺絳明矣故解者相承皆云孔此注誤也。註鄭元曰至客也。然前亵裘亦應是狐貉之厚也。註孔安國曰至佩也。備佩所宜佩若爲大夫而元冕公侯衮鷩之屬及佩玉佩之飾也。註孔安國曰至服也。皮弁以鹿皮爲弁弁形如今祭酒道士扶容冠而無邊葉也身著十五升白布衣素積裳而頭著皮弁也天子皮弁服內則著素錦衣狐白裘諸侯皮弁服內著狐黃裘黃錦衣也卿大夫不得衣錦而皮弁服內當著麛裘青豻褎絞衣以裼之者也。註孔安國曰以布爲沐浴衣。然浴時乃用布便乎待肉燥江長云沐者當是沐浴時亦衣此服置衣上以辟身潔也

齊必變食註孔安國曰改常食也居必遷坐註孔安國曰易常處也食不厭精膾不厭細食饐而餲

註孔安國曰饐餲臭味變也魚餒而肉敗不食註孔安國曰魚敗曰餒也色惡不食臭惡不食失飪不食註孔安國曰失飪失生熟之節也不時不食註鄭元曰不時非朝夕日中時也割不正不食不得其醬不食註馬融曰魚膾非芥醬不食肉雖多不使勝食氣唯酒無量不及亂沽酒市脯不食不撤薑食註孔安國曰撤去也齊禁薰物薑辛而不薰故不去也不多食註孔安國曰不過飽也祭於公不宿肉註周生烈曰助祭於君所得牲體歸則

以班賜不留神惠也祭肉不出三日出三日不食之矣註鄭玄曰自其家祭肉也過三日不食是褻鬼神之餘也食不語寢不言雖蔬食菜羹瓜祭必齊如也註孔安國曰齊嚴敬貌也三物雖薄祭之必敬也疏齊必至如也○云齊必變食者方應接神欲自潔淨故變其常食也云居必遷坐者亦不坐恒居之坐也故於祭前先散齊於路寢門外七日又致齊於路寢中三日也故范甯云齊以敬潔爲主以期神明之享故改常之食遷居齊室也云食不厭精者此兼明平常禮也食若麤則誤人生疾故調和不厭精潔也云膾不厭細者細切魚及肉皆曰膾也既腥食之故不厭細者也云食饐而餲者饐謂飲食經久而腐臭也餲謂經久而味惡也如乾魚乾肉久而味惡也爾雅云食

饐謂之餲李充注云皆飲食壞敗之名也云魚餒者餒謂魚臭壞也魚敗而餒餒然也云而肉敗者肉臭壞也爾雅云肉謂之敗魚謂之餒李巡云肉敗久則臭魚餒肉爛云不食者自食饐而餲以下並不可食也云色惡不食者食失常色是爲色惡色惡則不可食也云臭惡不食者臭惡謂饐臭不宜食故不食也云失飪不食者失飪謂失生熟節也煮食或未熟或已過熟並不食也云不時不食者不時非朝夕日中時也非其時則不宜食故不食也江熙云不時謂生非其時若冬梅李實也云割不正不食者古人割肉必方正若不方正割之故不食也江熙云殺不以道爲不正也云不得其醬不食者食味各有所宜蠃醢菰食魚膾芥醬並相宜也故若食不得所宜之醬則不食也云肉雖多不使勝食氣者勝猶多也食謂他饌也食氣多肉少則肉美若肉多他食少則肉不美故不使肉勝食氣也亦因殺止多殺也云唯酒無量不及亂者酒雖多無有限量而人宜隨己能而飲不得及

至於醉亂也一云不格人爲量而隨人所能而莫亂也云沽酒市脯不食者酒不自作則未必清淨脯不自作則不知何物之肉故沽市所得竝所不食也或問曰沽酒不飲則詩那云無酒沽我乎荅曰論所明是祭神不用詩所明是人得用也云不撤薑食者撤除也齊禁薰物薑辛而不薰嫌亦禁之故明食時不除薑者也云不多食者多則傷廉故不多也江熙云少所啖也云祭於公不宿肉者祭於公謂孔子仕時助君祭也助祭必得賜俎得賜俎還卽分賦食之不得留置經宿經宿是慢鬼神餘也云祭肉云云者謂家自祭也自祭肉多故許經宿但不得出三日出三日是褻慢鬼神之餘故人亦不得後食之也云食不語寢不言者言是宜出己語是荅述也食須加益故許言而不許語語則口可惜亦不敬也寢是眠臥眠臥須靜若言則驚閙於人故不言也云雖疏云云者蔬食麤食也菜羹菰祭謂用麤食菜羹及菰持此三物供祭也三物雖薄而必宜盡齊敬之理鬼神饗德不饗

味故也。註孔安國曰饐餲臭味變也。饐臭變也餲味變也。註馬融曰魚膾非芥醬不食。古者醬齊菹三者通名也芥醬卽芥齊也。註周生烈曰至惠也。牲體謂體臣貴賤以牲骨體爲俎賜之祭統云貴者得貴骨賤者得賤骨是也

席不正不坐鄉人飲酒杖者出斯出矣註孔安國曰杖者老人也鄉人飲酒之禮主於老者老者禮畢出孔子從而後出也疏席不至出矣。云席不正不坐者舊說云鋪之不周正則不坐之也故范甯云正席所以恭敬也或云如禮所言諸侯之席三重大夫再重是各有其正者也云鄉人云云者鄉人飲酒謂鄉飲酒之禮也杖者老人也禮五十杖於家六十杖於鄉故呼老人爲杖者也鄉人飲酒者貴齡崇年故出入以老人者爲節也若飲酒禮畢杖者先出則同飲

之人乃從之而出故
云杖者出斯出矣

鄉人儺朝服而立於阼階(註)孔安國曰儺驅逐疫鬼也恐驚先祖故朝服立廟之阼階也(疏)鄉人至阼階○

云鄉人儺者儺者逐疫鬼也爲陰陽之氣不卽時退疫鬼隨而爲人作禍故天子使方相氏黄金四目蒙熊皮執戈揚楯元衣朱裳口作儺儺之聲以毆疫鬼也一年三過爲之三月八月十二月也故月令季春云命國儺鄭元云此儺儺陰氣也陰寒至此不止害將及人厲鬼隨之而出行至仲秋又云天子乃儺鄭元云此儺儺陽氣也陽暑至此不衰害亦將及人厲鬼亦隨之而出行至季冬又云命有司大儺鄭元云此儺儺陰氣也厲鬼將隨強陰出害人也侃案三儺二是儺陰一是儺陽陰陽乃異俱是天子所命春是一年之始彌畏災害故命國民家家悉儺八月儺陽陽是君法臣民不可儺

君故稱天子乃儺也十二月儺雖是陰既非一年之急故民亦不得同儺也今云鄉人儺是三月也云朝服而立於阼階者阼階東階主人之階也孔子聞鄉人逐鬼恐見驚動宗廟故著朝服而立於阼階以侍先祖爲孝之心也朝服者玄冠緇布衣素積裳是卿大夫之祭服也禮唯孤卿爵弁自祭若卿大夫以下悉玄冠以自齊祭齊祭不異冠服也

問人於他邦再拜而送之注孔安國曰拜送使者敬之也疏問人至送之。問者謂更相聘問也他邦謂鄰國之君也謂孔子與鄰國交遊而遣使往彼聘問時也既敬彼君故遣使使者去則再拜送之也爲人臣禮乃無外交而孔子聖人應聘東西無疑也

康子饋藥拜而受之注苞氏曰遺孔子藥也曰丘

未達不敢嘗註孔安國曰未知其故故不嘗禮也

疏康子至敢嘗。云康子饋藥拜而受之者饋餉也魯季康子餉孔子藥也孔子得彼餉而拜受是禮也云曰丘未達不敢嘗者達猶曉解也孔子雖拜受而不遂飲故稱名云丘未曉此藥治何疾故不敢飲嘗之也

廄焚子退朝曰傷人乎不問馬註鄭玄曰重人賤畜也退朝者自魯之朝來歸也疏廄焚至問馬。云廄焚者廄養馬之處也焚燒也孔子家養馬處被燒也云子退朝者孔子早上朝朝竟而退還家也少儀云朝廷曰退也云曰傷人乎不問馬者從朝還退見廄遭火廄是養馬處而孔子不問傷馬唯問傷人乎是重人賤馬故云不問馬也王弼曰孔子時為魯司寇自公朝退而之火所不問馬者矯時重馬者也

君賜食必正席先嘗之【註】孔安國曰敬君惠也既嘗之乃以班賜也君賜腥必熟而薦之【註】孔安國曰薦薦其先祖也君賜生必畜之侍食於君君祭先飯【註】鄭元曰於君祭則先飯矣若爲先嘗食然也【疏】君賜至先飯。云君賜食云云者席猶坐也君賜孔子食孔子雖不嗜食必正坐先嘗之敬君之惠也云君賜腥云云者謂君賜孔子腥肉也薦薦宗廟也孔子受之煮熟而薦宗廟重榮君賜也賜熟食不薦者熟爲褻也云君賜生必畜之者生謂活物也得所賜活物當養畜之待至祭祀時充牲用也云侍食於君者謂孔子侍君共食之時也云君祭先飯者祭謂祭食之先也夫禮食必先取食種種出片子置俎豆邊地名爲祭祭者報昔初造此食者也君子得惠不忘報故將食而先

出報也當君政祭食之時而臣先取飯食之故云先飯飯食也所以然者示爲君先嘗食先知調和之是非者也

疾君視之東首加朝服拖紳【註】苞氏曰夫子疾也處南牖之下東首加其朝服拖紳紳大帶也不敢不衣朝服見君也【疏】疾君至拖紳。【云】疾君視之者疾謂孔子疾病時也孔子病而魯君來視之也此君是哀公也【云】東首者病者欲生東是生陽之氣故眠頭首東也故玉藻云君子之居恒當于戶寢恒東首者是也【云】加朝服拖紳者加覆也朝服謂健時從君日視朝之服也拖猶牽也紳大帶也孔子既病不能復著衣而見君不宜私服故加朝服覆於體上而牽引大帶於心下至是如健時著衣之爲。【註】苞氏曰夫子疾也處南牖之下。病本當戶在北壁下東首君既

來而君不宜北面故移處南窗之下令君入戶而
西轉面得南向也故欒肇云南牖下欲令南面視
之者
也

君命召不俟駕行矣(註)鄭元曰急趨君命也出行
而車既駕隨之(疏)君命召不俟駕行矣。謂君有
命召見孔子時也君尊命重故
得召不俟駕車而即徒趨而往也故玉藻云君命
召以三節一節以趨二節以走在官不俟屨在家
不俟車是也。(註)鄭元曰至隨之。大夫
不可徒行故後人駕車而隨之使乘之也

入大廟每事問(註)鄭元曰為君助祭也大廟周公
廟也(疏)入大廟每事問。或云此句煩重舊通云
前是記孔子對或人之時此是錄平生常
行之事故
兩出也

朋友死無所歸曰於我殯【註】孔安國曰重朋友之恩也無所歸無親昵也【疏】朋友至我殯○殯謂停喪於寢以待葬也時孔子有朋友在孔子之家死而此朋友無親情來奔喪者故云無所歸也既未有所歸故曰於我殯也

朋友之饋雖車馬非祭肉不拜【註】孔安國曰不拜有通財之義也【疏】朋友至不拜○云朋友之饋者謂朋友有物見餉也云雖車馬非祭肉不拜者車馬家財之大者也朋友有通財之義故雖復見餉車馬而我不拜謝也所可拜者若朋友見餉其家之祭肉雖小亦拜受之敬祭故也故云雖車馬非祭肉不拜也

寢不尸【註】苞氏曰不偃臥四體布展手足似死人也居不容【註】孔安國曰爲室家之敬難久也【疏】寢不

尸居不容。云寢不尸者寢眠也尸謂死尸也眠當小歛不得直脚申布似於死人者也云居不容者謂家中常居也家主和怡燕居先溫溫故不爲容自處者也。註苞氏曰至人也。偃 眠也展舒也曲禮云寢無伏此云不偃臥四體展舒手足似死人則不得覆却唯當歛而小屈也

子見齊衰者雖狎必變註孔安國曰狎者素相親狎也見冕者與瞽者雖褻必以貌註周生烈曰褻謂數相見也必當以貌禮也凶服者式之式負版者註孔安國曰凶服者送死之衣物也負版持邦國之圖籍者也有盛饌必變色而作註孔安國曰作起也敬主人之親饋也迅雷風烈必變註鄭元

一曰敬天之怒也風疾雷爲烈也疏子見至必變○云子見云云者狎謂素相親狎也哀有喪故必變必變謂必作必趨也云見冕云云者褻謂無親而卑數者也尊在位恤不成人故必以貌以貌變色對之也變重貌輕親狎重故言變卑褻輕故以貌也然前篇必作必趨謂見疏者也云凶服者式之者凶服送死人衣物也孔子見他人送死之衣物必爲敬而式之也式者古人乘路車如今龍旂車皆於車中倚立倚立難久故於車箱上安一横木以手隱憑之謂之爲較詩云倚重較是也又於較之下未至車牀半許安一横木名爲軾若在車上應爲敬時則落手憑軾憑軾則身俯僂故云式之式軾也云式負版者者負謂擔揭也版版謂邦國圖籍也古未有紙凡所書書皆於版故云版也孔子見人擔揭國之圖版者皆式敬之也云有盛饌必變色而作者作起也孔子見主人食饌有盛乎常故變色而起也所以然者主人自親饋故客起敬也云迅雷風烈

必變者迅疾也風而雷疾急名爲烈也風疾而雷
此是陰陽氣激爲天之怒故孔子自整變顔容以
敬之也故玉藻云若疾風迅雷甚雨則必變雖夜
必興衣服冠而坐是也。【註】孔安國曰至者也。
【云】凶服者送死之衣物者此釋式凶服也【云】負版
云云者鄭司農注宮伯職云版名籍也以版爲之
今時鄉戸籍謂之戸版鄭康成注內宰云版謂宮
中閽寺之屬及其子弟録籍也圖王及后世子之
宮中吏官府之形象也。【註】孔安國曰
至饋也。親饋謂主人自執食設之
升車必正立執綏【註】周生烈曰正立執綏所以爲
安也車中不內顧【註】苞氏曰輿中不內顧者前視
不過衡枙旁視不過輢轂也不疾言不親指【疏】升車
至親指。【云】升車必正立執綏者謂孔子升車禮
也綏牽以上車之繩也若升車時則正立而執綏

以上所以爲安也云車中不内顧者内猶後也顧
迴頭也升在車上不迴頭後顧也所以然者後人
從己者不能常正若轉顧見之則掩人私不備非
大德之所爲故不爲也故衞瓘云不掩人之不備
也云不疾言者疾高急也在車上言易高故不疾
言爲驚於人也故繆協云車行則言傷疾也云不
親指者車上既高亦不得手有所親指指點爲惑下
人也。註苞氏曰至轂也。云輿中云云者車牀
名輿故云輿中也衡枙轅端也若前視不得遠故
曲禮云立視五巂五巂九丈九尺地也式視馬尾
馬尾近在車牀欄間也竝是不過衡枙之類也云
旁視不過輢轂者旁謂兩邊也輢竪在車箱兩邊
三分居前之一承較者也轂在箱外
當人兩邊故云旁視不過輢轂也
色斯舉矣註馬融曰見顔色不善則去之翔而後
集註周生烈曰迴翔審觀而後下止也曰山梁雌

雌雉時哉時哉子路供之三嗅而作【注】言山梁雌雉得其時而人不得時故歎之子路以其時物故供具之非其本意不苟食故三嗅而起也【疏】色斯至而作。【云】色斯舉矣【者】謂孔子在處觀人顏色而舉動也繆協云自親指以上鄉黨拘拘之禮應事適用之跡詳矣有其禮而無其時蓋天運之極也將有遠感高興故色斯舉矣【云】翔而後集者謂孔子所至之處也必迴翔審觀之後乃下集也【云】曰山梁雌雉時哉者此記者記孔子因所見而有歎也梁者以木架水上可踐渡水之處也孔子從山梁閒過見山梁閒有此雌雉也時哉者言雉逍遥得時所也所以有歎者言人遭亂世翔集不得其所是失時矣而不如山梁閒之雉十步一啄百步一飲是得其時故歎之也獨云雌者因所見而言也【云】子路供之者子路不達孔子時哉時哉之歎而謂歎雌雉是時月之味故馳逐驅拍遂得雌雉煮熟而進以供養孔子故云子路供之也云三嗅而作者嗅謂鼻歆翕其氣也作起也子路不達孔子意而供此熟雉乖孔子本心孔子若直爾不食則恐子路生怨若遂而食之則又乖我本心故先三嗅氣而後乃起亦如得食不食之開也顧歡云夫栖遲一丘雉之道適也不以剛武傷性雌之德也故於翔集之下繼以斯歎而仲由之獻偶與歎不諧若即饗之則事與情反若棄而弗御則似由也有失故三嗅而起則心事雙合虞氏贊曰色斯舉矣翔而後集此以人事喻於雉也雉之爲物精微難狎譬人在亂世去危就安當如雉也曰山梁雌雉時哉以此解上義也時者是也供猶設也言子路見雉在山梁因設食物以張之雉性明微知其非常三嗅而作去不食其供也

正言雌者記子路所見也

論語集解義疏卷第五

論語集解義疏卷第六

魏　何晏　集解

梁　皇侃　義疏

論語先進第十一

疏 先進者此篇明弟子進受業者先後也所以次前者既還敎鄉黨則進受業者宜有先後故先進次鄉黨也

子曰先進於禮樂野人也後進於禮樂君子也 註 先進後進謂士先後輩也禮樂因世損益後進與禮樂俱得時之中斯君子矣先進有古風斯野人也

如用之則吾從先進【註】苞氏曰將移風易俗歸之純素先進猶近古風故從之【疏】子曰至先進。云子將欲還淳反素重古賤今故稱禮樂有君子野人之異也先進後進者謂先後輩人也先輩謂五帝以上也後輩謂三王以還也進於禮樂者謂其時輩人進行於禮樂者也野人質朴之稱也君子會時之目也孔子言以今人文觀古古質而今文文則能隨時之中此故爲當世之君子也質則朴素而違俗是故爲當世之野人也云如用云云者如猶若也若比方先後二時而用爲教則我從先進者也所以然者古爲純素故可從式。【註】先進至人也。云先進云云者時淳則禮樂損時澆則禮樂益若以益觀損損則爲野人若以損行益益則爲君子也云後進云云者此謂以益行益俱得時中故謂爲君子也云先進云云者以今觀昔則有古風以古比今故爲野人。【註】苞氏曰至從之

○先進比三王乃爲古比結繩則爲今故云近古也

子曰從我於陳蔡者皆不及門者也【註】鄭玄曰言弟子之從我而厄於陳蔡者皆不及仕進之門而失其所也【疏】子曰至者也○孔子言時世亂離非唯我道不行只我門徒雖從我在陳蔡者亦失于時不復及仕進門也張憑曰道之不行命也唯聖人安時而處從故不期於通塞然從我於陳蔡者何能不以窮達爲心耶故感於天地將閉君子道消而恨二三子不及開泰之門也

德行顏淵閔子騫冉伯牛仲弓言語宰我子貢政事冉有季路文學子游子夏【疏】德行至子夏○此章初無子曰者是記者所書並從孔子印可而錄在論中也云德行云云者孔子門徒三千而唯有此以下十人名爲四科

四科者德行也言語也政事也文學也德行爲人生之本故爲第一以冠初也而顏閔及二冉合其名矣王弼曰此四科者各舉其才長也顏淵德行之俊尤兼之矣范甯曰德行謂百行之美也四子俱雖在德行之目而顏子爲其冠云言語宰我子貢者第二科也宰我及端木二人合其目也范甯曰言語謂賓主相對之辭也云政事冉有季路者第三科也冉仲二人合其目也范甯曰政事謂治國之政也云文學子游子夏者第四科也言偃及卜商二人合其目也范甯曰文學謂善先王典文王弼曰弟子才不徒十蓋舉其美者以表業分名其餘則各以所長從四科之品也侃案四科次第立德行爲首乃爲可解而言語爲次者言語君子樞機爲德行之急故次德行也而政事是人事之別比言語爲緩故次言語也文學指博學古文故比三事爲泰故最後也

子曰回也非助我者也於吾言無所不說注孔安國

曰助猶益也言回聞言卽解無可發起增益於己也疏子曰至不說○聖人爲教須賢啓發游參之徒聞言輒問是助益於我以增曉導而顏淵嘿識聞言說解不嘗口諮於我教化無益故云非助我者於吾言無所不說也孫綽曰所以每說吾言理自元同耳非爲助我也言此欲以曉衆且明理也

子曰孝哉閔子騫人不閒於其父母昆弟之言註陳群曰言閔子騫爲人上事父母下順兄弟動靜盡善故人不得有非閒之言也疏子曰至之言○閒猶非也昆兄也謂兄爲昆昆明也尊而言之也言子騫至孝事父母兄弟盡於美善故凡人物論無有非閒之言於子騫者也故顏延之云言之無閒謂盡美也

南容三復白圭注孔安國曰詩云白圭之玷尚可磨也斯言之玷不可爲也南容讀詩至此三反覆之是其心愼言也孔子以其兄之子妻之疏南容至妻之。云南容三復白圭者復猶反也詩云白圭之玷尚可磨也斯言之玷不可爲也是白玉有玷缺尚可磨治令其全好若人言忽有瑕玷則駟馬不及故云不可爲也南容愼言語讀詩至白圭之句乃三過反覆修翫無已之意也云孔子云云者重明南容蒙孔子之姻其善非一故更記之也苞述云南容深味白圭擬志無玷豈與縲紲非罪同其流致猶夫子之情實深天屬崇義弘教必自親始觀二女攸歸見夫子之讓心也侃已有釋在公冶長篇中也

季康子問弟子孰爲好學孔子對曰有顏回者好學

不幸短命死矣今也則亡未聞好學者【疏】季康子至學者○孫綽曰不應生而生爲幸不應死而死曰不幸侃謂此與哀公問同而荅異者舊有二通一云緣哀公有遷怒貳過之事故孔子因荅以箴之也康子無此事故不煩言也又一云哀公是君之尊故須具荅而康子是臣爲卑故略以相酬也故江熙曰此與哀公問同哀公雖無以賞要以極對至於康子則可量其所及而荅也

顔淵死顔路請子之車以爲之槨【註】孔安國曰顔路顔淵之父也家貧故欲請孔子之車賣以作槨子曰才不才亦各言其子也鯉也死有棺而無槨吾不可徒行以爲之槨以吾從大夫之後吾以不可

徒行注孔安國曰鯉孔子之子伯魚也孔子時爲大夫故言吾從大夫之後不可以徒行是謙之辭也疏顏淵死至徒行○云顏淵死云云者顏路顏淵父也淵家貧死無椁故其父就孔子請車賣以營椁也繆協曰顏路之家貧無以備禮而顏淵之德美稱於聖師喪予之感痛之愈深二三子之徒將厚其禮路卒情而行恐有未允而未審制義之輕重故託請車以求聖教也云子曰云云者孔子將不以車與之故先說此以拒之才謂顏淵也不才謂鯉也言才與不才誠當有異若各本天屬於其父則同是其子也云鯉也云云者旣天屬各深昔我子死我自有車尚不賣之營椁今汝子死寧欲請我之車耶繆協曰子雖才不可貧求備雖不才而豐儉亦各有禮制之由父故鯉死也而無椁也云吾不云云者又解所以不爲鯉作椁之由也徒猶步也言我不賣車而步行爲子作椁也

論語集解義疏卷六

云以吾云云者又解不步行之意也言大夫位爵已尊不可步行故也然實爲大夫而云從大夫後者孔子謙也猶今人爲府國官而云在府末國末也江熙曰不可徒行距之辭也可則與故仍脫左驂賻　舊館人不可則距故不許路請也鯉也無椁將以　之且塞厚葬也

顏淵死子曰噫註苞氏曰噫痛傷之聲也天喪予天喪予註天喪予者若喪己再言之者痛惜之甚也

疏顏淵死至喪予。云顏淵死子曰噫者噫痛傷之聲也淵死遣使報孔子孔子傷痛之故云噫也云天喪予者喪猶亡也予我也夫聖人出世必須賢輔如天將降雨必先山澤出雲淵未死則孔道猶可冀縱不爲君則亦得　爲教化今淵既死是孔道亦亡故云天喪我也劉歆曰顏是亞聖人之偶然則顏孔自然之對物一氣之別形元妙所以藏寄既道旨所由讚明敘顏淵死則夫子體缺故曰天喪予意諒卒實之情非過痛之辭將求聖賢之域宜自此覺之也繆播曰夫投竿測深安知江海之有懸也何者俱不究其極也是以西河之人疑子夏爲夫子武叔賢子貢於仲尼斯非其類耶顏回盡形形外者神故知孔子理在回知淵亦唯孔子也

顏淵死子哭之慟【註】馬融曰慟哀過也從者曰子慟矣子曰有慟乎【註】孔安國曰不自知己之悲哀過也非夫人之爲慟而誰爲慟【疏】顏淵死至爲慟○云顏淵死子哭之慟者謂顏淵死孔子往顏家哭之也慟謂哀甚也既如喪己所以慟也郭象曰人哭亦哭人慟亦慟蓋無情者與物化也繆協曰聖人體無哀樂而能以哀樂爲體不失過也云從者曰子慟矣者從者謂諸弟子也隨孔子往顏淵家有見孔子哀甚故云子慟矣云子曰有慟乎者孔子不自知慟故問

之有慟乎云非夫人之爲慟而誰爲慟者初既不自知又向諸弟子明所以慟意也夫人指顏淵也言若不爲顏淵哀慟而應爲誰慟事也

顏淵死門人欲厚葬之子曰不可【註】禮貧富各有宜顏淵家貧而門人欲厚葬之故不聽也門人厚葬之子曰回也視予猶父也予不得視猶子也非我也夫二三子也【註】馬融曰言回自有父父意欲聽門人厚葬之我不得制止也非其厚葬故云爾也

【疏】顏淵死至子也○云顏淵死門人欲厚葬之者顏淵之門徒見師貧而已欲厚葬之也一云是孔子門人欲厚葬朋友也云子曰不可者孔子止門人之厚葬故云不可也王弼曰有財死則有禮

無財則已焉既而備禮則近厚葬矣故云孔子不聽也云門人厚葬之者不從孔子言也范甯曰厚葬非禮故不許也門人欲厚葬何也緣回父有厚葬之意故欲遂門人之深情也云子曰云云者回事我在三如一故云視予猶父也我葬鯉無槨而不能止回無槨是視回不得猶子也云非我也夫二三子也者言此貧而過禮厚葬非是我意也故是夫二三子意也二三子則顏路亦在其中也范甯曰言回雖以父事我我不得以子遇回雖曰師徒義輕天屬今父欲厚葬豈得制止言厚葬非我之教出乎門人之意耳此以抑門人而救世弊也○註非其厚葬○非猶鄙薄

季路問事鬼神子曰未能事人焉能事鬼曰敢問死

曰未知生焉知死註陳群曰鬼神及死事難明語之無益故不荅也疏季路問至知死○云季路問事鬼神者外教無三世之義

見乎此何也周孔之教唯說現在不明過去未來而子路此問事鬼神政言鬼神在幽冥之中其法云何也此是問過去也【云】子曰云云【者】孔子言人事易汝尚未能則何敢問幽冥之中乎故云焉能事鬼【云】曰敢問死【者】此又問當來之事也言問今日以後死事復云何也【云】曰未知生焉知死【者】亦不荅之也言汝尚未知即見生之事難明又焉能豫問知死沒也顧歡曰夫從生可以善死盡人可以應神雖幽顯路殊而誠恒一苟未能此此問之無益何處問彼耶

閔子騫侍側誾誾如也子路行行如也冉有子貢侃侃如也子樂【註】鄭玄曰樂各盡其性也行行剛強之貌也曰若由也不得其死然【註】孔安國曰不得以壽終也【疏】閔子騫至死然。【云】閔子騫侍側誾誾如也【者】卑者在尊者之側曰侍此明子騫侍於孔子座側也誾誾中正也子騫性中正也云子路行行如也者亦侍孔子座側也行行剛强貌也子路性剛强也云冉有子貢侃侃如也者此二人亦侍側也侃侃和樂也二子竝和樂也云子樂者孔子見四子之各極其性無所隱情故我亦權樂也云曰若由也不得其死然者孔子見子路獨剛强故發此言也由子路名也不得其死然謂必不得壽終也後果死衞亂也袁氏曰道直時邪自然速禍也

魯人爲長府閔子騫曰仍舊貫如之何何必改作註鄭元曰長府藏名也藏財貨曰府仍因也貫事也因舊事則可何乃復更改作也子曰夫人不言言必有中註王肅曰言必有中善其不欲勞民更改

作也【疏】魯人至有中。云魯人爲長府者魯人魯君臣爲政者爲作也長者藏名也魯人爲政更造作長府也云閔子騫曰云云者子騫譏魯人也仍因也貫事也言爲政之道因舊事自是如之何何必須與有所改作耶如之何猶奈何也云子曰云云者夫人指子騫也言子騫性少言語言語必中於事理也。【註】藏財貨曰府。財貨錢帛也藏錢帛曰府藏兵甲曰庫也

子曰由之鼓瑟奚爲於丘之門【註】馬融曰言子路鼓瑟不合雅頌也門人不敬子路子曰由也升堂矣未入於室也【註】馬融曰升我堂矣未入室耳門人不解謂孔子言爲賤子路故復解之也【疏】子曰至室也。云子曰云云者子路性剛其鼓琴瑟亦有壯氣孔子知其必不得以壽終故每抑之汝鼓瑟得在於

我門我門文雅非用武之處也故自稱名以抑之也奚何也侃謂此門非謂孔子所住之門故是聖德深奧之門也故子貢荅武叔曰得其門者或寡也云門人不敬子路者門人見孔子譏瑟便不復敬子路也云子曰云云者孔子見門人不敬子路故又爲解之也古人當屋棟下隔斷爲　窗戶之外曰堂窗戶之內曰室孔子言子路爲弟子才德已大雖未親入我室亦已登升我堂未易可輕慢也若近而言之即以屋之堂室爲喻若推而廣之亦謂聖人妙處爲室麤處爲堂故子路得堂顏子入室故下章說善人云亦不入於室是也所以此前言入於門而門人不敬爲其不敬故引之於堂也○註馬融曰至解之也○孔子譏瑟本非謂子路可輕政在於行耳而門人不達斯意承而慢之孔子解說之也

子貢問曰師與商也孰賢乎子曰師也過商也不及

註孔安國曰言俱不得中也曰然則師愈與子曰過猶不及也註愈猶勝也疏子貢問至及也○云子貢問云云者師子張商子夏也孰誰也子貢問孔子欲辨師商誰爲賢勝也云子曰師也過者過謂子張性繁冗爲事好在僻過而不止也云商也不及者言子夏性疏闊行事好不及而止也云曰然則師愈與者愈勝也子貢又問若師爲事好過好過則爲勝耶云子曰過猶不及者荅言既俱不得中則過與不及無異也故云過猶不及也江熙云聖人動爲物軌人之勝否未易輕言兩既俱未得中是不明其優劣以貽於來者也

季氏富於周公註孔安國曰周公天子之宰卿士也而求也爲之聚斂而附益之註孔安國曰冉求爲

季氏宰爲之急賦稅也子曰非吾徒也小子鳴鼓攻之可也【註】鄭元曰小子門人也鳴鼓聲其罪以責也【疏】季氏至可也○云季氏富於周公者季氏魯臣也周公天子臣食采於周爵爲公故謂爲周公也蓋周公旦之後也天子之臣地廣祿大故周公宜富諸侯之臣地狹祿小季氏宜貧而今僭濫遂勝天子臣故云季氏富於周公也云而求也云云者求冉求也季氏已富而求時仕季氏爲季氏邑宰又助斂聚急賦稅以附益季氏之富也云子曰非吾徒也者徒門徒也孔子言冉求昔雖是我門徒而我門徒皆尚仁義今冉求遂爲季氏急聚斂則非復吾門徒也故禮云孟獻子曰百乘之家不畜聚斂之臣與其畜聚斂之臣寧有盜臣言盜臣乃傷財而聚斂之臣則傷仁義傷財不如傷仁義云小子云云者小子門徒諸弟子也攻治也求既爲季氏聚斂故孔子先云非復我門徒

又使諸弟子鳴鼓治之也所以鳴鼓者若直爾而治不言其過則聞之者局故鳴鼓而且言之則聞者衆也繆協云季氏不能納諫故求也莫得匡救匡救不存其義屈故曰非吾徒也致譏於求所以深疾季氏子然問明其義也。註孔安國曰至上也。天子之宰卿謂冢宰也冢宰是有事之職故云卿士也。註孔安國曰至稅也。急賦稅謂斂民下財帛也

柴也愚註弟子高柴也字子羔愚愚直之愚也參也魯註孔安國曰魯鈍也曾子遲鈍也師也僻註馬融曰子張才過人失在邪僻文過也由也喭註鄭元曰子路之行失於吸喭也子曰回也其庶乎屢空賜不受命而貨殖焉億則屢中註言回庶幾聖

十

道雖數空匱而樂在其中矣賜不受教命唯財貨是殖億度是非蓋美回所以勵賜也一曰屢猶每也空猶虛中也以聖人之善道教數子之庶幾猶不至於知道者各內有此害其於庶幾每能虛中者唯回懷道深遠不虛心不能知道子貢無數子病然亦不知道者雖不窮理而幸中雖非天命而偶富亦所以不虛心也【疏】柴也至屢中○云柴也愚者此以下評數子各有累也柴弟子也其累在於愚也王弼云愚好仁過也云參也魯者參曾參也魯遲鈍也言曾子性遲鈍也王弼云曾質勝文也云師也僻者師子張也子張好文其過故云僻也王弼云僻飾過差也

云由也喭者由子路也子路性剛失在吸喭也王弼云喭剛猛也云子曰回也其庶乎屢空者記者上列四子病重於先自此以下引孔子更舉顏子精能於後解此義者凡有二通一云庶庶幾也屢每也空窮匱也顏子庶慕於幾故遺忽財利所以家每空貧而簞瓢陋巷也故王弼云庶幾慕聖忽忘財業而數空匱也又一通云空猶虛也言聖人體寂而心恒虛無累故幾動即見而賢人不能體無故不見幾但庶幾慕聖而心或時而虛故曰屢空其虛非一故屢名生焉故顏特進云空非回所體故庶而數得故顧歡云夫無欲於無欲者聖人之常也有欲於無欲者聖人之分也二欲同無故全空以目聖一有一無故每虛以稱賢賢人自有觀之則無欲於有欲自無觀之則有欲於無欲虛而未盡非屢如何大史叔明申之云顏子上賢體具而微則精也故無進退之事就義上以立屢名按其遺仁義忘禮樂隳支體黜聰明坐忘大通此忘有之義也忘有頓盡非空如何若以聖人驗之

聖人忘忘大賢不能忘忘不能忘忘心復爲未盡一未一空故屢各生也焉云賜不受命而貨殖焉者此孔子又評子貢累也亦有二通一云不受命者謂子貢性動不能信天任命是不受命也而貨殖者財物曰貨種藝曰殖子貢家富不能清素所以爲惡也又一通云殷仲堪云不受矯君命江熙云賜不榮濁世之祿亦幾庶道者也雖然有貨殖之業恬愉不足所以不敢望回耳亦曰不受命者謂子貢不受孔子教命故云不受命也云憶則屢中者此亦有二通一云憶謂心憶度事宜也言子貢性好憶度是非而屢幸中亦是失也故君子不憶不信也又一通云雖不虛心如顏而憶度事理必亦能屢中也故左傳邾隱公朝魯執玉高其容仰魯定公受玉卑其容俯子貢曰以禮觀之二君皆有死亡君爲主其先亡乎是歲定公卒仲尼曰賜不幸而言中是使賜多言者也此憶中之類也王弼曰命爵命也憶憶度也子貢雖不受爵命而能富雖不窮理而幸中蓋不逮顏之庶幾輕四子

所病故稱子曰以異之也。注言回至心也。云言回云云屢賜也者此注與前通並會云一曰屢猶每也空猶虛中也者此以下並是後解也中猶心也謂虛心也禮曰虛中以治之云以聖人之善道者謂孔子也云教數子之庶幾者柴參之屬也並被孔子教於庶幾之事也云猶不云云此害者道謂庶幾之道也緣其各有愚魯辟喭之害故不能至知庶幾之事云其於云云深遠者唯回一人能懷道深遠故庶幾虛心云不虛心不能知道者更明所以須虛心之義也庶幾之道深遠也欲知庶幾者虛心乃知其道也云子貢無數子病者無愚魯辟喭之病也云然亦不知道者者既無病應能庶幾何亦不能乎云雖不窮理而幸中者解其不知之由也中先解憶則屢中也言子貢不能虛心心好憶度雖不能窮理如顏而有時幸中幸中故不能知大道也云雖非天命而偶富者此釋不受命而貨殖焉也雖非天命者謂雖非受當時天子之命也偶富者謂家自偶富非祿位所得也然

雖非時祿而富之亦非清處之士故亦不知大道云亦所以不虛心也者憶事幸中及家富榮心所以迹不虛心也

子張問善人之道子曰不踐迹亦不入於室【注】孔安國曰踐循也言善人不但循追舊迹而已亦多少能創業然亦不能入於聖人之奧室也子曰論篤是與君子者乎色莊者乎【注】論篤者謂口無擇言君子者謂身無鄙行也色莊者不惡而嚴以遠小人者也言此三者皆可以爲善人也【疏】子張問至者乎○云子張問善人之道者此問善人非聖人也問其道云何而可謂爲善人也云子曰不踐迹者荅善人

之法也踐循也迹舊迹也言善人之道亦當別宜創建善事不得唯依循前人舊迹而已云亦不入於室者又雖有創立而未必使能入聖人奧室也能入室者顔子而已云子曰云云者此亦荅善人之道也當是異時之問故更稱子曰俱是荅善故共在一章也篤厚也言善人有所論説必出篤厚謹敬之辭也故云論篤是與也又能行君子之行故云君子者乎又須顔色莊嚴故云色莊者乎○註孔安國曰至室也○創業謂創仁義之業也聖人之奧室即前云子路升堂矣未入於室是也○註論篤至人也○云論篤者謂口無擇言者擇者除麤取好之謂也論篤是言語并善故復無可擇之言也云君子者云云者所行皆善故無鄙惡也然此注亦與上互也云色莊者云云者威而不猛是也云言此云云者三者言行色也云必備三皆可爲善人明若能有一則亦可爲善人不必備三也殷仲堪云夫善者淳穆之性體之自然雖不擬步往迹不能入闕奧室論篤質正有君子之一致

焉

子路問聞斯行諸（註）苞氏曰賑窮救乏之事也子曰有父兄在如之何其聞斯行之也（註）孔安國曰當白父兄不可得自專也冉有問聞斯行諸子曰聞斯行之公西華曰由也問聞斯行諸子曰有父兄在求也問聞斯行諸子曰聞斯行之赤也惑敢問（註）孔安國曰惑其問同而荅異也子曰求也退故進之由也兼人故退之（註）鄭元曰言冉有性謙退子路務在勝尚人各因其人之失而正之（疏）子路問至

退之。云子路問聞斯行諸者斯此也此此於賑
窮救乏之事也諸之也子路問孔子若聞有周窮
救乏事便得行之不乎云子曰有父兄在者人子
無私假與故若有事必先啓告父兄也云如之何
其聞斯行之者既由父兄故己如何聞而行乎言
不可也云冉有問聞斯行諸者與子路問同也云
子曰聞斯行之者此荅異也言聞而即行之也云
公西華云云者公西華疑二人問同而荅異故先
領二人之問荅也此領子路問荅也云求也云云
者此領冉有之問荅也求冉有名也云赤也惑者
惑疑惑也二人問同而孔子荅異故己生疑惑赤
公西華名也云敢問者敢果敢也既惑其深故果
敢而問之云子曰求也退故進之者荅所以荅異
義也言冉求謙退故引之令進所以不云先白父
兄也云由也兼人故退之者言子路性行行兼人
好在率爾故抑退之必令白父兄也或問曰禮若
必諮父兄則子路非抑若必不諮則冉求非引今
夫子云進退請問其旨或荅曰夫賑施之理事有

大小大者車馬小或一飡若其大者必諮小可專行而由施無大小悉竝不諮求大小悉諮今故抑由之不諮欲令其竝諮引冉之必諮令其竝不諮也但子路性進雖抑而不患其退冉求性退雖引不嫌其過也

子畏於匡顏淵後【注】孔安國曰言與孔子相失故在後也子曰吾以汝爲死矣曰子在囘何敢死【注】苞氏曰言夫子在已無所敢死也【疏】子畏至敢死○云子畏於匡顏淵後者猶是前被匡人誤圍時顏淵與孔子俱爲匡圍孔子先得出還至家而顏淵後乃得出還至也云子曰吾以汝爲死矣者淵後至而孔子云汝不還我言汝當死於匡難中云曰子在囘何敢死者顏淵之荅其有以也夫聖賢影響如天降時雨山澤必先爲出雲孔子既在世則顏囘理不得死

死則孔道便絶故淵死而孔云天喪予也庾翼云顔子未能盡窮理之妙妙有不盡則不可以涉險津理有未窮則不可以冒屯路故賢不遭聖運否則必隱聖不值賢微言不顯是以夫子因畏匡而發問顔子體其旨而仰酬稱入室爲指南啓門徒以出處豈非聖賢之誠言互相與爲起予者也李充云聖無虛慮之悔賢無失理之患而斯言何與乎將以世道交喪利義相蒙或殉名以輕死或昧利以苟生苟生非存理輕死非明節故發顔子之死對以定死生之命也○註孔安國曰至後也○於圍中相失也

季子然問仲由冉求可謂大臣與註孔安國曰季子然季氏之子弟也自多得臣此二子故問之也子曰吾以子爲異之問曾由與求之問註孔安國曰

謂子問異事耳，則此二人之問安足爲大臣乎所謂大臣者以道事君不可則止今由與求也可謂具臣矣【註】孔安國曰言備臣數而已也曰然則從之者與【註】孔安國曰問爲臣皆當從君所欲耶子曰弑父與君亦不從也【註】孔安國曰二子雖從其主亦不與爲大逆也【疏】季子然問至從也。○云季子然問云云者季子然季氏家之子弟也時仲由冉求仕季氏家季子然自夸己家能得此二賢爲臣故問孔子以謂此二人可謂大臣不也○云子曰云云者此因荅而拒之也子指子然也言子今所問是異事也所以是異事之問者由求非大臣而汝云可謂大臣故謂汝爲異事之問也○云曾由與求之問者此是舉異問也曾猶則也言汝問所以是異者則問由與求是異問也云所謂云云者此明大臣之事也以道事君謂君有惡名必諫也不可則止謂三諫不從則越境而去者也云今由云云者言今由求二人亦不諫諫若不從則亦不去不可名此爲大臣乃可名爲備具之臣而已也云曰然則從之者與者子然聞孔子云二人不爲大臣故更云既不以道及不可則不止若如此者其君有惡事則二人皆從君爲之不乎云子曰云云者答言雖不諫不止若君有弑上之事則二人亦所不從也孫綽云二子者皆政事之良也而不出具臣之流所免者唯弑之事其罪亦豈少哉夫抑揚之教不由乎理將以深激子然以重季氏之責也繆協稱中正曰所以假言二子之不能盡諫者以說季氏雖知貴其人而不能敬其言也○注孔安國曰至問之也○自多猶言己有豪勢能得臣此二人爲多也○注孔安國曰謂子問異事耳○謂汝所問爲異事之問也

子路使子羔爲費宰子曰賊夫人之子【註】苞氏曰子羔學未熟習而使爲政所以賊害人也子路曰有民人焉有社稷焉何必讀書然後爲學【註】孔安國曰言治民事神於是而習亦學也子曰是故惡夫佞者【註】孔安國曰疾其以口給應遂己非而不知窮者也【疏】子路至佞者○云子路使子羔爲費宰者費季氏采邑也季氏邑宰叛而子路欲使子羔爲季氏邑宰也云子曰賊夫人之子者賊猶害也夫人之子指子羔也孔子言子羔習學未習熟若使其爲政則必乖僻乖僻則爲罪累所及故云賊夫人之子也張憑云季氏不臣由不能正而使子羔爲其邑宰直道而事人焉往不致弊枉道而事人不亦賊夫人之子乎云子路曰云云

者子路云既邑有民人社稷今爲其宰則是習治民事神此卽是學亦何必在於讀書然後方謂爲學乎【云】子曰云云者孔子以此語罵子路也佞口才也我言子羔學未習熟所以不欲使之爲政而汝仍云有民神亦是學何必讀書此是佞辨之辭故古人所以惡之也繆協云子路以子羔爲學藝可仕矣而孔子猶曰不可者欲令愈精愈究也而于時有以佞才惑世竊位要名交不以道仕不由學以之宰牧徒有民人社稷比之子羔則長短相形子路舉茲以對者所以深疾當時非美之也夫子善其來旨故曰是故惡夫佞者此乃斥時豈譏由乎

子路曾皙【註】孔安國曰曾皙曾參父也名點也冉有公西華侍坐子曰以吾一日長乎爾無吾以也【註】孔安國曰言我問汝汝無以我長故難對也居則

曰不吾知也註孔安國曰汝常居云人不知己也
如或知爾則何以哉註孔安國曰如有用汝者則
何以爲治乎子路卒爾而對註卒爾先三人對也
曰千乘之國攝乎大國之閒加之以師旅因之以
饑饉註苞氏曰攝攝迫乎大國之閒也由也爲之
比及三年可使有勇且知方也註方義方也夫子
哂之註馬融曰哂笑也求爾何如對曰方六七十
如五六十註求性謙退言欲得方六七十如五六
十里小國治之而已也求也爲之比及三年可使

足民也如其禮樂以俟君子註孔安國曰求自云能足民而已謂衣食足也若禮樂之化當以待君子謙之辭也赤爾何如對曰非曰能之願學焉宗廟之事如會同端章甫願爲小相焉註鄭玄曰我非自言能也願學爲之宗廟之事謂祭祀也諸侯時見曰會殷見曰同端玄端也衣玄端冠章甫諸侯日視朝服也小相謂相君禮者點爾何如鼓瑟希註孔安國曰思所以對故其音希也鏗爾舍瑟而作對曰異乎三子者之撰註孔安國曰置瑟起

對也撰具也爲政之具也鏗爾者投瑟之聲也子曰何傷乎亦各言其志也註孔安國曰各言己志於義無傷之曰暮春者春服既成得冠者五六人童子六七人浴乎沂風乎舞雩詠而歸註苞氏曰暮春者季春三月也春服既成者衣單袷之時也我欲得冠者五六人童子六七人浴於沂水之上風涼於舞雩之下歌詠先王之道歸夫子之門也夫子喟然歎曰吾與點也註周生烈曰善點之獨知時也三子者出曾皙後曾皙曰夫三子者之言

何如子曰亦各言其志也已矣曰吾子何哂由也子曰爲國以禮其言不讓是故哂之【註】苞氏曰爲國以禮禮道貴讓子路言不讓故笑之也唯求則非邦也與安見方六七十如五六十而非邦也者唯赤則非邦也與宗廟之事如會同非諸侯如之何【註】孔安國曰明皆諸侯之事與子路同徒笑子路不讓也赤也爲之小相孰能爲之大相【註】孔安國曰赤謙言小相耳孰能爲大相者也【疏】子路至大相。【云】子路云云者此四弟子侍孔子坐也【云】子曰云云者道孔子將欲令四子言志故先說此言以勸引之也爾汝也言吾今一日年齒長大於汝耳汝等無以言吾年長而不敢言己志也云居則曰不吾知也者居謂弟子常居時也吾弟子自謂也言汝等常居之日則皆自云無知吾者也云如或云云者言汝或有人欲知用汝等汝等則志各欲何爲治哉云子路卒爾而對者禮侍坐於君子君子問更端則起而對及宜顧望而對而子路不起又不顧望故云卒爾對也卒爾謂無禮儀也云曰千乘之國攝乎大國之閒者此子路言志也千乘大國也攝迫也大國又大於千乘者也言己願得治於大國而此大國又有迫近他大國之閒所謂他大國挾己國於中也云加之以師旅者言他大國以師旅兵刃加陵於己所治之國也云因之以饑饉者乏穀爲饑乏菜爲饉言己國既被四方大國兵陵又自國中因大荒饑也云由也爲之者爲猶治也言己國以爲他兵所加又荒饑日久由願得此國治之云比及云云者比至也言由治此國至於三年而使民人皆勇健又皆知識義方也云夫子

哂之者哂笑也孔子聞子路之言而笑之也云求爾何如者哂由既竟而餘三人無言故孔子又問冉求汝志何如也云對曰方六七十者求荅言志也言願得國地方六七十里者而已治之也云如五六十者意又自嫌向所言方六七十爲大故又退言如方五六十里者也一云願六七十者如五六十大者己欲得其小也云求也云云者言己願治此小國若至三年則能使民人足也云如其禮樂以俟君子者又謙也言己乃能足民而已若教民之禮樂則己所不能故請俟君子爲之也云赤爾何如者求荅已竟故更問公西華也云對曰云云者赤荅也非曰猶非謂也荅曰已非謂自能願從此而後學爲之也云宗廟之事如會同者此以下並言願所學之事也宗廟之事謂人君祭祀之事如會同諸侯有會同之事時也云端章甫願爲小相焉者端元端之服也章甫謂章甫之冠也言願君有祭祀及會同之事而已元端服章甫之冠也爲小相相君之禮云點爾何如者赤荅既竟又

問曾晳也云鼓瑟希者鼓猶彈也希踈也點政彈瑟既得孔子之問將思所以對之言故彈瑟手遲而聲希也云鏗爾舍瑟而作者鏗投瑟聲也舍投也作起也點思所對之辭將欲仰荅故投瑟而起對也起對者禮也點獨云起則求赤起可知也云對曰云云者撰具也點起而對云己所志者異於路求赤三子之志所具也所具卽千乘之國等是也云子曰云云者孔子聞點志異故云人性所志各異亦何傷乎汝但當言之云曰暮春者春服既成者此點言志也暮春謂建辰夏之三月也年有四時時有三月初月爲孟次者爲仲後者爲季季春是三月也不云季春而云暮春者近月末也月末其時已暖也春服成者天時暖而衣服單袷者成也云得冠者五六人者已加冠成人者也五六者趣舉其數也云童子六七人者童子未冠之稱也又有未冠者六七人也或云冠者五六五六三十人也童子六七六七四十二人也四十二就三十合爲七十二人也孔門升堂者七十二人也云

浴乎沂者沂水名也暮春者既暖故與諸朋友相隨往沂水而浴也云風乎舞雩者風風涼也舞雩請雨之壇處也請雨祭謂之雩雩吁也民不得雨故吁嗟也祭而巫舞故謂爲舞雩也沂水之上有請雨之壇壇上有樹木故入沂浴出登壇庇於樹下逐風涼也故王弼云沂水近孔子宅舞雩壇在其上壇有樹木游者託焉也云詠而歸者浴竟涼罷日光既稍晚於是朋友詠歌先王之道歸還孔子之門也云夫子喟然歎曰吾與點也者孔子聞點之願是以喟然而歎也既歎而云吾與點也言我志與點同也所以與同者當時道消世亂馳競者衆故諸弟子皆以仕進爲心唯點獨識時變故與之也故李充云善其能樂道知時逍遥游詠之至也夫人各有能性各有尚鮮能舍其所長而爲其所短彼三子者之云誠可各言其志矣然此諸賢既已漸染風流飡服道化親仰聖師誨之無倦先生之門豈執政之所先乎嗚呼遽不能一忘鄙願而暫同于雅好哉諒知情從中來不可假已唯

曾生超然獨對揚德音起予風儀其辭精而遠其指高而適亹亹乎固盛德之所同也三子之談於茲陋矣云三子者出者子路求赤三人見孔子與點故已並先出去也云曾晳後者在後未去云曾晳曰云云者晳既留後故問孔子也言向者三子所言者其理如何也云子曰云云者孔子荅言三子之言雖各不同然亦各是其心所志也云曰吾子何哂由也者點呼孔子爲吾子也點又云若各親是言志則孔子何獨笑子路也乎故云何也云子曰云云者荅笑子路之所由也言我笑子路非笑其志也政是笑其卒爾不讓故耳夫爲國者必應須禮讓而子路既願治國而卒爾其言無所謙讓故笑之耳云唯求云云者孔子更證我笑非笑子路之志也若笑子路有爲國之志則冉求亦是志於爲國吾何獨不笑耶既不笑求豈獨笑子路乎故云唯求非邦也與言是邦也安見方六七十如五六十非邦也者亦云是邦也云唯赤云云者又引赤證我不笑子路志也赤云宗廟會同會同

即是諸侯之事豈曰非邦而我何獨不笑乎又明
笑非笑志也云赤也云云者又因不許赤謙也言
赤之才德云自願爲小相若以赤爲小誰堪大者
乎赤又是有明己不笑之故因美之也。註馬融
曰哂笑也。○齒本曰哂大笑口開則哂見故謂哂
爲笑者也。註鄭元曰至禮者。○云宗廟之事謂
祭祀者也四時及禘祫皆是也云諸侯時見曰會殷
見曰同者周禮六服各隨服而來是正朝有數也
而時見曰會此無常期諸侯有不庭服者王將有
征討之事則因朝覲王命爲壇於國外合諸侯而
發禁亦隨其方若東方不服則命與東方諸侯共
征之此是時見曰會也又王十二年一巡狩若王
有事故則六服諸侯並來京師朝王受法此是殷
覜曰同也而鄭元注云殷覜曰同者周禮又有時
聘曰問殷覜曰視並是諸侯遣臣來京師也王有
事故諸侯不得自來而遣臣來聘王此亦無定時
是時聘曰問也又元年六服唯侯服獨來朝京師
人少故諸侯並遣臣來京師視王是殷覜曰視也

鄭元云殷見曰同者廣覜見之言通也云端元端云云者章甫殷冠也然周家諸侯日視朝之服服緇布衣素積裳冠委貌此云元端日視朝者容是周末禮亂者也云小相謂相君禮者者宗廟及會同皆是君事而已願相之耳。註孔安國曰至讓也。徒猶黨輩也言求等所言皆是諸侯事與子路猶是一黨輩耳笑者本是笑其不讓也

論語顔淵第十二

疏顔淵孔子弟子也又爲門徒之冠者也所以次前者進業之冠莫過顔淵故顔淵次先進也

顔淵問仁子曰尅己復禮爲仁註馬融曰尅己約身也孔安國曰復反也身能反禮則爲仁矣一日尅己復禮天下歸仁焉註馬融曰一日猶見歸況終

身乎爲仁由己而由人乎哉【註】孔安國曰行善在己不在人者也顔淵曰請問其目【註】苞氏曰知其必有條目故請問之也子曰非禮勿視非禮勿聽非禮勿言非禮勿動【註】鄭玄曰此四者克己復禮之目也顔淵曰回雖不敏請事斯語矣【註】王肅曰敬事此語必行之【疏】顔淵問至語矣。○云顔淵問仁者問孔子爲仁之道也云子曰云云者克猶約也復猶反也言若能自約儉己身返反於禮中則爲仁也于時爲奢泰過禮故云禮也一云身能使禮反返身中則爲仁也范甯云克責也復禮謂責克己失禮也非仁者則不能責己復禮故能自責己復禮則爲仁矣云一日云云者更解克己復禮所以爲仁之義也言人君若能一日克己復禮則天下之民咸歸於仁君也范甯云亂世之主不能一日克己故言一日也云爲仁云云者行仁一日而民見歸所以是由己不由他人也范甯云言爲仁在我豈俟彼爲仁耶云顔淵曰請問其目者淵又請求克己復禮之條目也云子曰云云者此舉復禮之目也既每事用禮所以是復禮也云顔淵曰云云者回聞條目而敬受之也敏達也斯此也言回雖不達仁禮之理而請敬事此語事猶用也

仲弓問仁子曰出門如見大賓使民如承大祭註孔安國曰爲仁之道莫尚乎敬也己所不欲勿施於人在邦無怨在家無怨註苞氏曰在邦爲諸侯也在家爲卿大夫也仲弓曰雍雖不敏請事斯語矣

疏仲弓問至語矣○云仲弓問仁者亦諮仁也云子曰云云者亦荅仁道也言若行出門恒起恭敬如見大賓見大賓必起敬也又若使民力役亦恒用心敬之如承事大祭大祭祭郊廟也然范甯云大賓君臣嘉會也大祭國祭也仁者舉動使民事如此也傳稱曰季言出門如賓承事如祭仁之則也云己所不欲勿施於人者恕己及物則爲仁也先二事明敬後一事明恕恕敬二事乃爲仁也云在邦無怨在家無怨者在邦爲諸侯也在家爲卿大夫也既出門及使民皆敬又恕己及物三事並足故爲民人所懷無復相怨者也

司馬牛問仁子曰仁者其言也訒注孔安國曰訒難也牛宋人弟子司馬犂也曰其言也訒斯可謂之仁已矣乎子曰爲之難言之得無訒乎注孔安國

曰行仁難言仁亦不得不難矣疏司馬牛問至訒乎○云司馬牛問仁者司馬牛是桓魋弟也亦問仁也云子曰仁者其言也訒者荅之也訒難也古者言之不出恐行之不逮故仁者必不易出言故云其言也訒一云仁道既深不得輕說故言於人仁事必爲難也王弼曰情發於言志淺則言疎思深則言訒也云曰其云云者牛又疑云言語之難便可謂此爲仁乎一云不輕易言於仁事此便可謂爲仁乎云子曰云云者又荅也爲猶行也凡行事不易則言語豈得妄出而不難乎又一云行仁既難言仁豈得易故江熙云禮記云仁之爲器重其爲道遠舉者莫能勝也行者莫能致也勉於仁者不亦難乎夫易言仁者不行之者也行仁然後知勉仁爲難故不敢輕言也○註牛宋人弟子司馬犂也○犂牛名也

司馬牛問君子子曰君子不憂不懼註孔安國曰牛

兄桓魋將爲亂牛自宋來學常憂懼故孔子解之

曰不憂不懼斯可謂君子已乎子曰內省不疚夫何憂何懼【註】苞氏曰疚病也內省無罪惡無所可憂懼也【疏】司馬牛問至何懼。【云】司馬牛問君子者問行君子之道也【云】子曰云云者荅也君子坦蕩蕩故不憂懼也【云】曰不云云者牛嫌君子之行不啻不憂懼而已故又諮之【云】子曰云云者內省謂反自視己心也疚病也言人生若外無罪惡內村視己心無有慊病則何所憂懼乎。【註】孔安國曰至解之。言牛常愁其兄之罪過及己故孔子釋云君子不應憂懼者也

司馬牛憂曰人皆有兄弟我獨亡【註】鄭玄曰牛兄桓魋行惡死喪無日我獨爲無兄弟也子夏曰商聞

之矣死生有命富貴在天君子敬而無失與人恭而有禮四海之內皆爲兄弟也君子何患乎無兄弟也【註】苞氏曰君子疎惡而友賢九州之人皆可以禮親也【疏】司馬牛憂至弟也○云司馬牛憂者爲其兄桓魋有罪故己恒憂也所以孔子前荅云君子不憂也云曰人云云者此所憂之事也亡無也牛兄行惡必致殘滅不旦則夕卽今雖暫在與無何異故云我獨亡也云子夏曰商聞之矣者商子夏名也聞牛之言故自稱名而爲牛解之也不敢言出己故云聞之云死生有命富貴在天者此是我所聞爲說不須憂之事也言死生富貴皆稟天所得應至不可逆憂亦不至不可逆求故云有命在天也然同是天命而死生云命富貴云天者亦互之不可逃也死生於事爲切故云命富貴比死生者爲泰故云天天比命則天爲

緩也繆播云死生者所稟之性分富貴者所遇之通塞人能命養之以福不能令所稟易分分不可易命也能脩道以待賈不能遭時必泰泰不可必天也天之爲言自然之勢運不爲主人之貴賤也云君子敬而無失者死生富貴既理不易故當委之天命此處無憂而此句以下自可人事易爲脩理也敬而無失是廣愛衆也君子自敬己身則與物無失者也云與人恭而有禮者此謂恭而親仁也人猶仁也若彼有仁者當恭而禮之也云四海之内皆爲兄弟也者疏惡者無失善者恭禮故四海九州皆可親禮如兄弟也云君子何患乎無兄弟也者既遠近可親故不須憂患於無兄弟也○註死喪無日○無日猶無後餘一日也○註包氏曰至親也○疏惡解敬而無失友賢釋與人恭而有禮也

子張問明子曰浸潤之譖膚受之愬不行焉可謂明

也已矣（註）鄭元曰譖人之言如水之浸潤以漸成人之禍也馬融曰膚受之愬皮膚外語非其內實也浸潤之譖膚受之愬不行焉可謂遠也已矣（註）馬融曰無此二者非但爲明其德行高遠人莫能及之也（疏）子張問至已矣○（云）子張問明者問人行何事而可謂之明乎（云）子曰浸潤之譖者荅也浸潤猶漸漬也譖讒謗也夫拙爲讒者則人易覺巧爲讒者日日漸漬細進譖當時使人受而不覺如水之浸潤漸漬久久必溼也故謂能讒者爲浸潤之譖也（云）膚受之愬者膚者人肉皮上之薄縐也愬者相訴訟讒也拙相訴者亦易覺也若巧相訴害者亦日日積漸稍進爲如人皮膚之受塵垢當時不覺久久方覩不淨故謂能訴害人者爲膚受之愬也（云）不行云云者言人若覺彼

浸譖膚訴害使二事不行則可謂爲有明也云浸
潤云云者又廣荅也言若使二事不行非唯是明
亦是高遠之德也孫綽云問明而及遠者其有高
旨乎夫賴明察以勝讒猶火發滅之以水雖消災
有方亦已殆矣若遠而絕之則佞根元拔鑑巧無
跡而遠體默全故知二辭雖同而後喻彌深微顯
之義其在茲乎顏延之云譖潤不行雖由於明明
見之深乃出於體遠體遠不對於情爲故功歸於
明見斥言其功故曰明極言其本故曰遠也○註
鄭玄曰至禍也○此巧譖者○馬融曰至實也○
巧愬者也如馬意則謂內實之訴可受若皮膚外
語虛妄則謂爲膚受也然馬此注與鄭不類也若
曲曰使相類則當云皮膚外語非內實
者即是膚愬積漸入於皮膚非內實也
子貢問政子曰足食足兵令民信之矣子貢曰必不
得已而去於斯三者何先曰去兵曰必不得已而

去於斯二者何先曰去食自古皆有死民不信不立〔注〕孔安國曰死者古今常道也人皆有之治邦不可失信也〔疏〕子貢問至不立。○云子貢問政者問爲政之法也云子曰云云者答之也食爲民本故先須足食也時澆復須防衞故次足兵也雖有食有兵若君無信則民衆離背故必使民信之也云子貢曰云云者已止也子貢又諮云已奉知治國必須食兵信三事若假令被逼必使除三事之一而辭不得止則三事先去何者耶云曰去兵者若也兵比二者爲劣若事不獲已則先可去兵也云曰必云云者子貢又問雖餘食信二事若假令又被逼使去二事一則先去何者也云曰去食者孔子又答云若復被逼去二中之一則先去食云自古云云者孔子旣答云去食又恐子貢致嫌故更此爲解之也言人若不食乃必致死雖然自古迄今雖復食亦未有一人不死者是食與不食俱是有死也而自古迄今未有一國無信而國安立者今推其二事有死自古而有無信國立自古而無今寧從其有者故我云去食也故李充云朝聞道夕死孔子之所貴捨生取義孟軻之所尚自古有不亡之道而無有不死之人故有殺身非喪己苟存非不亡己也

棘子城曰君子質而已矣何以文爲註鄭元曰舊說云棘子城衛大夫也子貢曰惜乎夫子之說君子也駟不及舌註鄭元曰惜乎夫子之說君子也過言一出駟馬追之不及舌也文猶質也質猶文也虎豹之鞹猶犬羊之鞹也註孔安國曰皮去毛曰鞹虎豹與犬羊別者正以毛文異耳今使文質同

者何以別虎豹與犬羊耶【疏】棘子城曰至鞹也○云棘子城曰云云者棘子城云君子所行但備質樸而足何必用於文華乎云子貢曰云云者子貢聞子城之言而譏之也夫子謂呼子城爲夫子也言汝所說君子用質不用文爲過失之甚故云惜乎夫子說君子云駟不及舌者此所惜之事也駟四馬也古用四馬共牽一車故呼四馬爲駟也人生過言一出口則雖四馬駿足追之亦所不及故云駟不及舌也云文猶質也質猶文也者更爲子城解汝所說君子用質不用文所以可惜之理也將欲解之故此先述其意也言汝意云文猶質質猶文故曰何用文爲者耳云虎豹云云者述子城意竟故此又譬之不可也鞹者皮去毛之稱也虎豹所以貴於犬羊者政以毛文炳蔚爲異耳今若取虎豹及犬羊皮俱滅其毛唯餘皮在則誰復識其貴賤別於虎豹與犬羊乎譬於君子所以貴者政以文華爲別今遂若使質而不文則何以別於君子與衆人乎

哀公問於有若曰年饑用不足如之何有若對曰盍徹乎【注】鄭元曰盍者何不也周法十一而稅謂之徹徹通也爲天下通法也曰二吾猶不足如之何其徹也【注】孔安國曰二謂十二而稅也對曰百姓足君孰與不足百姓不足君孰與足【注】孔安國曰孰誰也【疏】哀公問至與足○云哀公問云云者魯哀公愚暗政苛賦重故民廢其業所以積年饑荒國用不足公若此患故問有若求不饑而用足之法也云有若對曰盍徹乎者盍何不也徹謂十一而稅一也魯起宣公而十稅二至于哀公亦猶十二賦稅既重民飢國乏由於十二故有若荅云今依舊十一故云何不徹也云曰二云云者公聞有若使爲十一故拒之也言稅十取二吾國

家之用猶尙不足今若爲令我十而取一乎故云
如之何其徹也云對曰百姓足君孰與不足者有
若荅君所以合十一之理也言君若輕稅則民下
百姓得寬各從其業業從人寬則家家豐足民既
豐足則豈有事君而不足耶故云百姓足君孰與
不足也孰誰也云百姓不足君孰與足者又云君
既重稅一則民從公先豐二則貧無糧故家家
食空竭人人不足既人人不足故君豈得足故云
君誰與足也故江熙云爲家者與一家俱足乃可
謂足豈可足己而謂之足也夫儉以足用寬以愛
民日計之可不足而歲計則有餘十二而行日計
可有餘歲計則不足行十二而不足不思損而益
是揚湯止沸疾行逼影有子之所以發德音者也
○〔註〕鄭元曰至法也○徹字訓通故漢武名徹而
改天下宜言徹者一切云通也今依王制云古者
公田藉而不稅鄭元曰藉之言借也借民力治公
田美惡取於此不稅民之所自治也孟子曰夏后
氏五十而貢殷人七十而助周人百畝而徹則所

云古者謂殷時也其實皆十一也侃案如記注夏家民人盛大則一夫受田五十畝殷承夏末民人稍少故一夫受田七十畝周承於紂人民凋盡故一夫受田百畝三代雖異同十分徹一故徹一爲通法也夏云貢者是分田與民作之所獲隨豐儉十分貢一以上於王也夏民猶淳少於欺詐故云貢也殷人漸澆不復所可信故分田與民十分取一爲君借民力以耕作於一年豐儉隨其所得還君不復稅民民私作者也至周大文而王畿內用夏之貢法所以然者爲去王近爲王視聽所知兼鄉遂公邑之吏旦夕從民事爲其役之以公使不得恤其私也若王畿外邦國諸侯悉用殷之助法所以然者爲諸侯專一國之政貪暴稅民無法故也故詩云雨我公田遂及我私又宣公十五年初稅畝傳曰非禮也穀出不過藉以豐財也案此二文說既有公私稅又云不過藉則知諸侯助法也又以周禮載師論之則畿內用夏之貢法其中有輕重輕重不同自各有意此不復具言也

子張問崇德辨惑註苞氏曰辨別也子曰主忠信徙義崇德註苞氏曰徙義見義則徙意從之也愛之欲其生也惡之欲其死也旣欲其生也又欲其死是惑也註苞氏曰愛惡當有常一欲生之一欲死之是心惑也誠不以富亦祇以異註鄭玄曰此詩小雅也祇適也言此行誠不可以致富適以是爲異耳取此詩之異義以非之也疏子張問至以異○云子張問崇德辨惑者問求崇重有德辨別疑惑之法也云子曰云云者此荅崇德義也言若能復以忠信爲主又若見有義事則徙意從之此二條是崇德之法也云愛之欲其生者此荅辨惑也中人之情不能

忘於愛惡若有人從己己則愛之當愛此人時必願其生活於世也云惡之云云者猶是前所愛者而彼忽違己己便憎惡憎惡之既深便願其死也猶是一人而愛憎生死起於我心我心不定故爲惑矣云誠不以富亦祇以異者引詩證爲惑人之言生死不定之人誠不足以致富而只以爲異事之行耳

齊景公問政於孔子孔子對曰君君臣臣父父子子

註孔安國曰當此時陳恒制齊君不君臣不臣父不父子不子故以此對也

公曰善哉信如君不君臣不臣父不父子不子雖有粟吾豈得而食諸

註孔安國曰言將危也陳氏果滅齊也

疏齊景公問至食諸○

云齊景公問政於孔子者于時齊弱爲其臣陳恒所制景公患之故問政方法於孔子也云孔子對云云者孔子隨其政惡而言之也言爲風政之法當使君行君德故云君君也君德謂惠也臣當行臣禮故云臣臣也臣禮謂忠也父爲父法故云父父也父法謂慈也子爲子道故云子子也子道謂孝也云公曰云云者公聞孔子言而服之也言我國信有此四事也云雖有云云者諸之也公又言國既方亂我雖有粟米俸祿我豈得長食之乎江熙云景公喻旨故復遠遮四弊不食粟之憂善其誠言也○註孔安國曰至齊也○後陳恒弑齊君是也

子曰片言可以折獄者其由也與註孔安國曰片猶偏也聽訟必須兩辭以定是非偏信一言以折獄者唯子路可也子路無宿諾註宿猶豫也子路篤

信恐臨時多故故不豫諾也【疏】子曰至宿諾。【云】子曰云云者片猶偏也折獄謂判辨獄訟之事也由子路也夫判辨獄訟必須二家對辭子路既能果斷故偏聽一辭而能折獄也一云子路性直情無所隱者若聽子路之辭亦則一辭亦足也故孫綽云謂子路心高而言信未嘗文過以自衛聽訟者便宜以子路單辭爲正不待對驗而後分明也非謂子路聞人片言而便能斷獄也【云】子路無宿諾者【宿】猶逆也諾猶許也子路性篤信恐臨時多故曉有言不得行故不逆言許人也。【註】孔安國曰至可也。就此注意亦得兩通也

子曰聽訟吾猶人也【註】苞氏曰言與人等也必也使無訟乎【註】王肅曰化之在前也【疏】子曰至訟乎。【云】子曰云云者孔子言若有訟而使我聽出決之則我與人不異故云吾猶人也【云】必也使無訟乎者言我所以異

於人者當訟未起而化之使不訟耳故孫綽云夫訟之所生先明其契而後訟不起耳若訟至後察則不異於凡人也此言防其本也

子張問政子曰居之無倦行之以忠注王肅曰言爲政之道居之於身無得懈倦行之於民必以忠信也疏子張問至以忠。云子張問政者問爲政方法也云子曰云云者答云言身居政事則莫懈倦又凡所行用於民者必盡忠信也

子曰君子博學於文約之以禮亦可以弗畔矣夫注鄭元曰弗畔不違道也疏子曰至矣夫。云約之以禮者能以禮約束也云亦可以弗畔矣夫者畔違背也言人廣學文章而又以禮自約束則亦得不違背正理也

子曰君子成人之美不成人之惡小人反是【疏】子曰至反是。云子曰云云者美與己同故成之也惡與己異故不成之也云小人反是者惡與己同故成之也美與己異故不成之也故與君子反

季康子問政於孔子孔子對曰政者正也子帥而正孰敢不正【注】鄭玄曰季康子魯上卿諸臣之帥也

【疏】季康子問至不正。云季康子問政於孔子者亦問爲政之法於孔子也云孔子對曰政者正也者解字訓以答之也言所以謂治官爲政者政訓中正之正也云子帥而正孰敢不正者又解政所以訓正之義也言民之從上如影隨身表若君上自率己身爲正之事則民下誰敢不正者耶季充云我好靜而民自正也。【注】鄭玄曰至帥也。帥猶先也既爲上卿故爲同朝諸臣之先也

季康子患盜問於孔子孔子對曰苟子之不欲雖賞之不竊【註】孔安國曰欲多情欲也言民化于上不從其所令從其所好也【疏】季康子患至不竊。【云】季康子患盜問於孔子者患國內多偷盜故問於孔子孔子求除盜之法也【云】孔子對云云者孔子荅多盜之由也子指季康子也竊猶盜也言民所以為盜者由汝貪欲不厭故民從汝而為盜耳若汝心苟無欲假令重賞於民令民為盜則民亦不為也是從汝故也李充云我無欲而民自朴者也。【註】孔安國曰至好也。雖賞不竊是不從其所令也康子患之而民為之不止是從其所好也

季康子問政於孔子曰如殺無道以就有道何如【註】孔安國曰就成也欲多殺以止姦也孔子對曰子

爲政焉用殺子欲善而民善矣君子之德風也小人之德草也草尙之風必偃【註】孔安國曰亦欲令康子先自正也偃仆也加草以風無不仆者猶民之化於上也【疏】季康子問至必偃。○云季康子問云云者就成也康子問孔子而言爲政欲并殺無道之人而成就爵祿有道者其事好不故云何如也○云孔子對云云者孔子不許其殺也言汝自爲政爲政由汝焉用多殺乎○云子欲善而民善矣者民有道無道終由於汝汝若善則民自善自善豈復無道乎今之無道由汝無道之故也○云君子云云者更爲民從上之譬也君子人君也小人民下也言人君所行其德如風也民下所行其德如草也尙猶加也偃卧也言君如風民如草草上加風則草必卧東西隨風如民從君也○【註】偃仆也○仆亦踣卧也子張問士何如斯可謂之達矣子曰何哉爾所謂達者子張對曰在邦必聞在家必聞註鄭元曰言士之所在皆能有名譽也子曰是聞也非達也夫達者質直而好義察言而觀色慮以下人註馬融曰常有謙退之志察言語見顏色知其所欲其念慮常欲以下人也在邦必達在家必達註馬融曰謙尊而光卑而不可踰也夫聞者色取仁而行違居之不疑註馬融曰此言佞人也佞人假仁者之色行之則違安居其僞而不自疑者也在邦必聞在

家必聞【註】馬融曰佞人黨多也【疏】子張問至必聞○云子張問云云者士通謂丈夫也達謂身命通達也子張問爲士之法何若爲德行而謂得爲達士耶云子曰云云者孔子知子張意非故反質問之也言汝意謂若爲事是達而問之也故云何哉爾所謂達者也云子張對云云者在邦謂仕諸侯也在家謂仕卿大夫也子張荅云己所謂達者言若仕爲諸侯及卿大夫者必並使有聲譽遠聞者是爲達也云子曰是聞也非達也者孔子曰汝所言者則聞耳非是達也繆協云聞者達之名達者聞之實而殉爲名者衆體實者寡故利名者飾僞敦實者歸眞是以名分於聞而道隔於達也云夫達者質直而好義者既謂子張之達是聞故此更爲其說達也言夫達者質性正直而所好者義也云察言而觀色者達者又能察人言語觀人容色者也云慮以下人者既察於言色又須懷於謙退思以下人也云在邦云云者此人所在必有此諸行以達於人故

云必達也云夫聞者色取仁而行違者孔子更爲
子張說聞非達也時多佞顏色一往亦能假顏色
爲仁而不能行之故云色取仁而行違也云居之
不疑者既能爲假能爲假故居此假而能使人不
疑之也非唯不爲他所疑而已亦自不復自疑也
云在邦云云者既佞人黨多故所在必聞也繆協
云世亂則佞人多黨盛則多聞斯所謂歎衰運疾
弊俗沈居士云夫聞之與達爲理自異達者德立
行成聞者有名而已夫君子深淵隱默若長沮桀
溺石門晨門有德如此始都不聞於世近世巍巍
蕩蕩有實如此而人都不知是不聞世竝終然顯
稱名則是達也漢書稱王莽始折節下士鄉黨稱
孝州閭稱悌至終然豺狼迹著而丹死不臨班固
云此所謂在邦必聞在家必聞色取仁而行違者
也聞者達之名達者聞之實有實者必有名有名
者不必有實實深乎本聞浮於末也○註馬融曰
至踰也○引謙卦證慮以下人所以是必達
之義也既謙光尊不可踰故所在必達也

樊遲從遊於舞雩之下【註】苞氏曰舞雩之處有壇墠樹木故其下可游也曰敢問崇德脩慝辨惑【註】孔安國曰慝惡也脩治也治惡爲善也子曰善哉問先事後得非崇德與【註】孔安國曰先勞於事然後得報也攻其惡毋攻人之惡非脩慝與一朝之忿忘其身以及其親非惑與【疏】樊遲從至惑與。云樊遲從遊於舞雩之下者此舞雩之處近孔子家故孔子往游其壇樹之下而弟子樊遲從之云曰敢云云者既從游而問此三事也脩治也慝惡也謂治惡爲善也問崇德治惡辨惑之事也云子曰善哉問者將欲荅之故先美其問之善也云先事云云者荅崇德也先事謂先爲勤勞之事也後得謂後得祿位己勞也若能如此豈非崇德與言其是也故范甯云物莫不避勞而處逸今以勞事爲先得事爲後所以崇德也〔云〕攻其云云者〔答〕脩慝也攻治也言人但自治己身之惡改之爲善而不須知他人惡事若能如此豈非脩慝與〔云〕一朝云云者〔答〕辨惑也君子有九思忿則思難故若人觸威者則思後有患難不敢遂肆我忿以傷害於彼也若遂肆忿忘於我身又災禍及己親此則已爲惑故宜辨明知而不爲也

樊遲問仁子曰愛人問智子曰知人樊遲未達子曰舉直錯諸枉能使枉者直〔註〕苞氏曰舉正直之人用之廢置邪枉之人則皆化爲直也樊遲退見子夏曰鄉也吾見於夫子而問智子曰舉直錯諸枉

能使枉者直何謂也子夏曰富哉是言乎【注】孔安
國曰富盛也舜有天下選於衆舉皋陶不仁者遠
矣湯有天下選於衆舉伊尹不仁者遠矣【注】孔安
國曰言舜湯有天下選擇於衆舉皋陶伊尹則不
仁者遠矣仁者至矣【疏】樊遲問至遠矣○云樊遲
問仁者問爲仁之道也云
子曰愛人者仁以惻隱濟衆故曰愛人也云問智
者樊遲又問智也云子曰知人者孔子荅曰能知
人者則爲智也云樊遲未達者猶曉也已曉愛
人之言而未曉知人之旨也云子曰云云者錯廢
也枉邪也樊遲既未曉知人之旨故孔子又爲說
之也言若舉正直之人在位用之而廢置邪枉之
人不用則邪枉之人皆改枉爲直以求舉也云樊
遲退見子夏者樊遲猶未曉舉直錯諸枉之言故

退而往見子夏欲問之云曰嚮云云者樊遲旣見於子夏而述夫子之言問之何謂也云子夏曰富哉是言乎者子夏得問而曉孔子語故先美之也富盛也云孔子之言甚盛云舜有云云者引事以荅舉直錯枉也言舜昔有天位選擇諸民衆中舉得皐陶在位用之則是舉直也而不仁者不敢爲非故云遠矣郎是枉者直也云湯有云云者恐樊遲猶未曉故又舉一條事蔡謨云何謂不仁者遠遠夫也若孔子言能使枉者去則是智也今云能使枉者直是化之也孔子言其化子夏謂之去者亦爲商之未達乃甚於樊遲也子夏言此者美舜湯之知人皐陶伊尹之致治也無緣說其道化之美但言不仁者去夫夫言遠者豈必足陟遐路身適異邦賢愚相殊是亦遠矣故曰性相近也習相遠也不仁之人感化遷善去邪枉正直是與故謂遠也案蔡氏之通與孔氏無異但孔氏云不仁者遠少爲紂耳若味而言之則遠是遠惡行更改爲善行也

子貢問友子曰忠告而以善導之否則止無自辱焉

註苞氏曰忠告以是非告之也以善導之不見從則止必言之或見辱也疏子貢問至辱焉○云子貢問友者諮求朋友之道也云子曰云云者朋友主切磋若見有不善當盡己忠心告語之又以善事更相誘導也云否則云云者否謂彼不見從也若彼苟不見從則使止而不重告也若重告不止則彼容反見罵辱故云無自辱焉○註苞氏曰至辱也○若必更言之己或反見辱也

曾子曰君子以文會友註孔安國曰友以文德合也以友輔仁註孔安國曰友有相切磋之道所以輔成己之仁也疏曾子曰至輔仁○云曾子曰君子以文會友者言朋友相會以文德

三六

爲本也云以友輔仁者所以須友者政以輔成己仁之道故也

論語集解義疏卷第六

論語集解義疏卷第七

魏　何晏　集解

梁　皇侃　義疏

論語子路第十三

【疏】子路孔子弟子也武爲三千之標者也所以次前者武劣於文故子路次顏淵也

子路問政子曰先之勞之【註】孔安國曰先導之以德使民信之然後勞之易曰說以使民民忘其勞也

請益曰無倦【註】孔安國曰子路嫌其少故請益曰

無倦者行此上事無倦則可也【疏】子路問至無倦○云子路問政者問爲政之法也○云子曰先之勞之者荅也先之謂先行德信及於民也勞之謂使勞役也爲政之法先行德澤然後乃可勞役也○云請益者子路嫌爲政之法少故就孔子更求請益也○云曰無倦者孔子荅曰但行先之勞之二事無有懈倦則自爲足也○【註】孔安國曰至勞也○引易證上先有德澤可悅後乃可勞民也

仲弓爲季氏宰問政子曰先有司【註】王肅曰言爲政當先任有司而後責其事赦小過舉賢才曰焉知賢才而舉之曰舉爾所知爾所不知人其舍諸【註】孔安國曰汝所不知者人將自舉之各舉其所知

則賢才無遺也【疏】仲弓至舍諸。○云仲弓爲季氏宰問政者仲弓將往費爲季氏采邑之宰故先諮問孔子求爲政之法也云子曰先有司者有司謂彼邑官職屬吏之徒也言爲政之法未有自逞聰明且先委任其屬吏責以舊事云赦小過者過誤也又當放赦民間小小過誤犯之罪者也云舉賢才者又當舉民中有才智者薦之於君者也云曰焉知賢才而舉之者焉安也仲弓又諮曰己識闇昧豈辨得賢才而可舉也云曰舉云云者仲弓既曰焉知賢才故孔子又荅曰但隨爾所知而舉之爾所不知他人舉之汝爲民主汝若好舉賢才則民心必從汝所好各各自舉其所知賢才皆遂不見捨棄諸之也人其捨於之乎范甯曰仲弓以非不欲舉賢才識昧不知人也孔子以所知者則舉之爾不知者他人自舉之各舉所知則賢才豈弃乎

子路曰衞君待子而爲政子將奚先【注】苞氏曰問往

將何所先行也子曰必也正名乎註馬融曰正百事之名也子路曰有是哉子之迂也奚其正註苞氏曰迂猶遠也言孔子之言疏遠於事也子曰野哉由也註孔安國曰野猶不達也君子於其所不知蓋闕如也註苞氏曰君子於其所不知當闕而勿據今由不知正名之義而謂之迂遠也名不正則言不順言不順則事不成事不成則禮樂不興禮樂不興則刑罰不中註苞氏曰禮以安上樂以移風二者不行則有淫刑濫罰也刑罰不中則民

無所措手足故君子名之必可言也言之必可行也〔注〕王肅曰所名之事必可得而明言也所言之事必可得而遵行也君子於其言無所苟而已矣

〔疏〕子路曰至已矣。○云子路曰云云者子孔子也奚何也子路諮孔子曰衛國之君欲待子共爲政化子若往衛與彼共爲政則先行何事爲風化也○云子曰必也正名乎者孔子答曰若必先行正百物之名也所以先須正名者爲時昏禮亂言語飜雜名物失其本號故爲政必以正名爲先也所以下卷云邦君之妻君稱之曰夫人之屬是正名之類也韓詩外傳云孔子侍坐季孫季孫之宰通曰君使人假馬其與之不乎孔子曰君取臣謂之取不謂之假季孫悟告宰通曰今日以來云君有取謂之取無曰假也故孔子正假馬之名而君臣之義定也○云子路曰云云者迂遠也子路聞孔子以正名爲先以爲不是故云有是哉言正名非是也又云子之迂也謂孔子所言正名於爲政之事賒遠不近於事實又云奚其正言何須正也云子曰野哉由也者野不達也由子路名也子路不曉正名之理也便謂孔子言遠於事實故孔子責之云野哉由也所以前卷云由誨汝知之乎不知爲不知是知也云君子云云者既先責之云野哉此又戒之言君子之人若事於己有所不知則當闕而不言今汝不知正名之義便謂爲迂遠何乎云名不正則言不順者戒之既竟更又爲說正名之義言所以爲政先須正名且夫名以召實實以應名名若倒錯不正則當言語紕僻不得順序也云言不順則事不成者事謂國家所行之事若言不從順序則政行觸事不成也云事不成則禮樂不興者興猶行也若國事多失則禮樂之教不通行也云禮樂云云者禮以安上治民樂以移風易俗若其不行則君上不安惡風不移故有淫刑濫罰不中於道理也云刑罰云云者措猶置立也刑罰

既濫故下民畏懼刑罰之濫所以跼天蹐地不敢自安是無所自措立手足也云故君子名之必可言也者既民無所措手足由於名之不正故君子爲政者宜正其名必使順序而可言也云言之必可行也者言既順序則事所以可行也云君子云云者言必使可行政於其言不得苟且而不正也鄭注云正名謂正書字也古者曰名今世曰字禮記曰百名已上則書之於策孔子見時教不行故欲正其文字之誤。註苞氏曰至事也。謂正名與事相乖違者也

樊遲請學稼子曰吾不如老農請學爲圃子曰吾不如老圃註馬融曰樹五穀曰稼樹菜蔬曰圃樊遲出子曰小人哉樊須也上好禮則民莫敢不敬上好義則民莫敢不服上好信則民莫敢不用情註

孔安國曰情情實也言民化其上各以情實應也

夫如是則四方之民襁負其子而至矣焉用稼【註】

苞氏曰禮義與信足以成德何用學稼以教民乎

負者以器曰襁也【疏】樊遲請至用稼。○云樊遲請學稼者樊須字子遲稼者種穀之名樊遲請於孔子求學種五穀之術也云子曰吾不如老農者農者濃也是耕田之人也言耕田所以使國家倉廩濃厚也樊遲既請學稼於孔子孔子言我門唯有先王之典籍非耕稼之所汝若欲學稼當就農夫之老者學之故云吾不如老農云請學爲圃者圃者種菜之事也既請農不許又更就孔子求學種菜之術也云子曰吾不如老圃者又荅曰我不如種菜之老圃者也云樊遲出者既請二者不爲師所許故出去云子曰小人哉樊須也者小人是貪利者也樊遲出後孔子呼名罵之君子喻於義小人喻於利樊遲在孔子之門不請學仁義忠信之道而學求利之術故云小人也云上好禮云云者責之既竟此又說學君子之道勝學小人之事也言君上若好禮則民下誰敢不敬故云莫敢不敬禮主敬故也云上好義云云者君上若裁斷得宜則民下皆服義者宜也云上好信云云者君上若好信則民下有敬不復欺故相與皆盡於情理也李充曰用情猶盡忠也行禮不以求敬而民自敬好義不以服民而民自服施信不以結心而民自盡信言民之從上猶影之隨形也云夫如云云者夫發語端也是者此也負子以器曰襁言君上若好行上三事大得如此四方之民大小歸化故並器負其子而來至也李充曰負子以器言化之所感不召而自來云焉用稼者焉猶何也行此三事而四方自歸則何用學稼乎李充曰余謂樊遲雖非入室之流然亦從遊侍側對揚崇德辨惑之義且聖教殷勤唯學爲先故言君子謀道不謀食又曰耕也餒在其中矣學也祿

在其中矣，而遲親稟明誨，乃諸圃稼，何頑固之甚哉！縱使樊遲欲舍學營生，猶足知非聖師之謀矣。將恐三千之徒雖同學聖門，而未能皆忘榮祿，道教之益奢，情之患切，簞食不改其樂者唯顏回堪之耳。遲之斯問，將必有由，亦如宰我問喪之謂也。【註】馬融曰至曰圃。【云】樹五穀曰稼者，樹，種殖也，五穀黍稷稻粱之屬，種之曰稼，收斂曰穡。稼猶嫁也，言種穀欲其滋長田苗，如人嫁娶生於子孫也。穡，吝嗇也，言穀熟而歛藏之，如慳貪吝嗇之人聚物也。【云】樹菜蔬曰圃者，蔬猶菜也，種菜曰圃，圃之言布也，取其分布於地。若種菓實則曰園，園之言蕃也，種菓於圃外為蕃盛也。【註】負者以器曰繈。繈者以竹為之，或云以布為之，今蠻夷猶以布帊裹兒負之背也。

子曰：誦詩三百，授之以政，不達；使於四方，不能專對；雖多，亦奚以為？【註】專猶獨也。【疏】子曰至以為。【云】誦詩三百者，不用文背文而念曰諷亦曰口讀曰誦詩有三百五篇云三百舉全數也言人能誦詩之過至也云授之以政不達者達猶曉也詩有六義國風二雅並是爲政之法今授政與此誦詩之人不能曉解也袁氏曰詩有三百篇是以爲政者也云使於四方不能專對者專猶獨也孔子語鯉曰不學詩無以言又曰可以羣可以怨近之事父遠之事君多識於草木鳥獸之名者今使此誦詩之人聘問鄰國而不能專獨應對也袁氏曰古人使賦詩而荅對云雖多亦奚以爲者奚何也誦詩宜曉政而今不達又應專對而今不能雖復誦詠之多亦何所爲用哉故云亦奚以爲也

子曰其身正不令而行其身不正雖令不從注令教令也疏子曰至不從○云其身正不令而行者如直形而影自直范甯曰上能正己以率物則下不令而自從也云其身不正雖令不從者如曲表而求直影影終不直也范甯曰上行理僻而

制下使正，猶之邪表責直影，猶東行求郢，而此終年不得也。

子曰：魯衛之政，兄弟。【註】苞氏曰：魯，周公之封；衛，康叔之封也。周公、康叔旣爲兄弟，康叔睦於周公，其國之政亦如兄弟也。【疏】子曰魯衛之政兄弟。○魯是周公之封，衛是康叔之封。周公、康叔是兄弟，當周公初時，則二國風化政亦俱能治化如兄弟。至周末，二國風化俱惡，亦如兄弟。故衛瓘曰：言治亂略同也。○【註】苞氏曰至弟也。○睦，親也。言康叔親於周公，故風政得和好也。

子謂衛公子荆善居室。【註】王肅曰：荆與蘧瑗、史鰌並爲君子也。始有，曰苟合矣；少有，曰苟完矣；富有，曰苟美矣。【疏】子謂至美矣。○云子謂云云者，衛公子荆是衛家公子也，諸侯之庶子並稱公子居其家能治不爲奢侈故曰善居室也云始有曰苟合矣者此是善居室之事始有謂爲居初有財帛時也曰猶云也苟苟且也苟且非本意也于時人皆無而爲有虛而爲盈奢華過實子荊初有財帛不敢言己才力所招但云是苟且遇合而已云少有曰苟完矣者少有謂更復多少勝於始有時也既少勝於前始有但云苟且得自全完而已不敢言欲爲久富貴也云富有曰苟美矣者富有謂家道遂大富時也亦云苟且爲美非是性之所欲故云苟美矣。註王肅曰至子也。蘧瑗字伯玉後卷云君子哉蘧伯玉亦是也吳公子札出聘于上國適衞說蘧瑗史狗史鰌公子荊公子叔公子朝曰衞多君子未有患也事在春秋第十九卷襄公二十九年傳也

子適衞冉子僕註孔安國曰孔子之衞冉有御也子曰庶矣哉註孔安國曰庶衆也言衞民衆多也冉

有曰既庶矣又何加焉曰富之曰既富矣又何加焉曰教之【疏】子適至教之。○云子適衛冉子僕者適往也僕御車也孔子往衛冉有時爲孔子御車也云子曰庶矣哉者庶衆也孔子歎衛人民之衆多也云冉有曰云云者加益也冉子有言其民既衆多復何以滋之也云富之者孔子曰宜益以富【日】既富矣又何加焉者冉有又問既已富益又復何以益之云曰教之者既富而後可以教化之范甯曰衣食足當訓義方也

子曰苟有用我者朞月而已可也三年有成【註】孔安國曰言誠有用我於政事者朞月而可以行其政教必三年乃有成功也【疏】子曰至有成。○云子曰云云者苟誠也朞月謂年一周也可者未足之辭也言若誠能用我爲治政者一年即可小治也一年天氣一周變故人情

亦少改也〔云〕三年有成者成大成也三年一閏
是天道一成故爲政治若得三年風政亦成也
子曰善人爲邦百年亦可以勝殘去殺矣〔註〕王肅曰
勝殘者勝殘暴之人使不爲惡也去殺者不用刑
殺也誠哉是言也〔註〕孔安國曰古有此言故孔子
信也〔疏〕子曰至言也○〔云〕子曰云云者善人謂賢
人也爲者治也爲邦謂爲諸侯也勝殘謂
政教理勝而殘暴之人不起也去殺謂無復刑殺
也言賢人爲諸侯已百年則殘暴不起所以刑辟
無用袁氏曰善人謂體善德賢人也言化當有漸
也任善用賢則可止刑任惡則殺愈生也云誠哉
是言也者誠信也古舊有
此語故孔子稱而美信之
子曰如有王者必世而後仁〔註〕孔安國曰三十年曰

世如有受命王者必三十年仁政乃成也【疏】子曰至後仁○王者謂聖人爲天子也世三十年也聖人化速故三十年而政乃大成必須世者舊被惡化之民已盡新生之民得三十年則所稟聖化易成故顔延之曰革命之王必漸化物以善道染亂之民未能從道爲化不得無威刑之用則仁施未全改物之道必須易世使正化德教不行暴亂則刑罰可措仁功可成變肇日習亂俗雖畏法刑而外必猶未能化也必待世變人改生習治道然後仁化成也刑措成康化隆文景由亂民之世易殷泰之俗遠也

子曰苟正其身矣於從政乎何有不能正其身如正人何【疏】子曰至人何○云子曰云云者苟誠也言誠能自正其身則爲政不難故曰何有云不能云云者其身不正雖令不從故云如正人何也故江熙曰從政者以正人爲事也身不正那能

正入乎

冉子退朝【註】周生烈曰謂罷朝於魯君也子曰何晏也對曰有政【註】馬融曰政者有所改更匡政也子曰其事也【註】馬融曰事者凡所行常事也如有政雖不吾以吾其與聞之【註】馬融曰如有政非常之事我爲大夫雖不見任用必當與聞也【疏】冉子至聞之。

云冉子退朝者退朝謂旦朝竟而還家朝廷云退也云子曰何晏也者晏晩也冉子還晩於常朝故孔子問之今還何晏也范甯曰冉求早朝晩退故孔子疑而問之也云對曰有政者荅所以退晩之由也言在朝論於政事故至晏也云子曰其事也者孔子謂冉有所云有政非也應是凡所行小事

耳故云其事也云如有云云者孔子更說所以知非政之由也以用也言若必是有政事雖不吾既必應用而吾既爲卿大夫亦當必應參預聞之今既不聞則知汝所論非關政也繆播曰按稱政事冉有季路未有不知其名而能職其事者斯蓋微言以譏季氏專政之辭若以家臣無與政之理則二三子爲宰而問政者多矣未聞夫子有譏焉○註周生烈曰至君也○冉子爾時仕季氏且上朝於魯君當是季氏冉有從之朝魯君也

定公問一言而可以興邦有諸孔子對曰言不可以若是其幾也註王肅曰以其大要一言不能正興國也幾近也有近一言可興國也人之言曰爲君難爲臣不易如知爲君難也不幾乎一言而興邦

乎【註】孔安國曰事不可以一言而成也知如此則
可近也曰一言而可以喪邦有諸孔子對曰言不
可以若是其幾也人之言曰予無樂乎爲君唯其
言而樂莫予違也【註】孔安國曰言無樂於爲君所
樂者唯樂其言而不見違也如其善而莫之違也
不亦善乎如不善而莫之違也不幾乎一言而喪
邦乎【註】孔安國曰人君所言善無違之者則善也
其所言不善而無敢違之者則近一言而喪國也
【疏】定公問至邦乎○云定公問云云者定公魯君
也諸之也問孔子有出一言而能興邦者不乎

云孔子對云云者若是者猶如此也荅曰豈有出
一言而興得邦國乎言不可得頓如此也云其幾
也者幾近也然一言雖不可卽使興而有可近於
興邦者故云其幾也云人之言云云者此已下是
一言近興邦之言設有人云在上爲君既爲人主
不可輕脫罪歸元首故爲難也又云爲人臣者國
家之事應知無不爲也必致身竭命故云不易也
云如知云云者如若也若知爲君難而云不敢作
此言則豈不近一言興國乎不云爲臣不易者從
可知也且君道尊貴爲人所貪故特舉君也云曰
一言云云者定公又問有一言而令邦國卽喪者
不乎云孔子對云云者亦如前荅亦有言近之者
也云人之言云云者此舉近喪邦之言也設有人
言我本無樂爲人之君上所以樂爲君者正言我
有言語而人異我無敢違拒我者爲此故所以樂
爲君耳云如其善云云者將譏其惡故先發此句
也此若爲君而出言必善而民不違如此者乃可
爲善耳故云不亦善乎云如不善云云者又荅若

爲君而言不善使民不違則此言不近一言而喪邦乎

葉公問政子曰近者悅遠者來【疏】葉公問至者來○云葉公問政者葉公亦問孔子爲政之道云子曰云云者言爲政之道若能使近民懽悅則遠人來至也江熙曰邊國之人豪氣不除物情不附故以悅近諭之

子夏爲莒父宰問政【註】鄭元曰舊說曰莒父魯下邑也子曰無欲速毋見小利欲速則不達見小利則大事不成【註】孔安國曰事不可以速成而欲其速則不達矣見小利妨大事則大事不成也【疏】子夏爲至不成○云子夏爲莒父宰問政者子夏欲往莒父爲宰故先問孔子爲政之法也云子曰無欲速者

言爲政之道每當閑緩不得倉卒求速成也云毋
見小利者政貴有恆不得見小財利而曲法爲之
云欲速則不達者解欲速之累也若不安緩每事
而欲速成則不通達於事理也云見小利則大事
不成者若見小利而枉法曲教
則爲政之大事無所成就也

葉公語孔子曰吾黨有直躬者註孔安國曰直躬直
身而行也其父攘羊而子證之註周生烈曰有因
而盜曰攘孔子曰吾黨之直者異於是父爲子隱
子爲父隱直在其中矣疏葉公語至中矣。云葉
公云云者葉公稱己鄉
黨中有直躬之人欲自矜誇於孔子也躬猶身也
言無所邪曲也云其父云云者此直躬者也攘盜
也言黨中有人行直其父盜羊而子告失羊主證
明道父之盜也云孔子曰云云者拒於葉公故云

吾黨中有直行者則異於證父之盜爲直也云父爲云云者孔子舉所異者言爲風政者以孝悌爲主父子天性率由自然至情宜應相隱若隱惜則自不爲非故云直在其中矣若不知相隱則人倫之義盡矣樊光曰父爲子隱者欲求子孝也父必先爲慈家風由父故先稱父范甯曰夫所謂直者以不失其道也若父子不相隱諱則傷教破義長不孝之風焉以爲直哉故相隱乃可爲直耳今王法則許期親以上得相爲隱不問其罪蓋合先王之典章江熙曰葉公見聖人之訓動有隱諱故舉直躬欲以訾毀儒教抗衡中國夫子荅之辭正而義切荆蠻之豪喪其誇○註周生烈曰有因而盜曰攘○謂他人物來己家而藏隱取之謂之攘也

樊遲問仁子曰居處恭執事敬與人忠雖之夷狄不可棄也註苞氏曰雖之夷狄無禮義之處猶不可

棄去而不行也【疏】樊遲問至棄也。○云樊遲問仁者問孔子行仁之道也云子曰居處恭者恭仁道居謂常居恆以恭遜爲用也燕居溫溫是也云執事敬者謂行禮執事時禮主於敬也云與人忠者謂交接朋友時宜盡忠不相欺云雖之夷狄不可棄也者假令入夷狄無禮義之處亦不可捨棄於此三事此則是仁也江熙曰恭敬忠君子任性而行己所以爲仁也本不爲外物故以夷狄不可棄而不行也若不行於無常則僞斯見矣僞見則去仁遠也

子貢問曰何如斯可謂之士矣子曰行己有恥【註】孔安國曰有恥有所不爲也使於四方不辱君命可謂士矣曰敢問其次曰宗族稱孝焉鄉黨稱悌焉曰敢問其次曰言必信行必果硜硜然小人哉抑

亦可以爲次矣【註】鄭玄曰行必果所欲行必敢爲之硜硜者小人之貌也抑亦其次言可以爲次也

曰今之從政者何如子曰噫斗筲之人何足算也

【註】鄭玄曰噫心不平之聲也筲竹器容斗二升者也算數也【疏】子貢問至算也。○云子貢問云云者謂問在朝爲士之法是卿大夫可知也○云子曰行己有恥者答士行也言自行己身恆有可恥之事故不爲也李充曰居正情者當遲退必無者其唯有恥乎是以當其宜行則恥己之不及及其宜止則恥己之不免爲人臣則恥其君不如堯舜處濁世則恥獨不爲君子將出言則恥躬之不逮是故孔子之稱丘明亦貴其同恥義苟孝悌之先者也○云使於四方不辱君命者君施令出使於四方之國則必使稱當不使君命之見凌辱

也故李充曰古之良使者受命不受辭事有權宜則與時消息排患釋難解紛挫銳者可謂良也云可謂士矣者能有恥及不辱二事並行無虧乃可謂爲士矣此行最高故在先也云曰敢問其次者子貢問士之上者故敢更問士之次者云曰宗族云云者孝是事父母爲近悌是事兄長爲遠宗族爲近近故稱孝鄉黨爲遠遠故稱悌也繆協曰雖孝稱於宗族悌及於鄉黨而孝或爲未優使於四方猶未能備故爲之次者也云曰敢問其次者子貢又問求次於士者也云曰言必信行必果者此答士之次也君子達士貞而不諒言不期苟信捨藏隨時何期必遂若小行之士言必須信行必須果也云硜硜然小人哉者果必信爲譬也硜硜堅正難移之貌也小人爲惡堅執難化今小人之士必行信果守志不迴如小人也云抑亦可以爲次矣者抑語助也凡事欲強使相關亦多云抑也言此小行亦強可爲士之次也李充曰言可覆而行必成雖爲小器取其能有所立繆協曰果成也言必

合乎信行必期諸成君子之體其業大哉雖行硜硜小器而能必信必果者取其共有成抑亦可爲士之次也云曰今之從政者何如者子貢又問曰今士之從政者復云何如云子曰云云者噫不平聲筲竹器也容一斗二升故云斗筲也算數也子貢已聞古之是而又問今之非故云噫也不平之聲既竟故又云今之人也言今之小人器量如斗筲之器耳何足數也

子曰不得中行而與之必也狂狷乎註苞氏曰中行行能得其中者也言不得中行則欲得狂狷者也狂者進取狷者有所不爲也註苞氏曰狂者進取於善道狷者守節無爲欲得此二人者以時多進退取其恒一者也疏子曰至爲也○云不得中行而與之者中行行能得其中

者當時僞多實少無復所行得中之人故孔子歎曰不得中行而與之謂共處於世乎云必也狂狷乎者狂謂應直進而不退也狷謂應退而不進者也二人雖不得中道而能各任天然而不爲欺詐故孔子曰既不得中道者而與之而得與此二人亦好故云狂狷乎言世亦無此人江熙曰狂者知進而不知退知取而不知與狷者急狹能有所不爲皆不中道也然率其天眞不爲僞也季世澆薄言與實違背心以惡時飾詐以誇物是以錄狂狷之一法也云狂者云云者此說狂狷之行言狂者不爲惡唯直進取善故云進取狷者應進而不遷故云有所不爲也○註苞氏曰至一者也○云狂者進取善道者進而不爲惡故云取善道也云狷者守節無爲者不進故云守節無爲也云欲得云者說時多僞而狂狷天然恒一故云取之也

子曰南人有言曰人而無恒不可以作巫醫註孔安

國曰南人南國之人也鄭玄曰言巫醫不能治無常之人也善夫【註】苞氏曰善南人之言也不恒其德或承之羞【註】孔安國曰此易恒卦之辭也言德無常則羞辱承之也子曰不占而已矣【註】鄭玄曰易所以占吉凶也無恒之人易所不占也【疏】子曰至已矣。云子曰云云者南人南國人也無恒用行無常也巫接事鬼神者醫能治人病者南人舊有言云人若用行不恒者則巫醫爲治之不差故云不可作巫醫也一云言不可使無恒之人爲巫醫也衞瓘曰言無恒之人乃不可以爲巫醫巫醫則疑誤人也而況其餘乎○云善夫者孔子述南人言故先稱之而後云善夫也矣○云不恒其德或承之羞者孔子引易恒卦不恒之辭證無恒之惡言人若爲德不恆則必羞辱承之羞辱必承而云或者或常也言羞辱常承之也何以知或是常按詩云如松柏之茂無不爾或承鄭元曰或常也老子曰湛兮似或存河上公注云或常也云子曰不占而已矣者此記者又引禮記孔子語來證無恆之惡也言無恆人非唯不可作巫醫而已亦不可以爲卜筮卜筮亦不能占無恆之人故云不占而已矣禮記云南人有言曰人而無恆不可以爲卜筮古之遺言與龜筮猶不能知也而況於人乎是明南人有兩時兩語故孔子兩稱之而禮記論語亦各有所錄也

子曰君子和而不同小人同而不和〔注〕君子心和然其所見各異故曰不同小人所嗜好者同然各爭其利故曰不和也〔疏〕子曰至不和。〇云君子和而不同者和謂心不爭也不同

謂立志各異也君子之人千萬千萬其心和如一
而所習立之志業不同也云小人同而不和者小
人爲惡如一故云同也
好鬭爭故云不和也
子貢問曰鄉人皆好之何如子曰未可也鄉人皆惡
之何如子曰未可也不如鄉人之善者好之其不
善者惡之註孔安國曰善人善己惡人惡己是善
善明惡惡著也疏子貢問至惡之○云子貢問云
云者子貢問孔子云設有一人
爲鄉人共所崇好則此人如何云子曰未可也者
孔子不許故云未可也知所以未可者設一鄉皆
惡而此人爲惡與物同黨故爲衆人共見稱美故
未可信也云鄉人皆惡之何如者既云皆好爲未
可故更問設其鄉之人皆共憎惡此人則何如云
子曰未可也者孔子亦所以未許者設一鄉皆惡

而此人獨爲善不與衆同故爲羣惡所疾故未可信也云不如云云者向荅既並云未可故此說其可之事也言若此人爲鄉人善者所好又爲不善者所惡如此則是善人乃可信也一通云子貢問孔子曰與一鄉人皆親好何如孔子荅云未可又問曰與一鄉人皆爲疎惡何如孔子又荅云未可既頻荅未可所以更爲說云不如擇鄉人善者與之親好若不善者與之爲疎惡也。註孔安國曰至著也。己爲善人爲善人之所好故是善善明也惡人惡己則非己惡故是惡惡著也

子曰君子易事而難說也註孔安國曰不責備於一人故易事也說之不以道不說也及其使人也器之註孔安國曰度才而任官也小人難事而易說也說之雖不以道說也及其使人也求備焉疏子曰

至備焉。云君子易事難說也者君子忠恕故易事也照見物理不可欺詐故難悅也云說之不以道不說者此釋難悅也君子既照識理深若人以非道理之事來求使之悅己則識之故不悅也云及其使人也器之者此釋易事也器猶能也君子既不責備於一人故隨人之能而用之不過分責人故易事云小人難事而易說也者小人不識道理故難事也可以非法欺之也云說之雖不以道說也者此釋易悅也既不識道理故雖不以道之事悅之亦既悅也云及其使人也求備焉者此解難事也不測度他人器量而過分責人故難事也

子曰君子泰而不驕小人驕而不泰〔註〕君子自縱泰似驕而不驕小人拘忌而實自驕矜也〔疏〕子曰至不泰。云君子泰而不驕者君子坦蕩蕩心貌怡平是泰而不爲驕慢也云小人驕而不泰者小人性好輕

凌而心恒戚戚是驕而不泰也

子曰剛毅木訥近仁【註】王肅曰剛無欲也毅果敢也木質樸也訥遲鈍也有此四者近於仁也【疏】子曰剛毅木訥近仁。言此四事與仁相似故云近仁剛者性無求欲仁者靜故剛者近仁也毅者性果敢仁者必有勇周窮濟急殺身成仁故毅者近仁也木者質樸仁者不尚華飾故木者近仁也訥者言語遲鈍仁者慎言故訥者近仁也

子路問曰何如斯可謂士矣子曰切切偲偲怡怡如也可謂士矣朋友切切偲偲兄弟怡怡如也【註】馬融曰切切偲偲相切責之貌怡怡和順之貌也【疏】

子路問至如也。○云子路問云云者問為士之行
和悅切磋之道也○云子曰云云者荅也切切偲偲
相切磋之貌也怡怡和從之貌也言為士之法必
須有切磋又須和從也○云朋友切切偲偲者向荅
雖合曰怡怡三事而不可專施一人故更分之也
若是朋友義在相益故須切偲也○云兄弟怡怡如
者○兄弟骨肉理在和順故須怡怡如也繆協曰以
為朋友不唯切磋亦貴和諧兄弟非但怡怡亦須
戒厲然朋友道缺則面朋而匿怨兄弟道缺則鬩
牆而外侮何者憂樂本殊故重弊至于恨匿將欲
矯之故云朋友切切偲偲兄弟怡怡如也切
切偲偲相切責之貌也怡怡和順之貌也

子曰善人教民七年亦可以即戎矣【註】苞氏曰即戎
就兵可以攻戰也【疏】子曰至戎矣。○善人賢人也
三年一考九歲三考三考黜陟幽明待其成者九
年則正可也今日七年者是兩考已竟新入三考

之初者也若有可急不暇待九年則七年考亦可亦可者未全好之名繆協曰亦可以卽戎未盡善義也江熙曰子曰苟有用我者朞月而已可也三年有成善人之教不逮機理倍於聖人亦可有成六年之外民可用也

子曰以不教民戰是謂棄之【注】馬融曰言用不習民使之攻戰必破敗是謂棄之也【疏】子曰至棄之○民命可重故孔子愼戰所以教至七年猶曰亦可若不經教戰而使之戰是謂棄擲民也江熙曰善人教民如斯乃可卽戎況乎不及善人而馳驅不習之民戰以肉餧虎徒棄而已也琳公曰言德教不及於民而令就戰民無不死也必致破敗故曰棄也

論語憲問第十四【疏】憲者弟子原憲也問者問於孔子進仕之法也所以次前

者顏路既允文允武則學優者宜仕故憲問次於子路也

憲問恥子曰邦有道穀註孔安國曰穀祿也邦有道當食其祿也邦無道穀恥也註孔安國曰君無道而在其朝食其祿是恥辱也克伐怨欲不行焉可以爲仁矣註馬融曰克好勝人也伐自伐其功也怨忌小怨也欲貪欲也子曰可以爲難矣仁則吾不知也註苞氏曰此四者行之難者未足以爲仁也疏憲問至知也○云憲問恥者弟子原憲問孔子凡行事最爲可恥者也云子曰邦有道穀者答可恥事也將言可恥者先舉不恥者也穀祿也若有道則可以仕而食其祿也云邦無道穀恥

也者此可恥者若君無道而仕食其祿則可爲恥也云克伐云云者克勝也謂性好凌人也伐謂有功而自稱怨謂小小忌怨欲貪欲也原憲又問若人能不行此四事可以得爲仁也云子曰云云者孔子不許能不行前四事則爲難耳謂爲仁則非吾所知也仁者必不伐不伐必有仁顏淵無伐善夷齊無怨老子曰少私寡欲此皆是仁也公綽之不欲孟之反不伐原憲蓬室不怨則未及於仁故云不知也

子曰士而懷居不足以爲士矣【注】士當志道不求安而懷其居非士也【疏】子曰至士矣。懷居猶居求安也不足爲士謂非士也君子居無求安士也若懷居非爲士也

子曰邦有道危言危行【注】苞氏曰危厲也邦有道可

以厲言行也。邦無道危行言遜【註】遜順也厲行不隨俗順言以遠害也【疏】子曰至言遜。云子曰云云者危厲也君若有道必以正理處人故民可以得嚴厲其言行也云邦無道危行言遜者君若無道必以非理罪人故民下所行乃嚴厲不同亂俗而言不可厲厲必獲罪當遜順隨時也江熙曰仁者豈以歲寒虧貞松之高志於其言語可以免害知志愈深孔子曰諾吾將仕矣此皆遜辭以遠害也

子曰有德者必有言【註】德不可以億中故必有言也有言者不必有德仁者必有勇勇者不必有仁【疏】子曰至有仁。云子曰云云者既有德則其言語必中故必有言也云有言者不必有德者人必多言故不必有德也殷仲堪曰修理蹈道德之義也由德有言言則末矣末可矯而本無假故有德者

必有言有言者不必有德也李充曰甘辭利口似是而非者佞巧之言也敷陳成敗合連縱橫者說客之言也凌誇之談多方論者辯士之言也德音高合發爲明訓聲滿天下若出全者有德之言也故有德必有言有言不必有德也云仁者必有勇者殺身成仁故必有勇也云勇者不必有仁者暴虎憑河不必有仁也殷仲堪曰誠愛無私仁之理也見危授命若身手之相救焉存道忘生斯爲仁矣若夫強以肆武勇以勝物陵超在於要利輕死元非以爲仁故云仁者必有勇勇者不必有仁李充曰陸行而不避虎兕者獵夫之勇也水行不避蛟龍者漁父之勇也鋒刃交於前視死若生者烈士之勇也知窮之有命知通之有時臨大難而不懼者仁者之勇也故仁者必有勇勇者不必有仁

○註德不至言也○夫德之爲事必先有言語教喻然後其德成故有德者必有言有言是不可憶度中事也

南宮适[註]孔安國曰适南宮敬叔魯大夫也問於孔子曰羿善射奡盪舟[註]孔安國曰羿有窮之君也篡夏后相之位其臣寒浞殺之因其室而生奡奡多力能陸地行舟爲夏后少康所殺也俱不得其死然[註]孔安國曰此二子者皆不得以壽終也禹稷躬稼而有天下夫子不荅[註]馬融曰禹盡力於溝洫稷播殖百穀故曰躬稼也禹及其身稷及後世皆王也适意欲以禹稷比孔子孔子謙故不荅也南宮适出子曰君子哉若人尚德哉若人[註]孔

安國曰賤不義而貴有德故曰君子也【疏】南宮适至若人

○南宮适者姓南宮名适字敬叔云問於云云者适問孔子之事也曰古有一人名羿而善能射故云羿善射淮南子云堯時有十日竝出草木燋枯堯命羿令射之中其九日日中烏皆死焉奡者古時多力人也盪推也舟船也能陸地推舟也云俱不得其死然者言羿奡二人雖能射及多力俱爲人所殺不終天壽故云俱不得其死然云禹稷躬稼而有天下者禹夏禹禹帝姓姒名文命黄帝玄孫鯀之子也謚法受禪成功曰禹治水九年也稷后稷事舜蒔百穀也躬稼播種也有天下謂爲天子也言禹身治溝洫手足胼胝勞九州稷播種百穀二人不爲篡竝有德爲民禹卽身爲天子稷子孫爲天子适所問孔子者以孔子之德比於禹稷則孔子亦當必有王位也云夫子不荅者孔子知适以禹稷比己故謙而不荅也云南宮适出者孔子不荅适自退出云子曰云云者孔子不對面

荅适是謙也适出後而美之欲天下皆知尚德也若人如此人也言适知賤於羿奡貴重禹稷所德也君子尚德如此人也然就此南宮适非周有十士之南宮适也。註孔安國曰羍殺也。羿有窮之君者有窮夏時諸侯國名也其君名羿也云篡夏后相之位者篡奪也夏后禹之後世爲天子名相即位爲君有窮之君篡夏后相之位殺奪也其臣寒浞殺之者羿奪相位而自立爲君其位號有窮之君不修德政好畋獵臣寒浞殺之而篡其位云因其室而生奡者因猶通也室妻也浞既殺羿而通於羿妻遂有孕生奡云奡多力能陸地行舟者奡是浞之子多力於陸地推舟云爲夏后少康所殺者夏后少康亦夏禹後世子孫又殺奡而自立爲天子也。註馬融曰至王也。云禹及其身者禹身得天子也云稷及後世者文王武王得天子也云皆王也者皆爲天子也。註孔安國曰至子也。云賤不義者羿奡之不義故适賤之云而貴有德者禹稷有德故貴重也子曰君子而不仁者有矣夫未有小人而仁者也【註】孔安國曰雖曰君子猶未能備也【疏】子曰至者也○云子曰云云者此謂賢人已下不仁之君子也未能圓足時有不仁如管氏有三歸官事不攝後則一匡天下九合諸侯是長也袁氏曰此君子無定名也利仁慕爲仁者不能盡體仁時有不仁一迹也夫語助也○云未有云云者小人併爲惡事未能有行民善達於仁道故云未有小人而仁者也又袁氏曰小人性不及仁道故不能及仁事者也王弼曰假君子以甚小人之辭君子無不仁也

子曰愛之能勿勞乎忠焉能勿誨乎【註】孔安國曰言人有所愛必欲勞來之有所忠必欲教誨之也【疏】子曰至誨乎○云愛之能勿勞乎者愛慕也凡人在志在心見形於外也旣有心愛慕此人學問之

道不無勞賴之辭也云忠焉能勿誨乎者忠者盡中心也誨教也有人盡中心來者不無教誨之辭

一李充曰愛志不能不勞心盡忠不能不教誨

子曰爲命禆諶草創之註孔安國曰禆諶鄭大夫名也謀於野則獲謀於國則否鄭國將有諸侯之事則使乘車以適野而謀作盟會之辭也世叔討論之行人子羽修飾之東里子產潤色之註馬融曰世叔鄭大夫游吉也討治也禆諶既造謀世叔復治而論之詳而審之也行人掌使之官也子羽公孫揮也子產居東里因以爲號也更此四賢而成

故鮮有敗事也【疏】子曰至色之○云爲命者爲作也命君命也此謂鄭國之事也作盟會之書也云裨諶草創之者裨諶鄭國大夫性靜怯弱謂其君作盟會之辭則入於草野之中以創之獲之云世叔討論之者世叔亦是鄭大夫也討治也論者評也世叔有不能草創學問寡才藻盟會之辭但能討論治正謀所造之辭云行人子羽修飾之者子羽亦鄭大夫行人是掌使者官名也不能始創又不能討治但能取前人所創治者更唯彫修飾之云東里子產潤色之者居鄭之東里因爲氏姓又公孫僑名亦曰國僑字子產才學過超前之三賢加添潤色周旋會盟之辭也有此四賢鮮有過失○【註】孔安國曰至辭也○此注是春秋十九卷魯襄公三十一年傳語也獲得也諶入野爲盟會之辭則成於國中則辭不成也○【註】馬融曰至事也○更經也鮮少也事經此裨諶等之四人也故鄭國少有敗事也

或問子產子曰惠人也註孔安國曰惠愛也子產古之遺愛也問子西曰彼哉彼哉註馬融曰子西鄭大夫彼哉彼哉言無足稱也或曰楚令尹子西也問管仲曰人也註鄭元曰猶詩言所謂伊人也奪伯氏駢邑三百飯蔬食沒齒無怨言註孔安國曰伯氏齊大夫駢邑地名也齒年也伯氏食邑三百家管仲奪之使至蔬食而沒齒無怨言以當其理故也疏或問至怨言。云或問子產者或人問於孔子鄭之子產德行於民何如云子曰惠人也者荅或人也言子產之德於民不悋家資拯救於民甚有恩惠故云惠人也云問子西者或人又問孔子鄭之大夫子西德業如何鄭之公孫夏或云楚令尹子西云曰彼哉彼哉者又荅或人言人自是彼人耳無別行可稱也云問管仲者或人更問孔子齊大夫管仲之德行於民何如也矣云曰人也者荅曰管仲是人也云奪伯氏駢邑三百者釋所以是人之事也伯氏名偃大夫駢邑者伯氏所食采邑也時伯氏有罪管仲相齊削奪伯氏之地三百家也云飯蔬食沒齒無怨言者飯猶食也蔬猶麤也沒終齒年也伯氏食邑時家貧豐足奪邑之後至死而貧但食麤糲以終餘年不敢有怨言也所以然者明管仲奪之當理故不怨也。註孔安國曰至愛也。子產德行流於後世有古人之遺風子產卒仲尼聞之出涕曰古之遺愛也事在春秋第二十四卷魯昭公二十年冬傳也。註鄭元曰至人也。詩曰所謂伊人於焉逍遥是美此人今云管仲人也是美管仲也

子曰貧而無怨難富而無驕易疏子曰至驕易。云貧而無怨難者貧

交困於飢寒所以有怨若能無怨者則爲難矣江熙曰顔原無怨不可及也云富而無驕易者富貴豐足無所應怨然應無驕則爲易也江熙曰若子貢不驕猶可能也

子曰孟公綽爲趙魏老則優不可以爲滕薛大夫也

註孔安國曰公綽魯大夫也趙魏皆晉卿也家臣稱老公綽性寡欲趙魏貪賢家老無職故優滕薛小國大夫職煩故不可爲也疏子曰至夫也○此明人生性分各有所能趙魏皆晉地也老者采邑之室老也優猶寬閑也公綽性靜寡欲若爲采邑之臣則寬緩有餘裕也滕薛皆小國職煩公綽不能爲大夫也○註孔安國曰至爲也○趙魏賢人多職不煩雜故家臣無事所以優也滕薛二國不貪賢賢人少其職事煩雜故不可使公綽爲之

子路問成人子曰若臧武仲之智[註]馬融曰魯大夫臧孫紇也公綽之不欲[註]馬融曰魯大夫孟公綽也卞莊子之勇[註]周生烈曰卞邑大夫也冉求之藝文之以禮樂[註]孔安國曰加之以禮樂文成也亦可以爲成人矣曰今之成人者何必然見利思義[註]馬融曰義然後取不苟得也見危授命久要不忘平生之言亦可以爲成人矣[註]孔安國曰久要舊約也平生猶少時也[疏]子路問至人矣○云子路問成人者問人何所行德可爲成人乎○云子曰若臧武仲之智者荅若德成人者使智如臧武仲然武仲唯有求立

後於魯而爲孔子所譏此亦非智者齊侯將爲臧紇田臧孫聞之見齊侯與之言伐晉對曰多則多矣抑君似鼠夫鼠晝伏夜動不穴於寢廟畏人故也今君聞晉之亂而後作焉寧將事之非鼠如何乃弗與田臧孫知齊侯將敗不欲受其邑故以比鼠欲使怒而止仲尼曰智之難也有臧武仲之智謂能避齊禍而不容於魯國抑有由也作不順而施不恕也夏書曰念茲在茲順事恕施也此是智也事在春秋第十七卷襄公二十三年傳也云公綽之不欲者非唯須智如武仲又須無欲如公綽不欲不貪欲所以唯能爲趙魏老也范甯曰不欲不營財利也云卞莊子之勇者又非但公綽之無欲又須勇如卞莊子之勇莊子能獨挌虎一云卞莊子與家臣卞壽途中見兩虎共食一牛莊子欲前以劍揮之家臣曰牛者虎之美食牛盡虎之未飽二虎必鬬大者傷小者亡然後可以揮之信而言之果如卞壽之言也云冉求之藝者又非但勇如莊子又須有藝如求也云文之以禮樂者言備

有上四人之才智又須加禮樂以文飾之也云亦可以爲成人矣者亦可未足之辭言才智如上四人又加禮樂則亦可謂爲成明人之難也云曰今之成人者何必然者曰者謂也向之所荅是說古之成人耳若今之成人亦不必然也云見利思義者此已下說下成人之法是今也若見財利思是仁義合宜之財然後可取顏特進曰見利思義雖不及公綽之不欲猶顧義也云見危授命者若見其君之危則當授命竭身不苟免也曲禮云臨財無苟得臨難無苟免是也顏特進曰見危授命雖不及卞莊子之勇猶顧義不苟免也云久要不忘平生之言者久要舊約也平生者少年時也言成人平生期約雖久至今不得忘少時之言云亦可以爲成人矣者言如見利思義竭身致命至老不忘平生之言則亦可得爲今之成人也

子問公叔文子於公明賈曰信乎夫子不言不笑不

取乎【註】孔安國曰公叔文子衛大夫公孫拔也文謚也公明賈對曰以告者過也夫子時然後言人不厭其言也樂然後笑人不厭其笑也義然後取人不厭其取也子曰其然豈其然乎【註】馬融曰美其得道嫌其不能悉然也【疏】子問至然乎。○【云】子問云云者孔子見公明賈相訪而問公叔文子之事時公明賈仕公叔文子故問之者也【云】曰信云云者此是問公叔文子之事也夫子呼公叔文子爲大夫子言人傳文子乎生不言不笑不取財利此三事孔子未信故見公明賈而問之也【云】公明賈對云云者過誤也荅孔子曰文子有此三事是爲誤耳實理不然也【云】夫子時云云者先云是告者誤後荅言以實事對言我夫子非時不語語必得之中既得之中故世人不厭其言也〔云〕樂然云云者夫笑爲樂若不樂而强笑必爲人所厭更云事言訖然後笑也〔云〕義然云云者夫取利若非義取則爲人所厭我夫子見得思義義而後取故人不厭其取也〔云〕子曰其然者然如此也言今汝所說者當如此也〔云〕豈其然乎者謂人所傳三事不言不笑不取豈容如此乎一云其然是驚其如此豈其然乎其不能悉如此也袁氏曰其然然之也此則善之者恐其不能故設疑辭。〔註〕馬融曰至然也。〔云〕美其得道者釋其然也〔云〕嫌其云云者釋豈其然乎也

子曰臧武仲以防求爲後於魯雖曰不要君吾不信也〔註〕孔安國曰防武仲故邑也爲後立後也魯襄公二十三年武仲爲孟氏所譖出奔邾自邾如防使爲以大蔡納請曰紇非敢害也智不足也非敢

私請苟守先祀無廢二勳敢不避邑乃立臧爲紇致防而奔齊此所謂要君也　疏　子曰至信也。云子曰云云者姓臧名紇武謚也防是武仲故食采邑也爲後謂立後也武仲魯襄公二十三年爲孟氏所譖出奔邾後從邾還防而使人請於魯爲其後於防故云以防求爲後於魯云雖曰不要君吾不信者要謂要君也不先盡忠而先欺君也武仲出奔而猶求立後於其故邑時人皆謂武仲此事非要孔子據其理是要故云雖曰不要吾不信也是不信時人不要之言也袁氏曰奔不越境而據私邑求立先人之後此正要君也。注孔安國曰至君也。云防武仲故邑者武仲食邑於防既已出奔故邑云爲後立後也者其既自出奔欲更立後於防云魯襄云云者季武子無適子有公子鉏是公彌也及紇是悼子也季氏愛紇欲立之又公子鉏年長而臧紇謀爲立紇季氏從之孟孫死又廢大立小是依季氏家用事故孟氏家惡臧紇閉門譖於季孫曰臧氏將爲亂不使我葬欲爲公鉏雔臧氏季孫不信後孟氏除葬道臧孫使正夫助之除於東門介甲從己而視之孟氏又告季孫怒命攻臧氏之門家臧紇斬鹿門之關以出奔邾云自邾云云者大蔡是大龜也納進也進龜請立後臧紇有異母兄臧賈臧爲二人在鑄在舅氏國也紇在邾先遣使以龜告魯求立爲後賈聞命矣再拜受龜而使弟臧爲以以納請紇遣使後乃自邾還防云曰紇云云者紇至防使臧爲爲使至魯傳紇之言初孟氏譖紇以甲自隨謂欲爲亂季孫信而攻之故紇今謝之而言己以介甲從己而視之非敢欲爲害正是智不足也云非敢私請苟守先祀者又言今日之請非敢私求還正是欲求立後守先人之祀是爲先人之請云無廢二勳者二勳是臧文仲宣叔也是紇之祖父並於魯有功勳今願得立祀是不敢廢二世之勳也云敢不避邑者若二大勳不廢得有守祀之人則紇敢不避邑也云乃立臧爲者魯得紇

請仍立臧爲爲後也所以立臧爲者臧爲于時又私自爲請求立己也云紇致防而奔齊者紇得立臧爲後竟故致防與臧爲而奔齊云此所謂要君也者還據私邑求爲先而立後要望魯邑卽此是要君也事在春秋第十七卷襄公二十三年傳也

子曰晉文公譎而不正註鄭玄曰譎者詐也謂召天子而使諸侯朝之仲尼曰以臣召君不可以訓故書曰天王狩于河陽是譎而不正也齊桓公正而不譎註馬融曰伐楚以公義責包茅之貢不入問昭王南征不還是正而不譎也疏子曰至不譎○云晉文公譎而不正者晉文公是晉獻公之子重耳也初爲驪姬之難遂出奔新城游歷諸國至二十八年受

命爲侯伯遂爲之主此許其有失也譎詭詐也文公爲霸主行詭詐而不得爲正禮時天子是周襄王微弱文公欲爲霸主大合諸侯而欲事天子以爲名義自嫌強大不敢朝天子乃諭諸天子令出畋狩因此盡君臣之禮天子遂至晉河陽之地此是文公譎而不正禮也事在春秋七卷僖公二十八年〔云〕齊桓公正而不譎者此是齊侯爲霸主依正而行不爲詐譎是勝於晉文公也江熙曰言此二君霸迹不同而所以翼佐天子綏諸侯使車無異轍書無異文也○〔註〕鄭元曰至正也○此臣無召君之禮而文公召之故不爲教訓也故春秋不云晉侯召君但云天王狩于河陽言是天子自狩以至河陽也○〔註〕馬融曰至譎也○魯僖公三年冬齊侯與蔡姬乘舟于囿蕩公蔡姬齊侯夫人蕩搖也是搖蕩船也公懼變色禁之不可公怒歸之未之絕也蔡人嫁之至明年四年春齊侯之師侵蔡蔡潰散也遂伐楚楚子使與師言曰君處北海寡人處南海唯是風馬牛不相及也不虞君之涉

吾地也何故齊侯使管仲對曰昔召康公命我先君太公曰五侯九伯汝實征之以夾輔周室賜我先君履東至于海西至于河南至于穆陵北至于無棣爾貢包茅不入王祭不供無以縮酒寡人是徵昭王南征不還寡人是問對曰貢之不入寡君之罪也敢不供給昭王之不還君其問諸水濱按春秋傳齊侯伐楚責此二事是正不譎也楚地出好茅貢王祭將縮酒縮酒者謂束茅而灌之以酒謂之縮酒楚既久不貢茅故周王祭時無茅以供縮酒乃就齊徵求之又昭王是成王之孫南巡狩涉漢船壞而溺死周人諱而不赴諸侯不知其故故問之所以伐楚楚受不貢包茅之失而不受昭王溺水之咎于時溺水之地不屬楚境故云問諸水濱也事在春秋第五卷僖四年春傳也

子路曰桓公殺公子糾召忽死之管仲不死曰未仁乎註孔安國曰齊襄公立無常鮑叔牙曰君使民

慢亂將作矣奉公子小白出奔莒襄公從弟公孫無知殺襄公管夷吾召忽奉公子糾出奔魯齊人殺無知魯伐齊納子糾小白自莒先入是爲桓公乃殺子糾召忽死也子曰桓公九合諸侯不以兵車管仲之力也如其仁如其仁【註】孔安國曰誰如管仲之仁矣【疏】子路曰至其仁○云子路曰云云者桓公是齊僖公之庶子名小白也子糾是桓公之庶兄桓公與子糾爭國而殺子糾也云召忽死之者召忽是子糾之傅子糾被殺故召忽赴敵而同死也云管仲不死者管仲亦是子糾輔相召忽既死管仲猶生故曰不死云曰未仁乎者曰者謂也是時人物議者皆謂管仲不死是不仁之人也管仲非唯不死亦迴復輔相桓公

故爲無仁恩也云子曰云云者孔子荅子路說管仲有仁之迹齊桓公爲霸主遂經九過盟會諸侯不用兵車而能辨也不用兵車而諸侯九合管仲之力也史記云兵車之會三乘車之會六穀梁傳云衣裳之會十一范甯注曰十三年會北杏十四年會鄄十五年又會鄄十六年會幽二十七年又會幽僖元年會檉二年會貫三年會陽穀五年會首戴七年會甯母九年會葵丘凡十一會又非十一會鄭不取北杏及陽穀爲九會云管仲云云者管仲不用民力而天下平靜誰如管仲之仁智乎再言之者深美其仁也。註孔安國曰全死也。云齊襄公立無常者此注至召忽死之並是春秋魯莊公八年九年傳文是記前時之事也襄公者是齊僖公之適子名諸兒作倪字呼是桓公之兄既得立爲君風化不恒爲政之惡故曰無常云鮑叔牙曰云云者齊僖公有三子長是襄公是鮑叔牙者小白之輔適次子糾是庶小者是小白也僖公薨襄公繼父之位爲君政不常相見襄公風政無常故云亂將作也云奉公子小白出奔莒者叔牙見襄公危政不居亂邦故奉小白奔往莒國也云襄公從弟公孫無知殺襄公者小白奔後而襄公從弟公母弟夷仲年之子名無知作亂而殺襄公自立爲君禮諸侯之子曰公子公子之子曰公孫公孫之子曰公族云管夷吾云云者夷吾管仲也襄公死後管仲召忽二人奉持子糾出奔魯云齊人殺無知者齊人是雍廩也子糾出奔後公孫得爲君惡虐于雍廩雍廩齊大夫也至九年春雍廩殺無知云魯伐齊納子糾者子糾奔魯齊人又殺無知而齊無君至魯莊公九年夏四月魯伐齊入子糾欲擬立爲齊君納入也云小白自莒先入是爲桓公者小白先奔在莒聞魯伐齊納子糾故先子糾而入遂爲君死謚爲桓公云乃殺子糾召忽死也者小白既入得爲君遂殺庶兄子糾于生竇在魯地也故云桓公殺公子糾召忽死之一云召忽投河而死事在春秋第三卷莊公八年九月傳

子貢曰管仲非仁者與桓公殺公子糾不能死又相之子曰管仲相桓公霸諸侯一匡天下【註】馬融曰匡正也天子微弱桓公率諸侯以尊周室一正天下也民到于今受其賜【註】受其賜者謂不被髮左衽之惠也微管仲吾其被髮左衽矣【註】馬融曰微無也無管仲則君不君臣不臣皆爲夷狄也豈若匹夫匹婦之爲諒也自經於溝瀆而莫之知也【註】王肅曰經經死於溝瀆之中也管仲召忽之於公子糾君臣之義未正成故死之未足深嘉不死未

足多非死事既難亦在於過厚故仲尼但美管仲之功亦不言召忽不當死也【疏】子貢曰至知也。○云子貢曰云云者問孔子嫌管仲非是仁者乎云桓公殺云云者此舉管仲非仁之迹言管仲是子糾之相而桓公是子糾之賊管仲既不爲子糾致命殺讎而更相桓公非爲仁也云子曰云云者孔子說管仲爲仁之迹也管仲得相桓公者桓公與子糾爭國管仲射桓公中鉤帶子糾死管仲奔魯初鮑叔牙與管仲同游南陽極相敬重叔牙後相桓公而欲取管仲還無漸既因告老辭位桓公問叔牙誰復堪爲相者牙曰唯管仲堪之桓公曰管仲射朕鉤帶殆[illegible]死今日豈可相乎牙曰在君爲君謂忠也至君[illegible]急當射彼人鉤帶桓公從之遣使告魯不欲放殺管仲遣使者曰管仲射我君鉤帶君自斬之魯還之遂得爲相莊九年夏云小白既先入而魯猶輔子糾至秋齊與魯戰于乾時魯師敗績鮑叔牙志欲生管仲乘勝進軍來告魯曰子糾親也請君討之管召讎也請受而甘心焉子糾是我親也我不忍殺欲令魯殺之管仲召忽是我欲自得而殺之魯乃殺子糾于生竇召忽死之管仲請囚鮑叔牙受之及堂阜而脫之遂使爲相也霸諸侯使輔天子合諸侯故曰霸諸侯也一匡天下故天下一切皆正也〇云民到于今受其賜者賜猶恩惠也于時夷狄侵偪中華得管仲匡霸桓公今不爲夷狄所侵皆由管仲之恩賜也王弼曰于時戎狄交侵亡邢滅衞管仲攘戎狄而封之南服楚師北伐山戎而中國不校故曰受其賜也〇云微管仲云云者此舉受賜之事也被髮不結也左衽衣前從右來向左也孔子言若無管仲則今我亦爲夷狄故被髮左衽矣〇云豈若云云者孔子更語子貢豈召忽死之不足爲多管仲不死不足爲小也諒信也匹夫匹婦無大德而守於小信則其宜也自經謂經死於溝瀆中也溝瀆小處非宜死之處也君子直而不諒事存濟時濟世豈執守小信自死於溝瀆而

世莫知者乎喻管仲存於大業不爲召忽守小信而或云召忽投河而死故云溝瀆或云自經自縊也白虎通云匹夫匹婦者謂庶人也言其無德及遠但夫婦相爲配匹而已。【註】王肅曰至死也。二人竝不足爲是非也死是人生之難而召忽於子糾未成君臣今爲之死亦是過厚不及管仲不死也

公叔文子之臣大夫僎與文子同升諸公【註】孔安國曰大夫僎本文子家臣也薦之使與己竝爲大夫同升在公朝也子聞之曰可以爲文矣【註】孔安國曰言行如是可謚爲文也【疏】公叔文子至文矣。云公叔文子之臣大夫僎者即前孔子所問公明賈之文子也有臣名僎亦爲大夫也云與文子同升諸公者升朝也諸

之也公衛君也文子是衛大夫僎本是家臣見之有才能不將爲己之臣恐掩賢才乃薦於衛君衛君用之亦爲大夫與文子尊卑使敵恒與文子齊列同班者也云子聞之曰可以爲文矣者子孔子也聞文子與家臣同升而美之也言謚文也以其德行必大得謚爲文矣

子曰衛靈公之無道久也康子曰夫如是奚而不喪孔子曰仲叔圉治賓客祝鮀治宗廟王孫賈治軍旅夫如是奚其喪【註】孔安國曰言君雖無道所任者各當其才何爲當亡乎【疏】子曰至其喪○云子曰云云者孔子歎衛君無道也云康子曰云云者康子魯季康子也夫指衛靈公也奚何也康子聞孔子歎衛君無道故致其言夫無道者必須喪傾邦靈公奚無道行意不喪亡其國乎云孔子曰云云者孔子荅康子言

靈公無道邦國不喪之由也有此三臣各掌其政也喪亡也或問曰靈公無道焉得有好臣答曰或是先人老臣未去者也或靈公少時可得良臣而後無道故臣未去也

子曰其言之不怍則其爲之難【註】馬融曰怍慙也內有其實則言之不慙積其實者爲之難也【疏】子曰至之難○作慙也人內心虛詐者外言貌必慙若內有其實則外貌無慙時多虛妄無慙怍也故王弼曰情動於中而外形於言情正實而後言之不怍

陳成子殺簡公孔子沐浴而朝告於哀公曰陳恒殺其君請討之【註】馬融曰陳成子齊大夫陳恒也將告君故先齊齊必沐浴也公曰告夫二三子【註】孔

安國曰謂三卿也孔子曰以吾從大夫之後不敢不告也君曰告夫二三子者【註】馬融曰我於禮當告君不當告二三子君使我往故復往也之二三子告不可孔子曰以吾從大夫之後不敢不告【註】馬融曰孔子由君命之二三子告不可故復以此辭語之而止也【疏】陳成子至不告。云陳成子殺簡公者陳成子陳恒也謚成子魯哀公十四年甲午齊陳恒殺其君壬於舒州云孔子沐浴而朝告於哀公者魯齊同盟分災救患故齊亂則魯宜討之禮臣下凡欲告君諮謀必先沐浴孔子是臣故先沐浴告於哀公而請伐齊云曰陳恒殺其君請討之者此告哀公之事也哀公言魯爲齊弱久矣子之伐之將若之何對曰陳恒殺其君民不與者半以魯衆加齊之半可克是孔子對曰也云公曰告夫二三子者二三子是三卿仲孫叔孫季孫公得孔子告不敢自行更令孔子往告三卿孔子辭之而不告也云孔子曰云云者孔子得公令告三卿故言此荅之言我是大夫大夫聞事應告先主君云從大夫之後者孔子謙也云君曰告夫二三子者禮我應告君本不應告三子今君使我告三子我當往告之云之二三子告不可者之往也孔子從君命而往三子告孔子曰不可討齊也云孔子曰云云者三子既告孔子云齊不可討故孔子復以此辭語之而止也

子路問事君子曰勿欺之而犯之註孔安國曰事君之道義不可欺當能犯顏色諫爭也疏子路問至犯之○云子路問事君者問孔子求事君之法云子曰云云者荅事君當先盡忠而不欺也君若有過則必犯

顏而諫之禮云事君有犯而無隱事親有隱而無犯

子曰君子上達小人下達註本爲上末爲下也疏子曰至下達。上達者達於仁義也下達謂達於財利所以與君子反也

子曰古之學者爲己今之學者爲人註孔安國曰爲己履道而行之也爲人徒能言之也疏子曰至爲人。明今古有異也古人所學己未善故學先王之道欲以自己行之成己而已也今之世學非復爲補己之行闕正是圖能勝人欲爲人言己之美非爲己行不足也。註孔安國曰至言之也。徒空也外空爲人言之而已無其行也一云徒則圖也言徒爲人說也

蘧伯玉使人於孔子孔子與之坐而問焉註孔安國

曰伯玉衞大夫蘧瑗也曰夫子何爲對曰夫子欲寡其過而未能也【註】言夫子欲寡其過而未能無過也使者出子曰使乎使乎【註】陳羣曰再言使乎善之也言使得其人也【疏】蘧伯玉至使乎。〇云蘧伯玉使人於孔子者使人往孔子處〇云孔子與之坐而問焉者孔子與伯玉之使者坐而問之〇云曰夫子何爲者此孔子所問之事孔子指伯玉爲夫子問使者汝家夫子何所爲耶〇云對曰云云者使者荅言我家夫子恆自修省夙夜戒愼欲自寡少於過失而未能寡於過也〇云使者出者使者荅竟而出〇云子曰使乎使乎者孔子美使者之爲美故再言使乎者言伯玉所使爲得其人也顏子尚未能無過況伯玉乎而使者曰未能是得伯玉之心而不見欺也

子曰不在其位不謀其政曾子曰君子思不出其位

【註】孔安國曰不越其職也【疏】子曰至其位。云子曰云云者誡人各專己職不得濫謀圖他人之政也云曾子曰云云者君子思慮當己分內不得出己之外而思他人事思於分外徒勞不可得袁氏曰不求分外

子曰君子恥其言之過其行也【疏】子曰至行也。君子之人顧言愼行若空出言而不能行遍是言過其行也君子恥之小人則否

子曰君子道者三我無能焉仁者不憂智者不惑勇者不懼子貢曰夫子自道也【疏】子曰至道也。云子曰云云者言君子所行之道有三夫子自謙我不能行其一也我者孔子自言也云仁者不憂者一樂天知命內省

不疚是無憂〔云〕智者不惑者〔二〕智者以照了爲用是無疑惑〔云〕勇者不懼者〔三〕既有才力是以捍難衞侮是無懼敵也〔云〕子貢曰夫子自道也者〔孔子曰無而實有也故子貢曰孔子自道說也江熙曰聖人體是極於沖虛是以忘其神武遺其靈智遂與衆人齊其能否故曰我無能焉子貢識其天眞故曰夫子自道也

子貢方人〔注〕孔安國曰比方人也子曰賜也賢乎我夫哉我則不暇〔注〕孔安國曰不暇比方人也〔疏〕子貢方人至不暇。〔云〕子貢方人者方比方人也子貢以甲比乙論彼此之勝劣者也〔云〕子曰云云者夫人行難知故比方人優劣之不易且誰開己之劣故聖人不言聖人不言而子貢專輒比方之故抑之云賢乎哉〔云〕我則不暇者事既爲難故我則不暇有比方之說江熙曰比方人不得不長短相傾

聖人誨人不倦豈當相臧否故云我則不暇是以問人之賢而無毀譽長物之風於是乎暢

子曰不患人之不己知患己無能也〔注〕王肅曰徒患己之無能也〔疏〕子曰至能也○言不患人之不知我之有才能也正患無才能以與人知耳

子曰不逆詐不億不信抑亦先覺者是賢乎〔注〕孔安國曰先覺人情者是寧能爲賢乎或時反怨人也〔疏〕子曰至賢乎○云不逆詐者逆者迎也君子含弘接納不得逆欺物以詐僞也李充曰物有似眞而僞亦有似僞而眞者信僭則懼及僞人詐濫則懼及眞人寧信詐則爲教之道弘也云不億不信者億億必也事必須驗不得億必懸期人之不信李充曰人而無信不知其可也然閑邪存誠不

在善察若見失信於前必億其無信於後則容長之風虧而改過之路塞矣億音憶〔云〕抑亦云云者言若逆詐及億不信者此乃是先少覺人情者耳寧可謂是爲賢者之行乎李充曰夫至覺忘覺不爲覺以求先覺先覺雖覺同逆詐之不覺也顔特進曰能無此者雖未窮明理而抑亦先覺之次也〇〔註〕孔安國曰至人也〇言先覺或濫則反受怨責也

微生畝謂孔子曰丘何爲是栖栖者與無乃爲佞乎〔註〕苞氏曰微生姓也畝名也孔子對曰非敢爲佞也疾固也〔註〕苞氏曰疾世固陋欲行道以化人也

〔疏〕微生畝至固也〇〔云〕微生畝云云者微生畝見孔子東西遑遑屢適不合故呼孔子名而問之也言丘何是爲此栖栖乎將欲行詐佞之事於時世乎〔云〕孔子對云云者〔云〕孔子荅曰我之栖栖非敢

詐佞政是忿疾世固陋我欲行道以化之故耳

子曰驥不稱其力稱其德也〔註〕鄭元曰德者謂調良之德也〔疏〕子曰至德也。驥者馬之上善也于時輕德重力故孔子引譬抑之也言伯樂驥非重其力政是稱其美德耳驥既如此而人亦宜然也江熙曰稱伯樂曰驥有力而不稱君子雖有兼能而惟稱其德也

或曰以德報怨何如子曰何以報德〔註〕德恩惠之德也以直報怨以德報德〔疏〕或曰至報德。云或曰云云者或人問孔子曰彼與此有怨而此人欲行德以報彼怨其事理何如也云子曰何以報德者孔子不許也言彼有怨而德以報彼設彼有德於此則又何以報之也云以直云云者既不許以德報怨故更荅以此也不

許以德報怨言與我有怨者我宜用直道報之若與我有德者我以備德報之也所以不以德報怨者若行怨而德報者則天下皆行怨以要德報之如此者是取怨之道也

子曰莫我知也夫子貢曰何爲其莫知子也注子貢怪夫子言何爲莫知己故問也子曰不怨天不尤人注馬融曰孔子不用於世而不怨天人不知己亦不尤人也下學而上達注孔安國曰下學人事上知天命也知我者其天乎注聖人與天地合其德故曰唯天知己也疏子曰至天乎。云莫我知也夫者莫無也孔子歎世人無知我者云子貢曰云云者子貢怪夫子有此言云何謂莫知子乎何爲猶若爲也云子曰云云者孔子答無知我之事尤責也言我不見用而世人咸言我應怨天責人而我實無此心也人不見知而我不責人天不見用我亦不怨天也云下學而上達者解無知我所以不怨天不尤人之由也下學學人事上達達天命我既學人事人事有否有泰故不尤人上達天命天命有窮有通故我不怨天也云知我者其天乎者人不見知我我不怨不尤者唯天知之耳。註聖人至己也。聖人德合天地天地無可怨責故我亦不怨責之也

公伯寮愬子路於季孫註馬融曰愬譖也伯寮魯人弟子也子服景伯以告註馬融曰魯大夫子服何忌也告告孔子也曰夫子固有惑志註孔安國曰季孫信讒恚子路也於公伯寮也吾力猶能肆諸

市朝【註】鄭元曰吾勢能辨子路之無罪於季孫使之誅伯寮而肆也有罪既刑陳其尸曰肆也子曰道之將行也與命也道之將廢也與命也公伯寮其如命何【疏】公伯寮至命何。○云公伯寮云云者愬譖也子路時仕季氏而伯寮譖季氏令信讒譖子路也云子服景伯以告者子服景伯聞公伯寮譖子路故告孔子云曰夫子固有惑志者此景伯所告之辭夫子者季孫爲夫子也惑志謂季孫信伯寮之讒子路也云公伯寮云云者景伯既告孔子曰季氏猶有惑志而又此說助子路使子路無罪而伯寮致死言若於他人該有豪勢者則吾力勢不能誅耳若於伯寮者則吾力勢是能使季孫審子路之無罪而殺伯寮於市朝也肆者殺而陳尸也云子曰云云者孔子荅景伯以子路無罪言人死生有命非伯寮之譖如何言人之道德得行於世者此是天之命也云道之將廢也與命也者又言人君道廢墜不用於世者此亦是天之命也子路之道廢興由天之命耳雖公伯寮之譖其能違天命而興廢於子路耶江熙曰夫子使景伯辨子路則不過季孫爲甚拒之則逆其區區之誠故以行廢之命期之或有如不救而大救也。

註馬融曰至子也。註鄭元曰至肆也。殷禮殺大夫已上於朝殺士於市殺而猶陳曝其尸以示百姓曰肆也

子曰賢者避世註孔安國曰世主莫得而臣之也其次避地註馬融曰去亂國適治邦也其次避色註孔安國曰色斯舉也其次避言註孔安國曰有惡言乃去也子曰作者七人矣註苞氏曰作爲也爲

之者凡七人謂長沮桀溺丈人石門荷蕢儀封人楚狂接輿也【疏】子曰至人矣。云賢者避世者聖人磨而不磷涅而不緇無可無不可故不以治亂爲隔若賢者去就順時若天地閉塞則賢人便隱高蹈塵外枕流漱石天子不得而臣諸侯不得而友此謂避世之士也云其次避地者謂中賢也未能高栖絕世但擇地處去亂就治此是避地之士也云其次避色者此次中之賢也不能預擇治亂但臨時觀君之顏色顏色惡則去此謂避色之士也云其次避言者此又次避色之賢者不能觀色斯舉矣唯但聽君言之是非聞惡言則去此謂避言士也云子曰作者七人矣者引孔子言證能避世以下自古已來作此行者唯七人而已矣。【註】苞氏曰至輿也。七人是注中有七人也王弼曰七人伯夷叔齊虞仲夷逸朱張柳下惠少連也鄭康成曰伯夷叔齊虞仲避世者荷蓧長沮桀溺避地者柳下惠少連避色者荷蕢楚

狂接輿避言者也七
當爲十字之誤也

子路宿於石門石門晨門曰奚自【註】晨門者閽人也

子路曰自孔氏曰是知其不可而爲之者與【註】苞氏曰言孔子知世不可爲而強爲之也【疏】子路宿至者與○云子路宿於石門者石門地名也子路行住石門宿也一云石門者魯城門外也云石門晨門曰奚自者晨門守石門晨昏開閉之吏也魯人也自從也子路既在石門守門之吏朝早開見子路從石門行過故問子路曰汝將從何而來邪云子路曰自孔氏者子路荅曰我此行從孔氏處來也云曰是云云者晨門聞子路云從孔氏故知是孔子也言孔氏知世不可教化而強周流東西是知其不可爲之故問之○【註】晨門者閽人也○守昏晨者也

子擊磬於衛有荷蕢而過孔氏之門者曰有心哉擊磬乎【註】蕢草器也有心謂契契然也既而曰鄙哉硜硜乎莫己知也斯已而已矣【註】此硜硜徒信己而已言亦無益也深則厲淺則揭【註】苞氏曰以衣涉水爲厲揭揭衣言隨世以行己若遇水必以濟知其不可則當不爲也子曰果哉末之難矣【註】末知己志而便譏己所以爲果也末無也無難者以其不能解己道也【疏】子擊至難矣。○云子擊磬於衛者孔子時在衛而自以槌擊磬而爲聲也○云有荷云云者荷擔揭也蕢織草爲器可貯物也當孔子擊磬之時有一人擔揭草

器而過孔氏之門也云曰有心哉擊磬乎者荷蕢
者聞孔子磬聲而云非是平常之其聲乎有別所
志故云有心哉云既而曰鄙哉者既而猶既畢也
荷蕢既云有心而察之察之既畢又云鄙哉言磬
中之聲甚可鄙劣也云硜硜乎莫己知也者此鄙
哉之事言聲中硜硜有無知己也云斯已而已矣
者又言孔子硜硜不肯隨世變唯自信己而已矣
云深則厲淺則揭者荷蕢者又引事爲譬以諫孔
子也以衣涉水爲厲褰衣涉水曰揭言人之行道
化世當隨世盛衰如涉水也若水深者則不須揭
衣揭衣皆是無益當合而厲之若水淺者涉當褰
揭而度譬如爲教若世不可教則行之如不揭也
若世可教則行之如揭衣以涉水也爾雅云繇膝
以下爲揭繇膝以上爲厲繇猶由也云子曰云云
者孔子聞荷蕢譏己而發此言也果者敢也末無
也言彼未解我意而便譏我此則爲果敢之甚也
故曰果哉但我道之深遠彼是中人豈能知我若
就彼中人求無譏者則爲難矣元風之攸在賢聖

相與必有以也夫相與於無相與乃相與之至相爲於無相爲乃相爲之遠苟各修本奚其泥也同自然之異也雖然未有如荷蕢之談幾甚也按文索義全近則泥矣其將遠則通理嘗試論之武王從天應民而夷齊叩馬謂之殺君夫子疾固勤誨而荷蕢之聽以爲硜硜言其未達耶則彼皆賢也達之先於衆矣殆以聖人作而萬物都覩非聖人則無以應萬方之求救天下之弊然救弊之迹弊之所緣勤誨之累則焚書坑儒之禍起革命之弊則王莽趙高之釁成不拯擊其迹則無振希聲之極致故江熙曰隱者之談夫子各致此出處不乎。註有心謂契契然。契契謂心別有所志詩云契契寤歎。註此硜之益也。徒空也時既不行而猶空信己道欲行之是於教化無所益也

子張曰書云高宗諒陰三年不言何謂也註孔安國曰高宗殷之中興王武丁也諒信也陰猶默也子

曰何必高宗古之人皆然君薨百官總己【注】馬融曰己己百官也以聽於冢宰三年【注】孔安國曰冢宰天官卿佐王治者也三年喪畢然後王自聽政也【疏】子張曰至三年。○云子張曰云云者高宗殷中興王也名武丁殷家三十帝水德王六百二十九年高宗是第二十二帝也前帝小乙之子也其武丁登阼之時殷祚已得三百四十三年其德高而可宗故謂爲高宗也諒信也陰默也尚書云作其即位乃或諒陰三年不言是武丁起其即位則小乙死乃有信默言其孝行著子張讀尚書見之不曉嫌與世異故發問孔子何謂也云子曰云云者孔子荅子張古之人君也言古之人君有喪者皆三年不言何必獨美高宗耶此言亦激時人也云君薨百官總己者說人君之喪其子得不言之由若君死則羣臣百官不復諮詢於君而各總束己之事故云總己也云以聽於冢宰三年者冢宰上卿也百官皆束己職三年聽冢宰故嗣王君三年不言也。註孔安國曰至默也。或呼倚廬爲諒陰或呼爲梁闇或呼梁庵各隨義而言之。註馬融曰己己百官也。己具己於百官各自束己身也

子曰上好禮則民易使也註民莫敢不敬故易使也

疏子曰至使也。禮以敬爲主君旣好禮則民莫敢不敬故易使也

子路問君子子曰修己以敬註孔安國曰敬其身也曰如斯而已乎曰修己以安人註孔安國曰人謂朋友九族也曰如斯而已乎曰修己以安百姓修己以安百姓堯舜其猶病諸註孔安國曰病猶難

也疏子路問至病諸。云子路問君子者問爲君子之法也云子曰修己以敬者身正則民從故君子自修己身而自敬也云曰如斯而已乎者子路嫌其少故重更諮問孔子如此而已乎斯此也云曰修己以安人者荅子路言當能先自修敬己而後安人也云曰如斯而已乎者子路又嫌少也云曰修己以安百姓者又荅曰先修敬己身然後乃安於百姓也云修己云云者病難也諸之也言先能內自修己而外安百姓此事爲大難也堯舜之至聖猶患此事難故云病諸也衛瓘曰此難事而子路狹據之再云如斯而已乎故云過此則堯舜所病也郭象曰夫君子者不能索足故修己者索己故修己者僅可以內敬其身外安同己之人耳豈足安百姓哉百姓百品萬國殊風以不治治之乃得其極若欲修己以治之雖堯舜必病況君子乎今堯舜非修之也萬物自無爲而治若天之自高地之自厚日月之自明雲行雨施而已故能夷暢條達曲成不遺而無病也原壤夷俟【註】馬融曰原壤魯人孔子故舊也夷踞也俟待也踞待孔子也子曰幼而不遜悌長而無述焉老而不死是爲賊也【註】賊謂賊害也以杖叩其脛【註】孔安國曰叩擊也脛脚脛也【疏】原壤至其脛○云原壤夷俟者原壤者方外之聖人也不拘禮敬與孔子爲朋友夷踞也俟待也壤聞孔子來而夷踞豎膝以待孔子之來也云子曰云云者孔子方內聖人恒以禮教爲事見壤之不敬故歷數之以訓門徒也言壤少而不以遜悌自居至於年長猶自放恣無所效述也云老而不死是爲賊者言壤年已老而未死行不敬之事所以賊害於德也云以杖叩其脛者脛脚脛也膝上曰股膝下曰脛孔子歷數言之既竟又以杖叩擊壤脛令其脛而不夷踞也

闕黨童子將命矣注馬融曰闕黨之童子將命者傳賓主之語出入也或問之曰益者與子曰吾見其居於位也注童子隅坐無位成人乃有位也見其與先生竝行也非求益者也欲速成者也注苞氏曰先生成人也竝行不差在後也違禮欲速成者也則非求益者也疏闕黨至成者也○云闕黨童子將命者五百家爲黨此黨名闕故云闕黨也童子未冠者之稱將命是傳賓主之辭謂闕黨之中有一小兒能傳賓主之辭出入也云或問之曰益者與者或見小兒傳辭故問孔子云此童子而傳辭是自求進益之道也與云子曰云云者孔子荅曰其非求益之事也禮童子隅坐無有列位而此童子不讓乃與成人竝居位

也云見其與先生竝行者先生者成人謂先己之生也非謂師也禮父之齒隨行兄之齒鴈行此童子行不讓於長故云與先生竝行也云非求云云者孔子又曰此童子既居位竝行則非自求進益之道正是欲速成人耳違禮欲速成者非是求益之道也○註童子至位也○隅角也童子不合與成人竝位但就席角而坐是無位也矣

論語集解義疏卷第七

論語集解義疏卷第八

魏　何晏　集解

梁　皇侃　義疏

論語衛靈公第十五

【疏】衛靈公者衛國無道之君也所以次前者憲既問仕故舉時不可仕之君故以衛靈公次憲問也

衛靈公問陳於孔子【註】孔安國曰軍陳行列之法也

孔子對曰俎豆之事則嘗聞之矣【註】孔安國曰俎豆禮器也軍旅之事未之學也【註】鄭元曰萬二千

五百人爲軍五百人爲旅也軍旅末事本未立則
不可教以末事也【疏】衛靈公問至學也○云衛靈公問陳於孔子者孔子至衛
欲行文教而靈公不慕勝業唯知問於軍陳之事
也【云】孔子對曰云云者俎豆禮器也孔子武文自
然兼能今抑靈公故云唯嘗聞俎豆事也【云】軍旅
云云者拒之故云不學軍旅也鄭元曰萬二千五
百人爲軍五百人爲旅也周禮小司徒職云五人
爲伍五伍爲兩四兩爲卒五卒爲旅五旅爲師五
師爲軍○【註】鄭元曰全事也○本謂文
教也靈公未能文故不教之武者也
明日遂行在陳絶糧從者病莫能興【註】孔安國曰從
者弟子興起也孔子去衛如曹曹不容又之宋遭
匡人之難又之陳會吳伐陳陳亂故乏食也子路

慍見曰君子亦有窮乎子曰君子固窮小人窮斯濫矣【注】濫溢也君子固亦有窮時但不如小人窮則濫溢爲非也【疏】明日至濫矣。○云明日遂行者孔子至衞旣爲問武故其明日遂行不留衞國也云在陳絶粮者明日遂行初往曹曹不容又往宋在宋遭匡人之圍又往陳遇吳伐陳陳大亂故乏絶粮食矣云從者病莫能興者從者謂諸弟子從孔子行在陳者也病飢困也興起也旣絶粮故從行弟子皆餓困莫能起者也云子路慍見者弟子皆病無能起者唯子路剛強獨能起也心恨君子行道乃至如此困之故便慍色而見孔子也云曰君子亦有窮乎者此慍見之辭也曾聞孔子曰學也祿在其中則君子不應窮乏今日如此與孔子言乖故問云君子亦窮乎云子曰云云者孔子此荅因抑小人也言君子之人固窮亦有窮時耳若不守窮而爲濫溢則是小人故

云小人窮斯濫矣。注孔安國曰至食也。云孔子去衞如曹者如往也云又之宋者之亦往也云會矣伐陳者會猶遇也

子曰賜也汝以予爲多學而識之者與對曰然注孔安國曰然者謂多學而識之也非與注孔安國曰問今不然耶曰非也予一以貫之注善有元事有會天下殊塗而同歸百慮而一致知其元則衆善舉矣故不待多學一以知之也疏子曰至貫之。云子曰云云者時人見孔子多識並謂孔子多學世事而識之故孔子問子貢而釋之也云對曰然者然如此也子貢答曰賜亦謂孔子多學故如此多識之也云非與者子貢又嫌孔子非多學而識故更問定云非

與與不定之辭也云曰非也者孔子又荅曰非也言我定非多學而識之也云予一以貫之者貫猶穿也既荅云非也故此更荅所以不多學而識之由也言我所以多識者我以一善之理貫穿萬事而萬事自然可識故得知之故云予一以貫之也○註善有至知之也○云善有元事有會者元猶始也會猶終也元者善之長故云善有元也事各有所終故曰事有會也云天下殊塗而同歸者解事有會也事雖殊塗而其要會皆同有所歸也云百慮而一致者解善有元也致極也人慮乃百其元極則同起一善也云知其元云云者是善長衆元則衆善自舉所以不須多學而自能識之也

子曰由知德者鮮矣註王肅曰君子固窮而子路慍見故謂之少於知德者也疏子曰由知德者鮮矣○由子路也呼子路語之云夫知德之人難得故爲少也○註王肅曰至德者也○按如注意則孔子此語爲問絶糧而

譏發之者也

子曰無爲而治者其舜也與夫何爲哉恭己正南面而已矣【註】言任官得其人故無爲而治也【疏】子曰至已矣。云子曰云云者舜上受堯禪於己己又下禪於禹受授得人故孔子歎舜無爲而能治也云夫何云云者既受授善得人無勞於情慮故云夫何爲哉既垂拱而民自治政所以自恭敬而居天位正南面而已也蔡謨曰謨昔聞過庭之訓於先君曰堯不得無爲者所承非聖也禹不得無爲者所授非聖也今三聖相係舜居其中承堯授禹又何爲乎夫道同而治異者時也自古以來承至治之世接二聖之間唯舜而已故特稱之焉。註言任至治也。由受授皆聖舉十六相在朝故是任官得其人也子張問行子曰言忠信行篤敬雖蠻貊之邦行矣言不忠信行不篤敬雖州里行乎哉【註】鄭玄曰萬二千五百家爲州五家爲鄰五鄰爲里行乎哉言不可行也立則見其參然於前也在輿則見其倚於衡也夫然後行也【註】苞氏曰衡軛也言思念忠信立則常想見參然在前在輿則若倚衡軛也子張書諸紳【註】孔安國曰紳大帶也【疏】子張問至諸紳○云子張問行者問人立身居世修善若爲事而其道事可得行於世乎【云】子曰言忠信行篤敬者【云】欲使道行於世者出言必使忠信立行必須篤厚恭敬也【云】雖蠻貊之邦行矣者若身修前德無論居處於華

夏假令居住蠻貊遠國則己之道德無所不行也云言不云云云者又云若不能身修前德而身雖居中國州里之近而所行亦皆不行故云行乎哉言不行也云立則云云者也參猶森也言若敬德之道行己立在世間則自想見忠信篤敬之事森森滿亘於己前也云在輿云云者倚猶憑依也衡車衡軛也又若在車輿之中則亦自想見忠信篤敬之事羅列憑依滿於衡軛之上也云夫然後行也者若能行存想不忘事事如前則此人身無往而不行故云夫然後行也云子張書諸紳者紳大帶也子張聞孔子之言可重故書題於己衣之大帶欲日夜存錄不忘也○註鄭元曰至爲里○此王畿遠郊內外民居地名也

子曰直哉史魚註孔安國曰衛大夫史鰌也邦有道如矢邦無道如矢註孔安國曰有道無道行直如

矢不曲也君子哉蘧伯玉邦有道則仕邦無道則可卷而懷之【註】苞氏曰卷而懷謂不與時政柔順不忤於人也【疏】子曰至懷之。○云直哉史魚者美史魚之行正直也云邦有云云者證其為直譬矢箭也性唯直而不曲言史魚之德恆直如箭不以國有道無道為變曲也云君子哉蘧伯玉者又美蘧瑗也進退隨時合時之變故曰君子哉也云邦有道則仕者出其君子之事也國若有道則肆其聰明以佐時也云邦無云云者國若無道則韜光匿智而懷藏以避世之害也

子曰可與言而不與言失人不可與言而與之言失言智者不失人亦不失言【註】所言皆是故無所失者也【疏】子曰至失言。○云子曰云云者謂此人可與共言而已不可與之言則此人不復見

顧故是失於可言之人也〔云不可云云者〕言與不可言之人共言是失我之言者也〔云智者云云者〕唯有智之士則備照二途則人及言竝無所失也

子曰志士仁人無求生以害仁有殺身以成仁【註】孔安國曰無求生而害仁死而後成仁則志士仁人不愛其身也【疏】子曰至成仁。〔云志士仁人者〕謂心有善志之士及能行仁之人也〔云無求生以害仁者〕既志善行仁恆欲救物故不自求我之生以害於仁恩之理也生而害仁則志士不爲也〔云有殺身以成仁者〕若殺身而仁事可成仁也則志士仁人必殺身爲之故云有殺身成仁也殺身而成仁則志士所不悋也繆播曰仁居理足本無危亡然賢而圖變變則理窮窮則任分所以有殺身之義故比干割心孔子曰殷有三仁也子貢問爲仁子曰工欲善其事必先利其器居是邦也事其大夫之賢者友其士之仁者也【註】孔安國曰言工以利器爲用人以賢友爲助也【疏】子貢問至仁者也○云子貢問爲仁者問爲仁人之法也云子曰云云者將欲荅於爲仁之術故先爲說譬也工巧師也器斧斤之屬也言巧師雖巧藝若輪般而作器不利則巧事不成如欲其所作事善必先磨利其器也云居是云云者合譬成荅也是猶此也言人雖有賢才美質而居住此國若不事賢不友於仁人則其行不成如工器之不利也必欲行成當事此國大夫之賢者又友此國士之仁者也大夫貴故云事士賤故云友也大夫言賢士云仁互言之也

顔淵問爲邦子曰行夏之時【註】據見萬物之生以爲

四時之始取其易知也乘殷之輅㊟馬融曰殷車曰大輅左傳曰大輅越席也昭其儉也服周之冕㊟苞氏曰冕禮冠也周之禮文而備也取其黈纊塞耳不任視聽也樂則韶舞㊟韶舜樂也盡善盡美故取之也放鄭聲遠佞人鄭聲淫佞人殆㊟孔安國曰鄭聲佞人亦俱能感人心與雅樂賢人同而使人淫亂危殆故當放遠之也㊕顏淵問至人殆○云顏淵問爲邦者爲猶治也顏淵魯人當時魯家禮亂故問治魯國之法也云子曰行夏之時者孔子此荅舉魯舊法以爲荅也行夏之時謂用夏家時節以行事也三王所尚正朔服色也雖異而田獵祭祀

播種並用夏時夏時得天之正故也魯家行事亦用夏時故云行夏之時也云乘殷之輅者亦魯禮也殷輅木輅也周禮天子自有五輅一曰玉輅二曰金三曰象四曰革五曰木五輅並多文飾用玉輅以郊祭而殷家唯有三輅一曰木輅二曰先輅三曰次輅而木輅最質素無飾用以郊天魯以周公之故雖得郊天而不得事事同王故用木輅以郊也故郊特牲說魯郊云乘素車貴其質也旂十有二旒龍章而設日月以象天也鄭玄注云設日月畫於旂上也素車殷輅也魯公之郊用殷禮也按如記注則魯郊用殷之木輅也云服周之冕者亦魯郊也周禮有六冕一曰大裘冕二曰袞三曰鷩四曰毛毳五曰絺六曰元周王郊天以大裘而冕雖魯郊不得用大裘但用袞以郊也郊特牲云祭之日王被袞以象天鄭玄注曰謂有日月星辰之章也此魯禮也周禮王祀昊天上帝則服大裘而冕祀五帝亦如之魯公之服自袞冕而下也按此記注即是魯郊用袞也然魯廟亦袞或問曰魯

既用周次冕以郊何不用周金輅以郊耶荅曰周郊乘玉輅以示文服用大裘以示質但車不對神故示文服以接天故用質也云樂則韶舞者謂魯所用樂也韶舞舜樂也周用六代樂一曰雲門黃帝樂也二曰咸池堯樂也三曰大韶舜樂也四曰大夏夏禹樂也五曰大濩殷湯樂也六曰大武周樂也若餘諸侯則唯用時王之樂魯既得用天子之事故賜四代禮樂自虞而下故云樂韶舞也所以明堂位云凡四代之服器官魯兼用之是故魯王禮也而用四代竝從有虞氏爲始也又春秋魯襄公二十九年傳吳公子季札聘魯請觀周樂乃爲之舞自周以上至見舞韶箾者曰至矣哉大矣如天之無不幬如地之無不載也雖甚盛德其蔑以加於此矣觀止矣若有他樂吾不敢請已也杜注云魯用四代之樂故及韶箾而季子知其終也云放鄭聲遠佞人者亦魯禮法也每言禮法亦因爲後敎也鄭聲淫也魯禮無淫樂故言放之也佞人惡人也惡人壞亂邦家故黜遠之也云鄭聲淫

佞人殆者出鄭聲佞人所以宜放遠之由也鄭地聲淫而佞人亂亂使國家爲危殆也按樂記云鄭音好濫淫志宋音燕女溺志衛音趨數煩志齊音傲僻驕志所以是淫也。註據見至知也。解所以用夏時之義也夏之春物出地上和暖著見己故易知之也。註馬融曰至儉也。左傳之言亦說魯禮也。註苞氏曰至聽也。周旣文民人多過君上若任己視聽見民犯罪者多數用刑辟過若見過不治則非謂人君之法故冕服前後垂旒以亂眼左右兩邊垂瑱以塞耳示不任視聽也黈黄色也纊新綿也當兩耳垂黄綿綿之下又係玉名爲瑱也。註韶舜至取之也。解魯所以極韶不取堯樂之義也

子曰人而無遠慮必有近憂註王肅曰君子當思慮而預防也疏子曰至近憂。人生當思漸慮遠防於未然則憂患之事不得近至若不

爲遠慮則憂患之來不朝則夕故云必有近憂也

子曰已矣吾未見好德如好色者也【疏】子曰至者也○既先云已矣明久已不見也疾時色興德廢故起斯歎也此語亦是重出亦孔子再時行歎也

子曰臧文仲其竊位者與知柳下惠之賢而不與立也【註】孔安國曰柳下惠展禽也知其賢而不舉爲竊位也【疏】子曰至立也○云子曰云云者臧文仲魯大夫也竊盜也臧文仲雖居位居位不當與盜位者同故云竊位者與云知柳云云者此臧文仲竊位之由也凡在位者當助君舉賢才以共匡佐而文仲在位知柳下惠之賢而不薦之於君使與己同立公朝所以是素湌盜位也

子曰躬自厚而薄責於人則遠怨矣【註】孔安國曰自

責己厚責人薄所以遠怨咎也【疏】子曰至怨矣○躬身也君子責己厚小人責人厚責人厚則為怨之府責己厚人不見怨故云遠怨蔡謨曰儒者之說雖於義無違而於名未安也何者以自厚者為責己文不辭矣厚者謂厚其德也而人又若己所未能而責物以能故人心不服若自厚其德而不求多於人則怨路塞責己之美雖存乎中然自厚之義不施於責也侃按蔡雖欲異孔而終不離孔辭孔辭亦得為蔡之釋也

子曰不曰如之何【註】孔安國曰不曰如之何者猶言不曰柰是何也如之何者吾末如之何也已矣【註】孔安國曰如之何者言禍難已成吾亦無如之何也【疏】子曰至已矣○云不曰如之何者不曰猶不謂也如之何謂事卒至非己力勢可柰何者

也言人生常當思慮卒有不可如何之事逆而防之不使有起若無慮而事欻起是不曰如之何事也李充曰謀之於其未兆治之於其未亂何當至於臨難而方曰如之何也云如之云云者若不先慮而如之何之事非唯凡人不能柰何矣雖聖人亦無如之何也故云吾末如之何也已矣

子曰羣居終日言不及義好行小慧難矣哉註鄭元曰小慧謂小小才智也難矣哉言終無成功也疏子曰至矣哉。云子曰云云者三人以上爲羣居羣居共聚有所談說終於日月而未曾有及義之事也云好行云云者小惠小小才智也若安陵調譃屬也以此處世亦難爲成人也

子曰君子義以爲質禮以行之遜以出之信以成之君子哉註鄭元曰義以爲質謂操行也遜以出之

謂言語也疏子曰至子哉。云君子義以爲質者義宜也質本也人識性不同各以其所宜爲本云禮以行之者雖各以所宜爲本而行之皆須合禮也云遜以出之者言行之及合禮而言出之必使遜順也云信以成之者行之合禮而言遜順而出之終須信以成之也云君子哉者如上義可謂爲君子之行也

子曰君子病無能焉不病人之不己知也註苞氏曰君子之人但病無聖人之道不病人不知己也疏子曰至知也。病猶患也君子之人常患己無才能耳不患己有才能而人不見知之也

子曰君子疾沒世而名不稱焉註疾猶病也疏子曰至稱焉。沒世謂身沒以後也身沒而名譽不稱揚爲人所知是君子所疾也故江熙曰匠終年運斤不

能成器匠者病之君子終年爲善不能成名亦君子病之也

子曰君子求諸己小人求諸人(註)君子責己小人責人也(疏)子曰至諸人。求責也君子自責己德行之不足不責人也小人不自責己而責人也

子曰君子矜而不爭(註)苞氏曰矜矜莊也羣而不黨(註)孔安國曰黨助也君子雖衆不相私助義之與比也(疏)子曰至不黨。云子曰云云者矜矜莊也君子自矜莊己身而已不與人爭也故江熙曰君子不使其身侻焉若非終日自敬而已不與人爭勝之也云羣而不黨者君子以朋羣義聚而不相阿黨爲私也故江熙曰君子以道相聚聚則爲羣羣則似黨羣居所以切磋成德非於私也

子曰君子不以言舉人（註）苞氏曰有言者不必有德故不可以言舉人也不以人廢言（疏）子曰至廢言○云子曰云云者舉人必須知其德行不可聽言而薦舉之故君子不爲也云不以人廢言者言又不可以彼人之卑賤而廢其美言而不用也故李充曰詢于芻蕘不恥下問也

子貢問曰有一言而可以終身行者乎子曰其恕乎己所不欲勿施於人也（疏）子貢問至人也○云子貢問云云者問求善事欲以終身奉行之也云子曰其恕乎者此是可終身行之一言也恕謂内忖己心外以處物言人在世當終身行於恕也故云其恕也云己所云云者此釋恕事也夫事非己所欲者不可施與人也既己所不欲亦必人所不欲也

子曰吾之於人誰毀誰譽如有可譽者其有所試矣

註苞氏曰所譽輒試以事不空譽而已矣斯民也

三代之所以直道而行也註馬融曰三代夏殷周也用民如此無所阿私所以云直道而行也疏子曰至行也○云子曰云云者孔子言我之於世平等如一無有憎愛毀譽之心故云誰毀誰譽也云如有云云者既平等一心不有毀譽然君子掩惡揚善善則宜揚而我從來若有所稱譽者皆不虛妄必先試驗其德而後乃譽之耳故云其有所試矣又通云我乃無毀譽若民人百姓有相稱譽者則我亦不虛信而美之其必以事試之也云斯民云云者斯民者謂若此養民也三代夏殷周也言養民如此無私毀譽者是三代聖王治天下用直道而行之時也郭象曰無心而付之天下者直道也

有心而使天下從己者曲法故直道而行者毀譽不出於區區之身善與不善信之百姓故曰吾之於人誰毀誰譽如有所譽必試之斯民也。註苞氏曰至己矣。注意如向說

子曰吾猶及史之闕文也註苞氏曰古之史於書字有疑則闕之以待知者也有馬者借人乘之今則亡矣夫註苞氏曰有馬者不能調良則借人使乘習之孔子自謂及見其人如此至今無有矣言此者以俗多穿鑿也疏子曰至矣夫。孔子此歎世澆流迅速時異一時也云子曰云云者史者掌書之官也古史爲書若於字有不識者則懸而闕之以俟知者不敢擅造爲者也孔子自云已及見昔史有此時闕文也矣云有馬者借人乘之者孔子又曰亦見此時之馬難調御

者不能調則借人乘服之也云今則亡矣夫者亡無也當孔子末年時史不識字輒擅而不闕有馬不調則恥云其不能必自乘之以致傾覆故云今亡也矣夫

子曰巧言亂德小不忍則亂大謀註孔安國曰巧言利口則亂德義小不忍則亂大謀也疏子曰至大謀○云巧言亂德者辭達而已不須巧辨巧辨文多更於德爲亂之也云小不忍則亂大謀者人須容忍則大事乃成若不能忍小則大事之謀亂也又一通云凡爲人法當依事以斷事無大小皆便求了若小小不忍有所慈爲則大謀不成也

子曰衆惡之必察焉衆好之必察焉註王肅曰或衆阿黨比周或其人特立不羣故好惡不可不察也

疏子曰至察焉。○云衆惡之必察焉者設有一人爲衆所憎惡者必當察其德不可從衆雷同而惡之也所以然者此人或特立不羣爲衆佞共所陷害故必察之也云衆好之必察焉者又設有一人爲衆所好愛者亦當必察不可隨衆而崇重之也所以然者或此人行惡爲羣惡之所黨愛故亦必察也衞瓘曰賢人不與俗爭則莫不好愛也俗人與時同好亦則見好也凶邪害善則莫不惡之行高志遠與俗違忤俗亦惡之皆不可不察也

子曰人能弘道非道弘人也註材大者道隨大材小者道隨小故不能宏人也疏子曰至人也。○道者通物之妙也通物之法本通於可通不通於不可通若人才大則道隨之而大是人能宏道也若人才小則道小不能使大是非道宏人也故蔡謨曰道者寂然不動行之由人人可適道故曰人能宏道道不適人故曰非

道宋人也

子曰過而不改是謂過矣【疏】子曰至過矣。人有過能改如日食反明人皆仰之所以非過過而不改則成過也江熙曰一過容恕又文則成罪也

子曰吾嘗終日不食終夜不寢以思無益不如學也【疏】子曰至學也。勸人學也終猶竟也寢眠也言我嘗竟日終夕不食不眠以思天下之理唯學益人餘事皆無益故云不如學也郭象曰聖人無詭教而云不寢不食以思者何夫思而後通習而後能者百姓皆然也聖人無事而不與百姓同事同則形同是以見形以爲己異故謂聖人亦必勤思而力學此百姓之情也故用其情以教之則聖人之教因彼以教彼安容詭哉

子曰君子謀道不謀食耕也餒在其中矣學也祿在

其中矣君子憂道不憂貧〔註〕鄭玄曰餒餓也言人雖念耕而與不學故飢餓學則得祿雖不耕而不飢餓勸人學也〔疏〕子曰至憂貧○云子曰云云者謀猶圖也人非道不立故必謀道也自古皆有死也不食亦死死而後已而道不可遺故謀道不謀食也云耕也云云者餒餓也唯知耕而不學是無智之人也雖有穀必他人所奪而不得自食是餓在于其中也云學也云云者雖不耕而學則昭識斯明爲四方所重縱不爲亂君之所祿則門人亦共貢贍故云祿在其中矣故子路使門人爲臣孔子云與其死於臣之手無寧死二三子之手是也云君子云云者學道必祿在其中所以憂己無道而已也若必有道祿在其中故不憂貧也江熙曰董仲舒曰遑遑求仁義常患不能化民者大人之意也遑遑求財利常恐匱乏者小人之意也此君子小人謀之不同者也慮匱乏

故勤耕恐道闕故勤學耕未必無餓學亦未必得祿祿在其中極有之勢是未必君子但當存大而遺細故憂道不憂於貧也

子曰智及之仁不能守之雖得之必失之【註】苞氏曰智能及治其官而仁不能守雖得之必失之也智及之仁能守之不莊以莅之則民不敬【註】苞氏曰不嚴以臨之則民不敬從其上也智及之仁能守之莊以莅之動之不以禮未善也【註】王肅曰動必以禮然後善也【疏】子曰至善也○云子曰云云者謂人有智識得及爲官位者故云智及之也雖謀智能及不及能用仁守官位故云仁不能守之也此皆謂中人不備德者也云雖

得之必失之者直祿位雖由智而得爲之無仁以持守之必失祿位也云智及云云者蒞臨也又言若雖能智及仁守若臨民不用莊嚴則不爲民所敬云智及云云者雖智及仁守蒞莊而動靜必須禮以將之若動靜不用禮則爲未盡善也李充曰夫智及以得其失也蕩仁守以靜其失也寬莊蒞以威其失也猛故必須禮然後和之以禮制智則精而不蕩以禮輔仁則溫而不寬以禮御莊則威而不猛故安上治民莫善於禮也顏特進曰智以道其變仁以安其性莊以安其慢禮以安其情化民之善必備此四者也

子曰君子不可小知而可大受也小人不可大受而可小知也註君子之道深遠不可以小了知而可大受小人之道淺近可以小了知而不可大受也

疏 子曰至知也。云子曰云云者君子之道深遠不與凡人可知故云不可小知也德能深潤物物受之深故云而可大受也張憑曰謂之君子必有大成之量不必能爲小善也故宜推誠闇信虚以將受之不可求備責以細行也云小人云云者小人道淺故云不可大受也淺則易爲物所見故可以小知也

子曰民之於仁也甚於水火 註 馬融曰水火與仁皆民所仰而生者也仁最爲甚也 水火吾見蹈而死者矣未見蹈仁而死者也 註 馬融曰蹈水火或時殺人蹈仁未嘗殺人者也 疏 子曰至者也。云子曰云云者甚猶勝也仁水火三事皆民人所仰以生者也水火是人朝夕所須仁是萬行之首故非水火則無以食非仁

則無有恩義若無恩及飲食則必死無以立世三者竝爲民人所急也然就三事之中仁最爲勝故云甚於水火也云水火云云者此明仁所以勝水火之事也水火乃能治民人民人若誤履蹈之則必殺人故云水火吾見蹈而死者也而仁是恩愛政行之故宜爲美若誤履蹈之則未嘗殺人故云未見蹈仁而死者也王弼曰民之遠於仁甚於遠水火也見有蹈水火死者未嘗見蹈仁死者也

子曰當仁不讓於師註孔安國曰當行仁之事不復讓於師行仁急也疏子曰當仁不讓於師。仁者周窮濟急之謂也弟子每事則宜讓師唯行仁宜急不得讓師也張憑曰先人後己外身愛物履謙處卑所以爲仁非不好讓此道非所以讓也

子曰君子貞而不諒註孔安國曰貞正也諒信也君

子之人正其道耳言不必有信也疏子曰君子貞而不諒○貞正也諒信也君子權變無常若爲事苟合道得理之正君子爲之不必存於小信自經於溝瀆也一通云君子道無不正不能使人信之也

子曰事君敬其事而後其食註孔安國曰先盡力然後食祿也疏子曰至其食○國家之事知無不爲是敬其事也必有纏勳績乃受祿賞是後其食也江熙曰恪居官次以進其道事君之意也蓋傷時利祿以事君也

子曰有教無類註馬融曰言人在見教無有種類疏子曰有教無類○人乃有貴賤同宜資教不可以其種類庶鄙而不教之也教之則善本無類也繆播曰世咸知斯旨之崇教未信斯理之諒深生生之類同稟一極雖下愚不移然化所遷者其萬倍

也若生而聞道長而見教處之以仁道養之以德與道終始爲乃非道者余所不能論之也

子曰道不同不相爲謀疏子曰至爲謀○人之爲事必須先謀若道同者共謀則精審不誤若道不同而與共謀則方圓義鑿枘事不成也

子曰辭達而已矣註孔安國曰凡事莫過於實足也辭達則足矣不煩文豔之辭也疏子曰辭達而已矣○言語之法使辭足宜達其事而已不須美奇其言以過事實也

師冕見註孔安國曰師樂人盲者也名冕也及階子曰階也及席子曰席也皆坐子告之曰某在斯某在斯註孔安國曰歷告以座中人姓字及所在處

也師冕出子張問曰與師言之道與子曰然固相
師之道也【注】馬融曰相導也【疏】師冕見至道也。云師冕見者師冕
魯之樂師也見來見孔子也云及階者及至也階
孔子家堂階也師冕來見至孔子家階也云子曰
階也者師冕盲來見至階孔子語之曰階也使之
知而登之也云及席者冕已升階至孔子堂上席
也云子曰席也皆坐者孔子又語之曰至席令其
登席而坐皆俱也孔子見瞽者必起師既起則弟
子又隨而起冕至席已坐故孔子亦坐弟子並坐
故云皆坐也云子告云云者某席中人也冕無目
不識座上人故孔子歷告之以座上人之姓名也
既多人故再曰某在斯某在斯也隨人有十每一
一告之云子張在此子貢在此云師冕出者見孔
子事畢而出去也云子張問云云者道猶禮也子
張見孔子告之階席人姓名字故冕出而問孔子
向與師冕言之是禮不與也云子曰然者荅曰是

禮也云固相師之道也者又云冕既無目故主人宜爲之導相所以歷告也

論語季氏第十六疏季氏者魯國上卿豪強僭濫者也所以次前者既明君惡故據臣凶故以季氏次衛靈公也

季氏將伐顓臾冉有季路見於孔子曰季氏將有事於顓臾註孔安國曰顓臾宓犧之後風姓之國本魯之附庸當時臣屬魯季氏貪其地欲滅而有之冉有與季路爲季氏臣來告孔氏也孔子曰求無乃爾是過與註孔安國曰冉求爲季氏宰相其室爲之聚斂故孔子獨疑求教也夫顓臾昔者先王

以爲東蒙主【註】孔安國曰使主祭蒙山也且在邦域之中矣【註】孔安國曰魯七百里之邦顓臾爲附庸在其域中也是社稷之臣也何以爲伐也【註】孔安國曰已屬魯爲社稷之臣何用滅之爲也冉有曰夫子欲之吾二臣者皆不欲也【註】孔安國曰歸咎於季氏也孔子曰求周任有言曰陳力就列不能者止【註】馬融曰周任古之良史也言當陳其才力度已所任以就其位不能則當止也危而不持顛而不扶則將焉用彼相矣【註】苞氏曰言輔相人

者當能持危扶顛若不能何用相爲也且爾言過矣虎兕出柙龜玉毀櫝中是誰之過與註馬融曰柙檻也櫝櫃也失毀非典守者之過耶冉有曰今夫顓臾固而近於費註馬融曰固謂城郭完堅兵甲利也費季氏之邑也今不取後世必爲子孫憂孔子曰求君子疾夫註孔安國曰疾如汝之言也舍曰欲之而必更爲之辭註孔安國曰舍其貪利之說而更作他辭是所疾也丘也聞有國有家者不患寡而患不均註孔安國曰國諸侯也家卿大

夫也不患土地人民之寡少患政治之不均平也
不患貧而患不安註孔安國曰憂不能安民耳民
安則國富蓋均無貧和無寡安無傾註苞氏曰政
教均平則不患貧矣上下和同不患寡矣小大安
寧不傾危也夫如是故遠人不服則修文德以來
之既來之則安之今由與求也相夫子遠人不服
而不能來也邦分崩離析而不能守也註孔安國
曰民有異心曰分欲去曰崩不可會聚曰離析而
謀動干戈於邦內註孔安國曰干楯也戈戟也吾

恐季孫之憂不在顓臾而在蕭牆之内也【註】鄭玄曰蕭之言肅也蕭牆謂屏也君臣相見之禮至屏而加肅敬焉是以謂之蕭牆後季氏之家臣陽虎果囚季桓子也【疏】季氏至内也。此章明季氏專征濫伐之惡也云季氏將伐顓臾者顓臾魯之附庸也其地與季氏采邑相近故季氏欲伐而并之也故云季氏將伐顓臾也云冉有云云者二人時仕季氏爲臣見季氏欲濫伐故來見孔子告道之也云曰季氏云云者此冉有告孔子之辭也有事謂有征伐之事也云孔子曰云云者求冉有名也爾汝也雖二人俱來而告冉有獨告嫌冉有又爲季氏有聚斂之失故孔子獨呼其名而問云此征伐之事無乃是汝之罪過與言是其教導季氏爲之也云夫顓臾云云者孔子拒冉有不聽伐之也言顓臾是昔先王聖人之所立

以主蒙山之祭蒙山在東故云東蒙主也既是先
王所立又爲祭祀之主故不可伐也〔云且在云云
者〕言凡顓臾在魯七百里封内故云在邦域中也
〔云是社稷之臣者〕國主社稷顓臾既屬魯國故是
社稷之臣也鄭注詩云諸侯不臣附庸而此云是
社稷臣者當爾時已臣屬魯故也〔云冉有云云者〕
夫子指季氏也冉有言伐顓臾之事是季氏所欲
故云夫子欲之也〔云吾二云云者〕稱吾二臣是冉
有自謂及子路也言我二臣皆不欲伐之也冉有
恐孔子不獨信己故引子路爲儔證也〔云孔子曰
求者〕孔子不許冉有歸咎於季氏故又呼求名語
之也〔云周任云云者〕此語之辭也周任古之良史
也周任有言曰人生事君當先量後入若計陳我
才力所堪乃後就其列次治其職任耳若自量才
不堪則當止而不爲也〔云危而云云者〕既量而就
汝今爲人之臣臣之爲用正至匡弼持危扶顛今
假季氏欲爲濫伐此是危顛之事汝宜諫止而汝
不諫止乃云夫子欲之吾等不欲則何用汝爲彼

之輔相乎若必不能是不量而就之也云且爾云云者又罵之而設譬也兕如牛而色青柙檻也檻貯於虎兕之器也櫝函也函貯龜玉之匣也言汝云吾二臣皆不欲也此是汝之罪也汝為人輔相當主諫君失譬如為人掌虎兕龜玉若使虎兕破檻而逸出及龜玉毀碎於函櫝之中此是誰過則豈非守檻函者過乎今季氏濫伐此是誰過則豈非汝輔相之過乎何得言吾二臣不欲耶欒肇曰陽虎家臣而外叛是出虎兕於檻也伐顓臾於邦內是毀龜玉於櫝中也張憑曰虎兕出柙喻兵擅用於外也龜玉毀於櫝中喻仁義廢於內也云冉有云云者固謂城郭甲兵堅利費季氏采邑名也冉有既得孔子罵及譬喻而輸誠服罪更說顓臾宜伐之意也言所以伐顓臾者城郭甲兵堅利復與季氏邑相近也云今不取云云者子孫季氏之子孫也冉有又言顓臾既城郭堅甲兵利又與費邑相近其勢力方豪其及今日猶可撲滅若今日不伐取則其後世必伐於費所以為後世子孫之

憂也云孔子云云者孔子聞冉有言知其虛妄故
更呼而語之也夫夫冉有之言也季氏欲伐實是
貪顓臾之地今汝不言季孫是貪顓臾欲伐取之
而假云顓臾固而近費恐爲子孫憂如汝此言是
君子之所謂疾也故云君子疾夫也云舍曰云云
者此是君子所疾者也舍猶除也冉有不道季氏
貪欲濫伐是舍曰欲之而假稱顓臾固近費是是
而必爲之辭云丘也云云者孔子罵冉有既竟而
更自稱名爲其說季氏子孫之憂不顓臾也將欲
言之故先廣陳其理也不敢云出己故曰聞也有
國謂諸侯也有家謂卿大夫也言夫爲諸侯及卿
大夫者不患土地人民寡少所患政之不能均平
耳今季氏爲政不能均平則何用濫伐欲多土地
人民爲也云不患貧而患不安者爲國家者何患
民貧乏耶政患不能使民安云蓋均無貧者此結
前不貧之事也若爲政均平則國家自富故無貧
乏也云和無寡者此結不寡也言政若能和則四
方來至故土地民人不寡少也云安無傾者若能

安民則君不傾危也然上云不患寡患不均不患貧患不安則下應云均無寡安無貧今云均無貧和無寡又長云安無傾者並相互爲義由均和故安無傾也云夫如是云云者此明不患寡少之由也如是猶如此也若國家之政能如此安不傾者若遠人猶有不服化者則我廣修文德於朝使彼慕德而來至也故舜舞干羽於兩階而苗民至云既來之則安之者遠方既至則又用德澤撫安之云今由云云者夫子季氏也言今汝及由二人相於季氏無恩德也云遠人云云者言汝二人爲季氏相不能修文德以來服遠人也云邦分云云者言汝二人相季氏季氏治魯既外不來遠人而內又離析不能守國也云而謀云云者汝二人既不能來遠安近而唯知興動干戈以自伐邦國內地何也云吾恐云云者冉有曰顓臾近費恐爲後世子孫憂孔子廣陳事理已竟故此改容答也言我之所恐畏於汝也汝恐顓臾而我恐季孫後世之憂不在於顓臾也云而在蕭牆之內者此季孫

所憂者也蕭蕭也牆屏也人君於門樹屏臣來至屏而起肅敬故謂屏爲蕭牆也臣朝君之位在蕭牆之內也今云季孫憂在蕭牆內謂季孫之臣必作亂也然天子外屏諸侯內屏大夫以簾士以帷季氏是大夫應無屏而云蕭牆者季氏皆僭爲之也蔡謨曰冉有季路並以王佐之姿處彼相之任豈有不諫季孫以成其惡所以同其謀者將有以也量己揆勢不能制其悖心於外順其意以告夫子實欲致大聖之言以救斯弊是以夫子發明大義以酬來感宏舉治體自救時難引喩虎兕爲以罪相者雖文譏二子而旨在季孫既示安危之理又抑彊臣擅命二者兼著以寧社稷斯乃聖賢同符相爲表裏者也然守文者衆達微者寡也覩其見軌而昧其元致但釋其辭不釋所以辭懼二子之見幽將長淪於腐學是以正之以莅來旨也○〔註〕櫝櫃也○櫃卽函也○〔註〕兵甲○兵刃也甲鎧也○〔註〕孔安國曰至國富也○百姓足君孰與不足是也○〔註〕鄭元曰至子也○〔疏〕憂在蕭牆也

孔子曰天下有道則禮樂征伐自天子出天下無道則禮樂征伐自諸侯出自諸侯出蓋十世希不失矣註孔安國曰希少也周幽王爲犬戎所殺平王東遷周始微弱諸侯自作禮樂專行征伐始於隱公至昭公十世失政死乾侯自大夫出五世希不失矣註孔安國曰季文子初得政至桓子五世爲家臣陽虎所囚也陪臣執國命三世希不失矣註馬融曰陪重也謂家臣也陽氏爲季氏家臣至虎三世而出奔齊也天下有道則政不在大夫註孔

安國曰：制之由君也。天下有道，則庶人不議。【注】孔安國曰：無所非議也。【疏】孔子曰至不議。○云天下有道云云者，禮樂，先王所以飾喜；鈇鉞，先王所以飾怒。故有道世，則禮樂征伐並由天子而出也。云天下無道云云者，若天下無道，天子微弱，不得任自由，故禮樂征伐從諸侯出也。云自諸云云者，希，少也。若禮樂征伐從諸侯出，非其所，故僭濫之國十世少有不失國者也。諸侯是南面之君，故至全數之年而失之也。云自大云云者，若禮樂征伐從大夫而專濫，則五世。此大夫少有不失政者也。其非南面之君，道從勢短，故半諸侯之年，所以五世而失之也。云陪臣云云者，陪，重也。其爲臣之臣，故云重也。是大夫家臣僭執邦國教令，此至三世必失也。既卑，故不至五世，則半十而五，三亦半五。大者難傾，故至十，十極數也。小者易危，故轉相半，理勢使然。亡國喪家，其數皆然，未有過此而不失者也。按此但云執國命，不云禮樂征伐出者其不能僭禮樂征伐也繆播曰大夫五世陪臣三世者苟得之有由則失之有漸大者難傾小者易滅近本罪輕遠彌罪重輕故禍遲重則敗速二理同致自然之差也云天下有道則政不在大夫者政由於君故不在大夫在大夫由天下失道故也云天下有道則庶人不議者君有道則頌之聲與載路有時雍之義則庶人民下無所街羣巷聚以評議天下四方之得失也若無道則庶人共有所非議也。註孔安國曰至乾侯。證十世爲濫失國之君也周幽王無道爲犬戎所殺其子平王東遷雒邑於是周始微弱不能制諸侯故平時尊隱公始專征濫伐至昭公十世而昭公爲季氏所出死於乾侯之地也十世者隱一桓二莊三閔四僖五文六宣七成八襄九昭十也。註孔安國曰至四也。此證大夫專濫五世而失家者季文子始得政而專濫至五世桓子爲臣所囚也五世者文子一武子二悼子三平子四桓子五是也。註馬融曰至齊也。證陪臣執政三世

而失者也。註孔安國曰無所非議也。非猶鄙也鄙議風政之不是

孔子曰祿之去公室五世矣註鄭元曰言此之時魯定公之初也魯自東門襄仲殺文公之子赤而立宣公於是政在大夫爵祿不從君出至定公爲五世矣政逮於大夫四世矣註鄭元曰文子武子悼子平子也故夫三桓之子孫微矣註孔安國曰三桓者謂仲孫叔孫季孫也三卿皆出桓公故曰三桓也仲孫氏改其氏稱孟氏至哀公皆衰也疏孔子曰至微矣。云孔子云云者禮樂征伐自大夫出五世希有不失于時孔子見其數將爾知季氏必

亡故發斯旨也公君也祿去君室謂制爵祿出於
大夫不復關君也制爵祿不關君于時已五世也
故云去公室五世也云政逮云云者逮及也制祿
不由君故及大夫也季文子初得政至武子悼子
平子四世是孔子時所見故云四世云故夫云云
者大夫執政五世必失而季氏已四世故三桓子
孫轉以弱也謂爲三桓者仲孫叔孫季孫三家同
出桓公故云三桓也初三家皆豪濫至爾時並衰
故云微也。註鄭元曰至世矣。襄仲既殺赤立
宣公宣公雖立而微弱不敢自專故爵祿不復關
己也宣一成二襄三昭四定五也。註孔安國曰
至衰也。後仲孫氏改其氏稱孟氏故多云孟孫
氏也

孔子曰益者三友損者三友友直友諒友多聞益矣

友便辟註馬融曰便辟巧避人所忌以求容媚者

也友善柔【註】馬融曰面柔者也友便佞損矣【註】鄭元曰便辯也謂佞而辯也【疏】孔子曰至損矣○云益者三友者明與朋友益者有三事故云益者三友云損者三友者又明與朋友損者只有三事故云損者三友云友直者一益也所友得正直之人也云友諒者二益也所友得有信之人也諒信也云友多聞益矣者三益也所友得能多所聞解之人也益矣上所言三事皆是有益之朋友也云友便辟者此一損也謂與便辟之人爲朋友者謂語巧能爲避人所忌者爲便辟也云友善柔者二損也謂所友者善柔者也善柔謂面從而背毁者也云友便佞者三損也謂與便佞爲友也便佞謂辯而巧也云損矣者上三事皆是爲損之朋友也

孔子曰益者三樂損者三樂樂節禮樂【註】動靜得於

禮樂之節也樂道人之善樂多賢友益矣樂驕樂
註孔安國曰恃尊貴以自恣也樂佚遊註王肅曰
佚遊出入不知節也樂宴樂損矣註孔安國曰宴
樂沈荒淫瀆也三者自損之道也疏孔子曰至損矣○云益者
三樂者謂以心中有所愛樂之事三者有爲益人者
也云損者三樂者又謂以心中所愛樂有三事爲
損人者也云樂節禮樂者一益也謂心中所愛樂
樂得於禮樂之節也云樂道人之善者二益也心
中所愛樂樂道説揚人之善事也云樂多賢友者
三益也心中所愛樂樂得多賢爲朋友也云益矣
者此上三樂皆是爲益之樂云樂驕樂者此明一
損也心中所愛樂爲驕傲以自樂也云樂佚遊者
此二損也心中所愛樂恣於自逸忩忩而遨遊不
用節度也云樂宴樂者三損也心中所愛樂宴飲

酖酬以爲樂也云損矣者此上三樂皆是爲損之樂也

孔子曰侍於君子有三愆註孔安國曰愆過也言未及之而言謂之躁註鄭元曰躁不安靜也言及之不言謂之隱註孔安國曰隱匿不盡情實也未見顔色而言謂之瞽註周生烈曰未見君子顔色所趣向而便逆先意語者猶瞽者也疏孔子曰至之瞽○云孔子曰云云者愆過也卑侍於尊有三事爲過失也云言未云云者一過也侍君子之坐君子言語次第承之未及其抄次而言此是輕動將躁者也云言及云云者二過也言語次第已應及其人忽君子不肎出言此是情心不盡有所隱匿者也云未見云云者三過也瞽者盲人也盲人目不見人顔色而只言

人之是非今若不肯侍坐未見君子顔色趣向而便逆言之此是與盲者無異質故謂之爲瞽也

孔子曰君子有三戒少之時血氣未定戒之在色及其壯也血氣方剛戒之在鬬及其老也血氣既衰戒之在得【註】孔安國曰得貪得也【疏】孔子曰至在得。云君子有三戒者君子自戒其事有三故云有三戒也云少之時云云者一戒也少謂三十以前也爾時血氣猶自薄少不可過慾過慾則爲自損故戒之也云及其壯云云者二戒也壯謂三十以上也禮三十壯而爲室故不復戒色也但年齒已壯血氣方剛性力雄猛者無所與讓好爲鬬爭故戒之也云及其老云云者三戒也老謂年五十以上也年五十始衰無復鬬爭之勢而戒之在得也得貪得也老人好貪故戒之也老人所以好貪者夫年少象春夏春夏爲陽陽法主施故少年明怡也年老象

秋冬秋冬爲陰陰體斂藏故老者好斂聚多貪也

孔子曰君子有三畏畏天命註順吉逆凶天之命也畏大人註大人卽聖人與天地合其德者也畏聖人之言註深遠不可易則聖人之言也小人不知天命而不畏也註恢疏故不知畏也狎大人註直而不肆故狎之也侮聖人之言註不可小知故侮之也疏孔子曰至之言。○云君子有三畏者心服曰畏君子所畏有三事也云畏天命者一畏也天命謂作善降百祥作不善降百殃從吉逆凶是天之命故君子畏之不敢逆之也云畏大人者二畏也大人聖人也見其含容而曰大人見其作教正物而曰聖人也今云畏大人謂居位爲君

者也聖人在上含容覆燾　雖不察察而君子畏
之也云畏聖人之言者三畏也聖人之言謂五經
典籍聖人遺文也其理深遠故君子畏之也云小
人云云者既小人與君子反並不畏君子之所畏
者也小人見天道恢疏而不信從吉逆凶故不畏
之而造爲惡逆也云狎大人者見大人含容故褻
狎慢而不敬也江熙曰小人不懼德故媟慢也云
侮聖人之言者謂經籍爲虛妄故輕侮之也江熙
曰以典籍爲妄作也○註恢疏故不知畏○理皆深
遠不可改易也○註深遠至言也○天網恢恢
疏而不失小人見天命不切切之急謂之不足畏
也○註直而至之也○肆猶經威毒也大人但用
行不邪而不加威毒也○註不可至之也○
經籍深妙非小六所知故云不可小知也
孔子曰生而知之者上也學而知之者次也困而學
之又其次也註孔安國曰困謂有所不通也困而

不學民斯爲下矣疏孔子曰至下矣。此章勸學也故先從聖人始也云生而云云者若生而自有知識者此明是上智聖人故云上也云學而云云者謂上賢也上賢既不生知資學以滿分故次生知者也云困而云云者謂中賢以下也本不好學特以己有所用於理困憤不通故憤而學之此只次前上賢人也云困而不學民斯爲下矣者謂下愚也既不好學而困又不學此是下愚之民也故云民斯爲下也

孔子曰君子有九思視思明聽思聰色思溫貌思恭言思忠事思敬疑思問忿思難見得思義疏孔子曰至思義。云君子有九思者言君子所宜思之事其條有九也云視思明者一也若目瞻視萬事不得孟浪唯思分明也云聽思聰者二也若耳聽萬理不得落漠唯思聰了也云色思溫者三也若顏色

平常不得嚴切唯思溫和也李充曰靜容謂之和柔暢謂之溫也云貌思恭者四也若容貌接物不得違逆唯思遜恭也李充曰動容謂之貌謙接謂之恭也云言思忠者五也若有所言語不得虛僞唯思盡於忠心也云事思敬者六也凡行萬事不得傲慢唯思於敬也故曲禮曰無不敬也云疑思問者七也心有所疑不得輒自斷決當思諮問於事有識者也云忿思難者八也彼有違理之事來觸於我我必忿怒於彼雖然不得乘此忿心以報於彼當思於忽有急難日也一朝之忿忘其身以及其親是謂難也云見得思義者九也不義而富且貴於我如浮雲若見己應有所得當思其義取也江熙曰義然後取也

孔子曰見善如不及見不善如探湯吾見其人矣吾聞其語矣注孔安國曰探湯喻去惡疾也隱居以

求其志行義以達其道吾聞其語矣未見其人也

疏孔子曰至人也。云見善如不及者見有善者當慕而齊之恆恐己不能相及也袁氏曰恆恐失之故馳而及之也云見不善如探湯者若見彼不善者則己急宜畏避不相染入譬如人使己以手探於沸湯爲也云吾見云云者孔子自曰此上二事吾嘗見其人亦嘗聞有其語也顏特進曰好善如所慕惡惡如所畏合義之情可傳之理既見其人又聞其語也云隱居云云者志達昏亂故願隱遁言幽居以求其志也行義以達其道常願道申故躬行仁義以達其道也云吾聞云云者唯聞昔有夷齊能然是聞有其語也而今世無復此人故云未見其人也顏特進曰隱居所以求志於世表行義所以達道於古人無立之高難能之行徒聞其語未見其人也。註孔安國曰至疾也。去猶避也疾速也謂避惡之速也齊景公有馬千駟死之日民無得稱焉【註】孔安國曰千駟四千匹也伯夷叔齊餓于首陽之下【註】馬融曰首陽山在河東蒲坂縣華山之北河曲之中也民到于今稱之其斯之謂與【註】王肅曰此所謂以德爲稱者也【疏】齊景公至謂與。○云齊景公有馬千駟者千駟四千匹馬也云死之云云者生時無德而多馬一死則身名俱消故民無所稱譽也云伯夷云云者夷齊是孤竹君之二子也兄弟讓國遂入隱于首陽之山武王伐紂夷齊扣武王馬諫曰爲臣伐君豈得忠乎橫尸不葬豈得孝乎武王左右欲殺之太公曰此孤竹君之子兄弟讓國大王不能制也隱於首陽山合方立義不可殺是賢人即止也夷齊反首陽山責身不食周粟唯食草木而已後遂西令支縣祐家白張石虎往蒲坂採材謂夷齊曰汝不食周粟何食周草木夷齊聞言即遂不食七日餓死云首陽下者在山邊側也云民到于今稱之者雖無馬而餓死而民到孔子之時相傳猶瑜揚愈盛也云其斯之謂與者斯此也言多馬而無德亦死即消雖餓而有德稱義無息言有德不可不重其此謂之也

陳亢問於伯魚曰子亦有異聞乎註馬融曰以爲伯魚孔子之子所聞當有異也對曰未也嘗獨立註孔安國曰獨立謂孔子也鯉趨而過庭曰學詩乎對曰未也曰不學詩無以言也鯉退而學詩他日又獨立鯉趨而過庭曰學禮乎對曰未也不學禮無以立鯉退而學禮聞斯二者矣陳亢退而喜曰

問一得三聞詩聞禮又聞君子之遠其子也【疏】陳亢
問至子也。云陳亢問云云者陳亢即子禽也伯
魚即鯉也亢言伯魚是孔子之子孔子或私教伯
魚有異門徒聞故云子亦有異聞不也呼伯魚而
爲子也云對曰未也者伯魚對陳亢曰我未嘗有
異聞也云嘗獨立者此述己生平私得孔子見語
之時也言孔子嘗獨立左右無人也云鯉趨而過
庭者孔子獨立在堂而已鯉從中庭過也云曰學
詩乎者孔子見伯魚從過庭呼而問之曰汝嘗學
詩不乎云對曰未也者伯魚述率已荅孔子言未
嘗學詩也云曰不學詩無以言者孔子聞伯魚未
嘗學詩故以此語之言詩有比興荅對酬酢人若
不學詩則無以與人言語也云鯉退而學詩者伯
魚得孔子之旨故退還己舍而學詩也云他日又
獨立者他日又別日也孔子又在堂獨立也云鯉
趨而過庭者伯魚又從中庭過也曰學禮乎者孔
子又問伯魚汝學禮不乎對曰未也者亦荅曰未

學禮也云不學禮無以立者孔子又語伯魚曰禮是恭儉莊敬立身之本人有禮則安無禮則危若不學禮則無以自立身也云鯉退而學禮者鯉從孔子旨退而學禮也云聞斯二者矣者又荅陳亢言己爲孔子之子唯私聞學詩學禮二事也云陳亢云云者陳亢得伯魚荅己二事故退而歡喜也言我問異聞之一事而今得聞三事也云聞詩云云者伯魚二也又君子遠其子三也伯魚是孔子之子一生之中唯知聞二事即是君子不獨親子故相疎遠是陳亢今得聞君子遠於其子也范甯曰孟子曰君子不教子何也勢不行也教者必以正以正不行繼之以忿繼之以忿則反夷矣父子相夷惡也

邦君之妻君稱之曰夫人夫人自稱曰小童邦人稱之曰君夫人稱諸異邦曰寡小君異邦人稱之亦

曰君夫人也【注】孔安國曰小君君夫人之稱也對異邦謙故曰寡小君當此之時諸侯嫡妾不正稱號不審故孔子正言其禮也【疏】邦君至人也○云邦君云云者當時禮亂稱謂不明故此正之也邦君自呼其妻曰夫人也云夫人自稱曰小童者此夫人向夫自稱則曰小童小童幼少之目也謙不敢自以比於成人也云邦人云云者邦人其國民人也若其國之民呼君妻則曰君夫人也君自稱則單曰夫人故民人稱帶君言之也云稱諸云云者自我國臣民向他邦人稱我君妻則曰寡小君君自稱曰寡人故臣民稱君爲寡君稱君妻爲寡小君也云異邦人云云者若異邦臣來郎稱主國君之妻則亦同曰君夫人也

論語集解義疏卷第八

論語集解義疏卷第九

魏　何晏　集解

梁　皇侃　義疏

論語陽貨第十七

【疏】陽貨者季氏家臣亦凶惡者也所以次前者明於時凶亂非唯國臣無道至於陪臣賤亦竝凶惡故陽貨次季氏也

陽貨欲見孔子孔子不見【註】孔安國曰陽貨陽虎也季氏家臣而專魯國之政欲見孔子使仕也歸孔子豚【註】孔安國曰欲使往謝故遺孔子豚也孔子

時其亡也而往拜之遇諸塗【註】孔安國曰塗道也於道路與相逢也謂孔子曰來予與爾言曰懷其寶而迷其邦可謂仁乎曰不可【註】馬融曰言孔子不仕是懷寶也知國不治而不爲政是迷邦也好從事而亟失時可謂智乎曰不可【註】孔安國曰言孔子栖栖好從事而數不遇失時不爲有智也日月逝矣歲不我與【註】馬融曰年老歲月已往當急仕也孔子曰諾吾將仕矣【註】孔安國曰以順辭免害也【疏】陽貨至仕矣。○云陽貨欲見孔子者陽貨者季氏家臣陽虎也于時季氏稍微陽貨爲季氏宰專魯國政欲使孔子仕己故使人召孔子欲與孔子相見也云孔子不見者孔子惡其專濫故不與之相見也云歸孔子豚者歸猶餉也既召孔子孔子不與相見故又遣人餉孔子豚也所以召不來而餉豚者禮得敵己以下餉但於己家拜餉而已勝己以上見餉先既拜於己家明日又往餉者之室也陽虎乃不勝孔子然己交專魯政期度孔子必來拜謝己因得與相見也得相見而勸之欲仕也云孔子時云云者亡無也無謂虎不在家時也孔子曉虎見餉之意故往拜謝也若往謝必與相見相見於家事或盤桓故伺取虎不在家時而往拜於其家也云遇諸塗者塗道路也既伺其不在而往拜拜竟而還與之相逢於路中也孔子聖人所以不計避之而在路與相逢者其有所以也若遂不相見則陽虎求召不已既得相見則其意畢耳但不欲久與相對故造次在塗路也所以知是已拜室還與相逢者既先云時亡也後云遇塗故知已至其家也其若未至室則於禮未

畢或有吏隨其至己家之理故先伺不在而往往畢還而相逢也一家通云餉豚之時孔子不在故往謝之也然於玉藻中爲便而不勝此集解通也謂孔子曰來者貨於路見孔子而呼孔子令來趨就己也云予與爾言者予我也爾汝也貨先呼孔子來而又云我與汝言也云曰懷云云者此是貨與孔子所言之辭也既欲令仕己故先發此言也此駡孔子不仁也寶猶道也言仁人之行當惻隱救世以安天下而汝懷藏佐時之道不肯出仕使邦國迷亂爲此之事豈可謂爲仁乎曰不可者孔子曉虎之言故遜辭求免而荅云不可也言不可謂此爲仁人也云好從云云者此亦駡孔子不智也好從事謂好周流東西從於世事也亟數也言智者以照了爲用動無失時而孔子數栖栖遑遑東西從事而數失時不爲時用如此豈可謂汝爲智人乎曰不可者又遜辭云不可云日月云云者駡孔子孔子辭既畢故貨又以此辭勸孔子出仕也逝速也言日月不停速不待人豈得懷寶至老

而不仕乎我我孔子也云孔子云云者孔子得勸故遜辭荅之曰諾吾將仕也郭象曰聖人無心仕與不仕隨世耳陽虎勸仕理無不諾不能用我則無自用此直道而應者也然免遜之理亦在其中也

子曰性相近也習相遠也註孔安國曰君子愼所習也子曰惟上智與下愚不移註孔安國曰上智不可使強爲惡下愚不可使強賢也疏子曰至不移○云子曰云云者性者人所稟以生也習者謂生後有百儀常所行習之事也人俱稟天地之氣以生雖復厚薄有殊而同是稟氣故曰相近也及至識若値善友則相効爲善若逢惡友則相効爲惡惡善既殊故云相遠也故范甯曰人生而靜天之性也感於物而動性之欲也斯相近也習洙泗之教爲君子習

申商之術爲小人斯相遠也然情性之義說者不同且依一家舊釋云性者生也情者成也性是生而有之故曰生也情是起欲動彰事故曰成也然性無善惡而有濃薄情是有欲之心而有邪正性既是全生而有未涉乎用非唯不可名爲惡亦不可目爲善故性無善惡也所以知然者夫善惡之名恒就事而顯故老子曰天下以知美之爲美斯惡已以知善之爲善斯不善已此皆據事而談情有邪正者情既是事若逐欲流遷其事則邪若欲當於理其事則正故情不得不有邪有正也故易曰利貞者性情也王弼曰不性其情焉能久行其正此是情之正也若心好流蕩失眞此是情之邪也若以情近性故云性其情情近性者何妨是有欲若逐欲遷故云遠也若欲而不遷故曰近但近性者正而卽性非正雖卽性非正而能使之正譬如近火者熱而卽火非熱雖卽火非熱而能使之熱能使之熱者何氣也熱也能使之正者何儀也靜也又知其有濃薄者孔子曰性相近也若全同

也相近之辭不生若全異也相近之辭亦不得立今云近者有同有異取其共是無善無惡則同也有濃有薄則異也雖異而未相遠故曰近也云子曰云云者前既曰性近習遠而又有異此則明之也夫降聖以還賢愚萬品若大而言之且分爲三上分是聖下分是愚愚人以上聖人以下其中階品不同而共爲一此之共一則有推移今云上智謂聖人下愚愚人也夫人不生則已若有生之始便稟天地陰陽氛氳之氣氣有清濁若稟得淳清者則爲聖人若得淳濁者則爲愚人愚人淳濁雖澄亦不清聖人淳清攪之不濁故上聖遇昏亂之世不能撓其眞下愚値重堯疊舜不能變其惡故云唯上智與下愚不移也而上智以下下愚以上二者中間顔閔以下一善以上其中亦多清少濁或多濁少清或半清半濁澄之則清攪之則濁如此之徒以隨世變改若遇善則清升逢惡則滓淪所以別云性相近習相遠也

子之武城聞絃歌之聲註孔安國曰子游爲武城宰也夫子莞爾而笑註莞爾小笑貌也曰割雞焉用牛刀註孔安國曰言治小何須用大道也子游對曰昔者偃也聞諸夫子曰君子學道則愛人小人學道則易使也註孔安國曰道謂禮樂也樂以和人人和則易使也子曰二三子註孔安國曰從行者也偃之言是也前言戲之耳註孔安國曰戲以治小而用大道也疏子之至之耳。云子之云云者之往也于時子游爲武城宰而孔子往焉既入其邑聞絃歌之聲也但解聞絃歌之聲其則有二一云孔子入武城堺聞邑中入家家有絃歌之響由子游政化和樂故也繆播曰子游宰小邑能令民得其可絃歌以樂也又一云謂孔子入武城聞子游身自絃歌以教民也故江熙曰小邑但當令足衣食教敬而已反教歌詠先王之道也〔夫子莞爾而笑者〕孔子聞絃歌聲而笑之也〔曰割雞焉用牛刀者〕孔子說可笑之意也牛刀大刀也割雞宜用雞刀割牛宜用牛刀若割雞而用牛刀刀大而雞小所用之過也譬如武城小邑之政可用小才而已用子游之大才是才大而用小也故繆播曰惜其不得導千乘之國如牛刀割雞不盡其才也江熙曰如牛刀割雞非其宜也〔云子游對云云者〕子游得孔子笑己故對所以絃歌之意也先據聞之於孔子言曰若君子學禮樂則必以愛人爲用小人學道則易使爲樂業而假令月所以有此絃歌之化也一云子游既學道於孔子今日之化政是小人易使故繆播曰夫博學之言亦可進退也夫子聞鄉黨之人言便引得射御子游聞牛刀之喻且取非宜故曰小人學道

則易使也其不知之者以爲戲也其知之者以爲
賢聖之謙意也子曰二三子者二三子從孔子行
者也孔子將欲美偃之是故先呼從行之二三子
云偃之言是者言子游之言所以用絃歌之化是
也前言戲之耳者言我前云割雞焉用牛刀是戲
治小而才大也。註孔安國曰至使也。就如注
意言子游對所以絃歌化民者欲使邑中君
子學之則愛人邑中小人學之則易使也

公山不擾以費畔召子欲往註孔安國曰不擾爲季
氏宰與陽虎共執季桓子而召孔子也子路不悅
曰末之也已何必公山氏之之也註孔安國曰之
適也無可之則止耳何必公山氏之適者也子曰
夫召我者而豈徒哉如有復用我者吾其爲東周

乎【注】與周道於東方故曰東周也【疏】○公山至周乎者姓公山名不擾也云以費畔者費季氏采邑也畔背叛也不擾當時爲季氏邑宰而作亂與陽虎共執季氏是背叛於季氏也云召子欲往者既背叛使人召孔子孔子欲往應召也云子路不悅者子路見孔子欲往故已不欣悅也云曰末云云者子路不悅而復說此辭也末無也之適也已止也中之語助也下之亦適也子路曰雖時不我用若無所適往則乃當止耳何必公山氏之適也云子曰云云者孔子荅子路所以欲往之意也徒空也言夫欲召我者豈容無事空然而召我乎必有以也云如有云云者若必不空然而用我時則我當爲興周道也魯在東周在西云東周者欲於魯而興周道故云吾其爲東周也一云周室東遷洛邑故曰東周王弼曰言如能用我者不擇地而興周室道也

子張問仁於孔子孔子曰能行五者於天下爲仁矣請問之曰恭寬信敏惠恭則不侮【注】孔安國曰不見侮慢也寬則得衆信則人任焉敏則有功【注】孔安國曰應事疾則多成功也惠則足以使人【疏】子張問至使人。○云子張云云者言若能行五事於天下則可謂之爲仁人也云請問之者子張不曉五者之事故反請問其目也曰恭寬信敏惠者荅五者之目也恭則不侮者又爲歷解五事所以爲仁之義也言人君行己能恭則人以敬己不敢見輕侮也故江熙曰自敬者人亦敬己也寬則得衆者人君所行寬宏則衆附歸之是故得衆也信則人任焉者人君立言必信則爲人物所委任也一云人思任其事故不見瞑也敏則有功者敏疾也人君行事不懈而能進疾則事以成而多功也惠則

足以使人者人君有恩惠加民民則以不憚勞役也故江熙曰有恩惠則民忘勞也

胇肹召子欲往註孔安國曰晉大夫趙簡子之邑宰也子路曰昔者由也聞諸夫子曰親於其身爲不善者君子不入也註孔安國曰不入其國也胇肹以中牟畔子之往也如之何子曰然有是言也曰不曰堅乎磨而不磷不曰白乎涅而不緇註孔安國曰磷薄也涅可以染皁者言至堅者磨之而不薄至白者染之於涅而不黑喻君子雖在濁亂濁亂不能污也吾豈匏瓜也哉焉能繫而不食註匏

瓠也言匏瓜得繫一處者不食故也吾自食物當東西南北不得如不食之物繫滯一處也【疏】佛肸至不食。○【佛肸召者】佛肸使人召於孔子【云子欲往者】孔子欲應召使而往【云子路曰云云者】子路見孔子欲應佛肸之召故據昔聞孔子之言而諫止之也子路曰由昔親聞夫子之言曰若有人自親行不善之事者則君子不入其家也【佛肸以中牟畔者】據佛肸身自爲不善之事也佛肸經爲中牟邑宰而遂背叛此是不善之事也【云子之云云者】佛肸身爲不善而今夫子若爲往之故云如之何也【子曰云云者】然如此也孔子答曰有如此所說也我昔者有此君子不入於不善國之言也【云曰不云云者】孔子既然之而更廣述我從來所言非一或云君子不入不善之國亦云君子入不善之國故君子入不善之國而不爲害經爲之設二譬譬天下至堅之物磨之不薄至白之物染之不黑是我昔亦有此二言汝今那唯憶不入而不憶亦入乎故曰不曰堅乎磨而不磷不曰白乎涅而不緇言我昔亦經有曰也故云不曰乎以問之也然孔子所以有此二說不同者或其不入是爲賢人賢人以下易染故不許入也若許入者是聖人聖人不爲世俗染累如至堅至白之物也子路不欲往孔子欲往故具告也云吾豈云云者孔子亦爲說我所以一應召之意也言人非匏瓜匏瓜係滯一處不須飲食而自然生長乃得不用何通乎而我是須食之人自應東西求覓豈得如匏瓜係而不食耶一通云匏瓜星名也言人有才智宜佐時理務爲人所用豈得如匏瓜係天而不可食耶王弼曰孔子機發後應事形乃視擇地以處身資教以全度者也故不入亂人之邦聖人通遠慮微應變神化濁亂不能污其潔凶惡不能害其性所以避難不藏身絕物不以形也有是言者言各有所施也苟不得係而不食舍此適彼相去何若也江熙曰夫子豈實之公山胇肹乎故欲往之意耶汎示

無係以觀門人之情如欲居九夷乘桴浮於海耳子路見形而不及道故聞乘桴而喜聞之公山而不悅升堂而未入室安測聖人之趣哉

子曰由汝聞六言六蔽矣乎註六言六蔽者下六事謂仁智信直勇剛也對曰未也曰居吾語汝註孔安國曰子路起對故使還坐也好仁不好學其蔽也愚註孔安國曰仁者愛物不知所以裁之則愚也好智不好學其蔽也蕩註孔安國曰蕩無所適守也好信不好學其蔽也賊註孔安國曰父子不知相爲隱之輩也好直不好學其蔽也絞好勇不

好學其蔽也亂好剛不好學其蔽也狂〔註〕孔安國曰狂妄抵觸人也〔疏〕子曰至也狂。〔子曰由者呼子路名而問之也〕〔云汝聞云云者〕夫所欲問子路汝曾聞六言而每言以有蔽塞之事乎言既有六故蔽亦有六故云六言六蔽也事在下文王弼曰不自見其過也〔對曰未也者〕子路對曰未曾聞之〔云曰居吾語汝者〕居猶復座也子路得孔子問避席而對曰未也故孔子呼之使復座也吾當語汝也〔云好仁云云者〕一也然此以下六事謂中人也夫事得中適莫不資學若不學而行事猶無燭夜行也仁者博施周急是德之盛也唯學者能裁其中若不學而施施必失所是與愚人同故其蔽塞在於愚也江熙曰好仁者謂聞其風而悅之者也不學不能深原乎其道知其一而未識其二所以蔽也自非聖人必有所偏偏才雖美必有所蔽學者假教以節其性觀教知變則見所過也〔云好智云云者〕二也智以運動爲用若學而裁之則智動會理若不學而運動則蔽塞在於蕩無所的守也云好信云云者三也信者不欺爲用若學而爲信信則合宜不學而信信不合宜不合宜則蔽塞在於賊害其身也江熙曰尾生與女子期死於梁下宋襄與楚人期傷泓不度信之害也云好直云云者四也直者不曲爲用若學而行之得中道若不學而直則蔽塞在於絞絞猶刺也好譏刺人之非以成己之直也云好勇云云者五也勇是多力多力若學則能用勇敬拜於廟廊捍難於邊壃若勇不學則必蔽塞在於作亂也云好剛云云者六也剛者無欲不爲曲求也若復學而剛則中適爲美若剛而不學則必蔽在於狂狂謂抵觸於人無迴避者也

子曰小子何莫學夫詩註苞氏曰小子門人也詩可以興註孔安國曰興引譬連類也可以觀註鄭元

曰觀觀風俗之盛衰也可以羣【註】孔安國曰羣居相切磋也可以怨【註】孔安國曰怨刺上政也邇之事父遠之事君【註】孔安國曰邇近也多識於鳥獸草木之名【疏】子曰至之名。○子曰小子者呼諸弟子欲語之也何莫學夫詩者莫無也夫語助也門弟子汝等何無學夫詩者也詩可以興者又為說所以宜學之由也興謂譬喻也言若能學詩詩可令人能為譬喻也可以觀者詩有諸國之風風俗盛衰可以觀覽而知之也可以羣者詩有如切如磋如琢如磨是朋友之道可以羣居也可以怨者詩可以怨刺諷諫之法言之者無罪聞之者足以戒故可以怨也云邇之云云者邇近也詩有凱風白華相戒以養是有近事父之道也又雅頌君臣之法是有遠事君之道也江熙曰言事父與事君以有其道也云多識云云者關雎鵲

巢是有鳥也騶虞狠跋是有獸也采蘩葛覃是有草也甘棠棫樸是有木也詩並載其名學詩者則多識之也

子謂伯魚曰汝爲周南邵南矣乎人而不爲周南邵南其猶正牆面而立也與【註】馬融曰周南邵南國風之始得淑女以配君子三綱之首王教之端故人而不爲如向牆而立也【疏】子謂至也與。云子謂云云者伯魚孔子之子也爲猶學也周南關雎以下詩也邵南鵲巢以下詩也孔子見伯魚而謂之曰汝已曾學周邵二南之詩乎然此問即是伯魚趨過庭孔子問之學詩乎時也云人而云云者先問之而更爲說周邵二南所以宜學之意也牆面面向牆也言周邵二南既多所合載讀之則多識草木鳥獸及可事

君親故若不學詩者則如人面正向牆而倚立終無所瞻見也然此語亦是伯魚過庭時對曰未學詩而孔子曰不學詩無以言也

子曰禮云禮云玉帛云乎哉【註】鄭元曰玉璋珪之屬也帛束帛之屬也言禮非但崇此玉帛而已所貴者乃貴其安上治民也樂云樂云鐘鼓云乎哉【註】馬融曰樂之所貴者移風易俗也非謂鐘鼓而已也【疏】子曰至乎哉○此章辨禮樂之本也○云子曰云云者夫禮所貴在安上治民但安上治民不因於玉帛而不達故行禮必用玉帛耳當乎周季末之君唯知崇尚玉帛而不能安上治民故孔子歎之云也故重言禮云禮云玉帛云乎哉明禮之所云不玉帛也○云樂云云云者樂之所貴在移

風易俗因於鐘鼓而宜故行樂必假鐘鼓耳當堯季之主唯知崇尚鐘鼓而不能移風易俗孔子重言樂云樂云鐘鼓云乎哉明樂之所云不在鐘鼓也王弼曰禮以敬爲主玉帛者敬之用飾也樂主於和鐘鼓者樂之器也于時所謂禮樂者厚贄幣而所簡於敬盛鐘鼓而不合雅頌故正言其義也繆播曰玉帛禮之用非禮之本鐘鼓者樂之器非樂之主假玉帛以達禮禮達則玉帛可忘借鐘鼓以顯樂樂顯則鐘鼓可遺以禮假玉帛於求禮非深乎禮者也以樂託鐘鼓於求樂非通乎樂者也苟能禮正則無持於玉帛而上安民治矣苟能暢和則無借於鐘鼓而移風易俗也

子曰色厲而内荏(註)孔安國曰荏柔也謂外自矜厲而内柔佞者也譬諸小人其猶穿窬之盜也與(註)孔安國曰爲人如此猶小人之有盜心也穿穿壁

也窬窬牆也【疏】子曰至也與○色厲而內荏者厲矜正也荏柔佞也言人有顏色矜正於外而心柔佞於內者也云譬諸云云者此爲色厲內荏作譬也言其譬如小人爲偷盜之時也小人爲盜或穿人屋壁或踰人垣牆當此之時外形恒欲進爲取物而心恒畏人常懷退走之路是形進心退內外相乖如色外矜正而心內柔佞者也江熙曰田文之客能爲狗盜穿壁如踰而入盜之密也外爲矜厲而實柔佞之密也峻其牆宇謂之免盜而狗盜者往焉高其抗厲謂之免佞而色厲者入焉古聖難於荏人今夫子又苦爲之驗明免者鮮矣傳云篳門珪窬窬竇也

子曰鄉原德之賊也【註】周生烈曰所至之鄉輒原其人情而爲己意以待之是賊亂德者也一曰鄉向也古字同謂人不能剛毅而見人輒原其趣向容

媚而合之言此所以賊德也【疏】子曰鄉原德之賊也○鄉鄉里也原原本也言人若凡往所至之鄉輒憶度逆用意原本其人情而待之者此是德之賊也言賊害其德也又一云鄉向也謂人不能剛毅而好面從見人輒媚向而原趣求合此是賊德也張憑曰鄉原原壞也孔子鄉人故曰鄉原也彼遊方之外行不應規矩不可以訓故每抑其迹所以宏德也

子曰道聽而塗說德之棄也【註】馬融曰聞之於道路則傳而說之也【疏】子曰至棄也○道道路也塗亦道路也記問之學不足以爲人師師人必當温故而知新研精久習然後乃可爲人傳說耳若聽之於道路道路仍卽爲人傳說必多謬妄所以爲有德者所棄也亦自棄其德也江熙曰今之學者不爲己者也況乎道聽者哉逐末愈甚棄德彌深也

子曰鄙夫可與事君也與哉【註】孔安國曰言不可與事君也其未得之也患得之【註】患得之者患不能得之也楚俗言也既得之患失之苟患失之無所不至矣【註】鄭玄曰無所不至者言邪媚無所不爲也【疏】子曰至矣○子曰云云者言凡鄙之人不可與之事君故云可與事君哉云其未云云者此以下明鄙夫不可與事君之由也患得之謂患不能得也言初未得事君之時恒懃懃患己不能得事君也既得之患失之者患失之患不失之也既得事君而生厭心故患己不遺失之也云苟患云云者既患得失在於不定則此鄙心迴邪無所不至或爲亂也○【註】患得至言也○楚之風俗其言語如此也呼患不得爲患得之也

子曰古者民有三疾今也或是之亡也【註】苞氏曰言古者民疾與今時異也古之狂也肆【註】苞氏曰肆極意敢言之也今之狂也蕩【註】孔安國曰蕩無所據也古之矜也廉【註】馬融曰有廉隅也今之矜也忿戾【註】孔安國曰惡理多怒也古之愚也直今之愚也詐而已矣【疏】子曰至已矣。〔古者民有三疾〕者古謂淳時也疾謂病也其事有三條在下文也〔今也或是之亡〕者今謂澆時也亡無也言今之澆民無復三疾之事也江熙曰今之民無古者之疾而疾過之也〔古之狂也肆者〕一也古之狂者恒肆意所爲好在抵觸以此爲疾者也〔今之狂也蕩者〕蕩無所據也蕩猶動也今之狂不復肆直而皆用意澆競流動也復無得據杖也古之矜也廉者二也矜莊也廉隅也古人自矜莊者好大有廉隅以此爲疾也李充曰矜厲其行向廉潔也今之矜也忿戾者今世之人自矜莊者不能廉隅而因之爲忿戾怒物也李充曰矜善上人物所以不與則反之者至矣故怒以戾與忿激也古之愚也直者三也古之愚者不用其智不知俯仰病在直情徑行故云直也今之愚也詐而已者今之世愚不識可否唯欲欺詐自利者也又一通云古之狂者唯肆情而病於蕩今之狂則不復病蕩故蕩不肆也又古之矜者唯廉隅而病於忿戾今之矜者則不復病忿戾而不廉也又古之愚者唯直而病詐今之愚者則不復病詐故云詐而不直也。註孔安國曰惡理多怒也

言今人既惡則理自多怒物也

子曰惡紫之奪朱也註孔安國曰朱正色紫閒色之好者惡其邪好而奪正色也惡鄭聲之亂雅樂也

註苞氏曰鄭聲淫聲之哀者惡其奪雅樂也惡利口之覆邦家也註孔安國曰利口之人多言少實苟能悅媚時君傾覆其國家也疏子曰至家也○惡紫之奪朱者紫是間色朱是正色正色宜行間色宜除不得用間色之物以妨奪正色之用也言此者爲時多以邪人奪正人故孔子託云惡之者也云惡鄭云云者鄭聲者鄭國之音也其音淫也雅樂者其聲正也時人多淫聲以廢雅樂故孔子惡之者也云惡利云云者利口辯佞之口也邦諸侯也家卿大夫也君子辭達而已不用辯佞無實而傾覆國家故爲孔子所惡也

子曰予欲無言子貢曰子如不言則小子何述焉註言之爲益少故欲無言也子曰天何言哉四時行

焉百物生焉天何言哉【疏】子曰至信哉。○云予欲無言者孔子忿世不用其言其言爲益之少故欲無所復言也○云子貢云云者小子弟子也子貢聞孔子欲不復言故疑而問之也言夫子若遂不復言則弟子等輩何所復傳述也○云子曰云云者孔子既以有言無益遂欲不言而子貢怨若遂不言則門徒無述故孔子遂曰天亦不言而四時遞行百物互生此豈是天之有言使之然乎故云天何言哉也天既不言而事行故我亦欲不言而教行是欲則天以行化也王弼曰子欲無言蓋欲明本舉本統末而示物於極者也夫立言垂教將以通性而弊至於湮寄旨傳辭將以正邪而勢至於繁既求道中不可勝御是以修本廢言則天而行化以淳而觀則天地之心見於不言寒暑代序則不言之令行乎四時天豈諄諄者哉

孺悲欲見孔子孔子辭之以疾將命者出戶取瑟而

歌使之聞之【註】孺悲魯人也孔子不欲見故辭以疾爲其將命者不知己故歌令將命者悟所以令孺悲思也【疏】孺悲至聞之。○孺悲欲見孔子者孺悲魯人也使人召孔子欲與孔子相見也孔子辭之以疾者孔子不欲應孺悲之召故辭云有疾不堪往也將命者出戶者將命者謂孺悲所使之人也出戶謂受孔子疾辭畢而出孔子之戶以去也云取瑟云云者孺悲使者去裁出戶而孔子取瑟以歌欲使孺悲使者聞之也所以然者若辭唯有疾而不往恐孺悲問疾差又召己不止也故取瑟而歌使使者聞之知孔子辭疾非實疾以還白孺悲令孺悲知故不來耳非爲疾不來也李充曰孔子曰人潔己以進與其潔不保其往所以不逆乎互鄉也今不見孺悲者何明非崇道歸聖發其蒙矣苟不崇道必有舛寫之心則非教之所崇言之所喻將欲化之未若不見也聖人不

顯物短使無日新之塗故辭之以疾猶未足以誘之故絃歌以表旨使抑之而不彰挫之而不絕則矜鄙之心頽而思善之路長也

宰我問三年之喪期已久矣君子三年不爲禮禮必壞三年不爲樂樂必崩舊穀既沒新穀既升鑽燧改火期可已矣（註）馬融曰周書月令有更火春取榆柳之火夏取棗杏之火季夏取桑柘之火秋取柞楢之火冬取槐檀之火一年之中鑽火各異木故曰改火也子曰食夫稻也衣夫錦也於汝安乎曰安曰汝安則爲之夫君子之居喪食旨不甘聞

樂不樂居處不安故不爲也今汝安則爲之【註】孔安國曰旨美也責其無仁恩於親故再言汝安則爲之宰我出子曰予之不仁也子生三年然後免於父母之懷【註】馬融曰子生未三歲爲父母所懷抱也夫三年之喪天下之通喪也【註】孔安國曰自天子達於庶人也予也有三年之愛於其父母乎【註】孔安國曰言予之於父母欲報之德昊天罔極而予也有三年之愛乎【疏】宰我問至母乎○宰我問云云者禮爲至親之服至三年宰我嫌其爲重故問至期則久不假三年也云君子云云者宰我又說喪不宜三年之義

也君子人君也人君化物必資禮樂若有喪三年則廢於禮樂禮樂崩壞則無以化民爲此之故云宜期而不三年禮云壞樂云崩者禮是形化形化故云壞壞是漸敗之名樂是氣化氣化無形故云崩崩是墜失之稱也舊穀既沒新穀既升者宰予又說一期爲足意也言夫人情之變本依天道天道一期則萬物莫不悉易故舊穀既沒盡又新穀已熟則人情亦宜法之而奪也鑽燧改火者鑽燧者鑽木取火之名也內則云大觿木燧是也改火者年有四時四時所鑽之木不同若一年則鑽之一周變改已遍也期可已矣者宰我斷之也穀沒又升火鑽已遍故有喪者一期亦爲可矣子曰云云者孔子聞宰予曰一期爲足故舉問之也夫語助也稻是穀之美者錦是衣中之文華者若一期除喪除喪畢便食美衣華在三年之內爲此事於汝之心以此爲安不乎云曰安者宰我荅孔子也云期而食稻衣錦以爲安也曰汝安則爲之者孔子聞宰我之荅云安故云汝言此爲安則汝自爲

之也云夫君云云者孔子又爲宰我說三年內不可安於食稻衣錦也言夫君子之人居親喪者心如斬截故無食美衣錦之理假令食於美食亦不覺以爲甘聞於韶樂亦不爲雅樂設居處華麗亦非身所安故聖人依人情而制苴麤之禮不設美樂之具故云不爲也今汝安則爲之者陳舊事既竟又更語之也昔君子之所不爲今汝若以一期猶此爲安則自爲之再言之者責之深也或問曰喪服傳曰既練反素食鄭元曰謂復平生時食也若如彼傳及注則期外食稻非嫌孔子何以怪耶荅曰北人重稻稻爲嘉食唯盛饍乃食之耳平常所食食黍稷之屬也云反素食則謂此也云宰我出者宰我得孔子之罵竟而出去也子曰予之不仁者仁猶恩也言宰我無恩愛之心故曰予之不仁也予宰我之名也云子生云云者又解所以不仁之事也按聖人爲制禮以三年有二義一是抑賢一是引愚抑賢者言夫人子於父母有終身之恩昊天罔極之報但聖人爲三才宜理人倫超絕

故因而裁之以爲限節者也所以然者何夫人是三才之一天地貴人而成人之生世誰無父母父母若喪必使人子滅性及身服長凶人人以爾則二儀便廢爲是不可故斷以年月使送死有已復生有節尋制服致節本應斷期斷期是天道一變人情亦宜隨之而易但故改火促期不可權終天之性鑽燧過隙無消創鉅之文故隆倍以再變再變是二十五月始末三年之中此是抑也一是引愚者言子生三年之前未有知識父母養之最鍾懷抱及至三年以後與人相關飢渴痛癢有須能言則父母之懷稍得寬免今既終身難遂故報以極時故必至三年此是引也而宰予既爲其父母所生亦必爲其父母所懷矣將欲罵之故先發此言引之也云夫三云云者人雖貴賤不同以爲父母懷抱故制喪服不以尊卑致殊因以三年爲極上自天子下至庶人故云天下通喪也且汝是四科之限豈宜不及無儀之庶人予故言通喪引之也云子也云云者予宰我名也爲父母愛己故限

三年今宰我欲不服三年是其誰有三年之愛於其父母不乎一云愛惜也言宰我何忽愛惜三年於其父母也繆播曰爾時禮壞樂崩而三年不行宰我大懼其往以爲聖人無微旨以戒將來故假時人之謂咎憤於夫子義在屈己以明道也予之不仁者何苔曰時人失禮人失禮而予謂爲然是不仁矣言不仁於萬物又仁者施與之名非奉上之稱若予安稻錦廢此三年乃不孝之甚不得直云不仁李充曰子之於親終身莫已而今不過三年者示民有終也而予也何愛三年而云久乎余謂孔子目四科則宰我冠言語之先安有知言之人而發違情犯禮之問乎將以喪禮漸衰孝道彌薄故起斯問以發其責則所益者宏多也○註馬融曰至火也○引周書中月令之語有改火之事來爲證也更猶改也改火之木隨五行之色而變也榆柳色青春是木木色青故春用榆柳也棗杏色赤夏是火火色赤故夏用棗杏也桑柘色黃季夏是土土色黃故季夏用桑柘也柞楢色白秋

是金金色白故秋用柞楢也槐檀色黑冬是水水色黑故冬用槐檀也所以一年必改火者人若依時而食其火則得氣又宜令人無災厲也。註孔安國曰至愛乎。依注亦不得爲前兩通也

子曰飽食終日無所用心難矣哉不有博奕者乎爲之猶賢乎已註馬融曰爲其無所據樂善生淫慾也疏子曰至乎已。子曰云云者人若飢寒不足則心情所期於衣食所期於衣食則無暇思慮他事若無事而飽衣食終日則必思計爲非法之事故云難矣哉言難以爲處也云不有云云者博者十二棊對而擲采者也奕圍棊也賢猶勝也已止也言若飽食而無事則必思爲非法若曾是無業而能有棊奕以消食終日則猶勝無事而直止住者也

子路曰君子尚勇乎子曰君子義以爲上君子有勇

而無義爲亂小人有勇而無義爲盜【疏】子路曰至爲盜○【云】子路云云者】子路既有勇常言勇可崇尚故問於孔子君子之人常尚勇乎袁氏曰見世尚須勇故謂可尚乎【子曰云云者】孔子荅曰君子雖所尚於義以爲上也【云君子云云者】君子既尚義若無義必作亂也李充曰既稱君子又謂職爲亂階也若遇君親失道國家昏亂其於赴患致命而不知居正顧義者則亦畏陷乎爲亂而受不義之責也【云小人云云者】異於君子不敢作亂乃爲盜竊而已

子貢問曰君子亦有惡乎子曰有惡惡稱人之惡者【註】苞氏曰好稱說人之惡所以爲惡也惡居下流而訕上者【註】孔安國曰訕謗毀也惡勇而無禮者惡果敢而窒者【註】馬融曰窒窒塞也曰賜也亦有

惡也惡徼以爲智者【註】孔安國曰徼抄也惡抄人之意以爲己有也惡不遜以爲勇者惡訐以爲直者【註】苞氏曰訐謂攻發人之陰私也【疏】子貢問至直者。云子貢問云云者惡謂憎疾也舊說子貢問孔子曰天下君子之道有所憎疾以不乎江熙曰君子卽夫子也禮記云昔者仲尼與於蜡賓事畢出喟然而歎言偃曰君子何歎乎【子】曰有惡者孔子荅言君子亦有所憎惡也【惡】稱人之惡者者此以下竝是君子所憎惡之事也君子掩惡揚善故憎人稱揚他人之惡事者也【云】惡居云云者訕猶謗毀也又憎惡爲人臣下而毀謗其君上者也故禮記云君臣之禮有諫而無訕是也【惡】勇而無禮者者勇而無禮則亂故君子亦憎惡之也【惡】果敢而窒者者【窒】窒塞也又憎好爲果敢而窒人道理者也若果敢不塞人道理者則亦所不惡也【曰】賜也亦有惡也者子貢聞孔子說有惡已竟故云賜亦有所憎惡也故江熙曰己亦有所賤惡也惡徼以爲智者者此子貢說己所憎惡之事也徼抄也言人生發謀出計必當出己心義乃得爲善若抄他人之意以爲己有則子貢所憎惡也惡不遜以爲勇者勇須遜從若不遜而勇者子貢所憎惡也然孔子曰惡不遜爲勇者二事又相似但孔子所明明體先自有勇而後行之無禮者子貢所言本自無勇故假於孔子不遜以爲勇也惡訐以爲直者者訐謂面發人之陰私也人生爲直當自己不犯觸他人則乃是善若對面發人陰私欲成己直者亦子貢所憎惡也然孔子所惡者有四子貢有三亦示減師也

子曰唯女子與小人爲難養也近之則不遜遠之則有怨【疏】子曰至有怨○云子曰云云者女子小人竝稟陰閟氣多故其意淺促所以難可養

立也注近之則不遜者此難養之事也君子之人人愈近愈敬而女子小人近之則其承狎而爲不遜從也遠之則有怨者君子之交如水亦相忘江湖而女子小人人若遠之則生怨恨言人不接己也

子曰年四十而見惡焉其終也已註鄭玄曰年在不惑而爲人所惡終無善行也疏子曰至也已。人年未四十則德行猶進當時雖未能善猶望可改若年四十已在不惑之時猶爲衆人共所見憎惡者則當終其一生無復有善理故云其終也已

論語微子第十八疏微子者殷紂庶兄也明其覩紂凶惡必喪天位故先拂衣歸周以存宗祀也所以次前者明天下惡則賢宜遠避故以微子次陽貨也

微子去之箕子爲之奴比干諫而死註馬融曰微箕

二國名子爵也微子紂之庶兄箕子比干紂之諸父也微子見紂無道早去之箕子佯狂爲奴比干以諫而見殺也孔子曰殷有三仁焉【註】馬融曰仁者愛人三人行各異而同稱仁以其俱在憂亂寧民也【疏】微子至仁焉。〇云微子去之者微子者名啓是殷王帝乙之元子紂之庶兄也殷紂暴虐殘酷百姓日月滋甚不從諫爭微子觀國必亡社稷顛殞己身是元長宜存係嗣故先去殷投周早爲宗廟之計故云去之箕子爲之奴者箕子者紂之諸父也時爲父師是三公之職屢諫不從知國必殞己身非長不能輒去職任寄重又不可死故佯狂而受囚爲奴故云爲之奴也鄭注尚書曰父師者三公也時箕子爲之奴比干諫而死者比干亦紂之諸父也時爲少師少師是三孤之職也進非長適無存宗之去退非合輔不俟佯狂之畱且生難死易故正言極諫以至剖心而死故云諫而死也鄭注尚書云少師者大師之佐孤卿也時比干爲之死也孔子曰殷有三仁焉者孔子許微子箕子比干其迹雖異而同爲仁故云有三仁焉所以然者仁以憂世忘己身爲用而此三人事迹雖異俱是爲憂世民也然若易地而處則三人皆互能耳但若不有去者則誰保宗祀耶不有佯狂者則誰爲親寄耶不有死者則誰爲亮臣節耶各盡其所宜俱爲臣法於教有益故稱仁也。註馬融曰至殺也。微箕二國名者是殷家畿內采地名也子爵也者殷家畿外三等之爵公侯伯也畿內唯子爵而箕微二人並食箕微之地而子爵也微子紂之庶兄者鄭元注尚書云微子與紂同母當生微子母猶未正及生紂時已得正爲妻也故微子大而庶紂小而嫡也箕子比干紂之諸父也者二人皆是帝乙之弟也微子見紂無道早去之者故尚書云微子乃告父師少師曰王子弗出

我乃顛隮是遂去敵歸周後封微子於宋以爲殷後也云箕子云云者故武王勝紂釋箕子囚以箕子歸作洪範而彝倫攸叙封比干墓天下悅服也

柳下惠爲士師註孔安國曰士師典獄之官也三黜人曰子未可以去乎曰直道而事人焉往而不三黜註孔安國曰苟直道以事人於所至之國俱當復三黜也枉道而事人何必去父母之邦疏柳下惠至之邦。○云柳下惠爲士師者柳下惠展禽也士師獄官也惠時爲獄官也云三黜者黜退也惠爲獄官無罪而三過被黜退也云人曰云云者人或人也去謂更出國往他邦也或人見惠無罪而三被退遂故問之云子爲何事而未可以去此乎欲令其去也云曰直道云云者柳荅或人云己所以不合去之意也言時人世皆邪曲而我獨用直道直道事曲故無罪而三黜耳若用直事不正非唯我國見黜假令至彼彼國復曲則亦當必復見黜故云焉往而不三黜也魯是三黜故不假去也故李充曰舉世喪亂不容正直以國觀國何往不黜也云枉道云云者又對或人也枉曲也父母邦謂魯舊居桑梓之國也言我若能捨直爲曲曲則是地皆合既往必皆合亦何必遠離我之舊邦而更他適耶故曲直並不須去也孫綽曰言以不枉道而求留也若道而可枉雖九生不足以易一死柳下惠之無此心明矣故每仕必直直必不用所以三黜也

齊景公待孔子曰若季氏則吾不能以季孟之閒待之註孔安國曰魯三卿季氏爲上卿最貴孟氏爲下卿不用事言待之以二者之閒也曰吾老矣不

能用也孔子行註以聖道難成故云老矣不能用也疏齊景公至子行。云齊景公待孔子者孔子往齊而景公初欲處待孔子共爲政化也曰若季氏則吾不能者景公慕聖不篤初雖欲待而末又生悔發此言也季氏者魯之上卿也總知魯政專任一國今景公曰若使我以國政委任孔子如魯之任季氏則可不能也以季孟之閒待之者孟者魯之下卿也不被任用者也景公言我不能用孔子如魯處季氏又不容令之無事如魯之處孟氏也我當以有事無事之閒處之故云以季孟之閒待之也曰吾老矣不能用者景公初雖云待之於季孟之閒而末又悔故自託吾老不能復用孔子也孔子行者孔子聞不能用己故行去也江熙曰麟不能爲豺步鳳不能爲隼擊夫子所陳必也正道景公不能用故託吾老可合則往於離則去聖人無常者也齊人歸女樂季桓子受之三日不朝孔子行【註】孔安國曰桓子季孫斯也使定公受齊之女樂君臣相與觀之廢朝禮三日也【疏】齊人至子行。○云齊人歸女樂者歸猶餉也女樂女伎也齊餉魯定公女伎致時孔子在魯齊畏魯強故餉魯於女樂欲使孔子去也云季桓子受之者季子使定公受齊之餉也云三日不朝者桓子既受之仍與定公奏之三日廢於朝禮者也云孔子行者既君臣淫樂故孔子遂行也江熙曰夫子色斯舉矣無禮之朝安可以處乎

楚狂接輿歌而過孔子【註】孔安國曰接輿楚人也佯狂而來歌以欲感切孔子也曰鳳兮鳳兮何德之衰也【註】孔安國曰比孔子於鳳鳥也鳳鳥待聖君

而乃見非孔子周行求合故曰衰也往者不可諫也註孔安國曰已往所行不可復諫止也來者猶可追也註孔安國曰自今以來可追自止避亂隱居也已而已而今之從政者殆而註孔安國曰已而者言世亂已甚不可復治也再言之者傷之甚也孔子下欲與之言趨而避之不得與之言也註苞氏曰下下車也疏楚狂至言也。云楚狂云云者接輿楚人也姓陸名通字接輿昭王時政令無常乃被髮佯狂不仕時人謂之爲楚狂也時孔子適楚而接輿行歌從孔子邊過欲感切孔子也云曰鳳云云者此接輿歌曲也知孔子有聖德故以比鳳但鳳鳥待聖君乃見今孔子周行屢適不合所以是鳳德之衰也云往者不可諫者言屢適不合是示已往事不復可諫是既往不咎也云來者猶可追者來者謂未至之事也未至之事猶可追止而使莫復周流天下也云已而云云者已而者言今世亂已甚也殆而者言今從政者皆危殆不可復救治之者也云孔子下欲與之言者下下車也孔子初在車上聞接輿之歌感切於己己故下車欲與之共語也江熙曰言下車明在道聞其言也云趨而云云者趨疾走也接輿見孔子下車欲與己言己故急趨避之所以令孔子不得與之言也江熙曰若接輿與夫子對共情言則非狂也達其懷於議者修其狂迹故疾行而去也

長沮桀溺耦而耕孔子過之使子路問津焉註鄭元曰長沮桀溺隱者也耜廣五寸二耜爲耦津濟渡

處也長沮曰夫執輿者爲誰乎子路曰爲孔丘曰是魯孔丘與對曰是也曰是知津矣〔註〕馬融曰言數周流自知津處也問於桀溺桀溺曰子爲誰曰爲仲由曰是魯孔丘之徒與對曰然曰滔滔者天下皆是也而誰以易之〔註〕孔安國曰滔滔者周流之貌也言當今天下治亂同空舍此適彼故曰誰以易之也且而與其從避人之士也豈若從避世之士哉〔註〕士有避人之法有避世之法長沮桀溺謂孔子爲士從避人之法也已之爲士則從避世

之法者也耰而不輟〔註〕鄭元曰耰覆種也輟止也覆種不止不以津告也子路行以告夫子憮然〔註〕爲其不達己意而便非己也曰鳥獸不可與同羣也〔註〕孔安國曰隱居於山林是與鳥獸同羣也吾非斯人之徒與而誰與〔註〕孔安國曰吾自當與此天下人同羣安能去人從鳥獸居乎天下有道丘不與易也〔註〕孔安國曰言凡天下有道者丘皆不與易也己大而人小故也〔疏〕長沮至易也。云長沮桀溺耦而耕者二人皆隱士也二人既隱山野故耦而共耕也〔孔子過之者〕孔子行從沮溺二人所耕之處過之〔使子路問津焉者津渡水處也時子路從孔子行故孔子使子路訪問於沮溺覓渡水津之處也范升曰孔欲顯之故使問也云長沮云云者子路往問津先問長沮長沮不荅津處而先反問子路也執輿猶執轡也子路初在車上即爲御御者執轡今既下車而往問津渡則廢轡與孔子孔子時執轡故長沮問子路曰夫在車中執轡者是爲誰子乎子路曰爲孔丘者子路荅曰車中執轡者是孔丘也然子路問長沮稱師名者聖師欲令天下而知之也曰是魯孔丘與者長沮更定之也此是魯國孔丘不乎對曰是也者荅曰是魯孔丘也曰是知津者沮聞魯孔丘故不語津處也言若是魯之孔丘此人數周流天下無所不至必知津處也無俟我今復告也問於桀溺者長沮不荅子路又問桀溺桀溺曰子爲誰者又問子路汝是誰也曰爲仲由者子路荅言我是姓仲名由也曰是云云者又問言汝名由是孔丘之門徒不乎云對曰然者子路荅曰是也云曰滔云云者滔滔者猶周流也天下皆

是謂一切皆惡也桀溺又云孔子何是周流者予當今天下治亂如一捨此適彼定誰可易之者乎言皆惡也云且而云云者桀溺又微以此言招子路使從己隱也故謂孔子爲避人之士其自謂己爲避世之士也言汝今從於避人之士則豈如從於避世之士乎云耰而不輟者耰覆種也輟止也二人與子路且語且耕覆種不止也覆種者植穀之法先散子後覆也子路行以告者子路問二人二人皆不告及於借問而覆種不止故子路備以此事還車上以告孔子也云夫子憮然者憮然猶驚愕也孔子聞子路告故愕怪彼不達己意而譏己也云曰鳥云云者孔子既憮然而又曰隱山林者則鳥獸同羣出世者則與世人爲徒旅我今應出世自不得居於山林故曰鳥獸不可與同羣也云吾非云云者亦云吾既出世應與人爲徒旅故云吾非斯人之徒與而誰與言必與人爲徒也云天下云云者言凡我道雖不行於天下天下有道者而我道皆不至與彼易之是我道大彼道小故也江

熙曰易稱天下同歸而殊塗一致而百慮君子之道或出或處或默或語所以爲歸致者期於內順生徒外儍教旨也惟此而已乎凡教或即我以導物或報彼以明節以救急疾於當年而發逸操於沮溺排拔抗言於子路知非問津之求也于時風政日昏彼此無以相易良所以猶然斯可已矣彼故不屑去就不輟其業不酬栖栖之問所以遂節於世而有儍於聖教者存矣道喪于茲感以事反是以夫子憮然曰鳥獸不可與同羣也明夫理有大倫以吾所不獲已也若欲潔其身韜其蹤同羣鳥獸不可與斯民則所以居大倫者廢矣此即我以致言不可以乘彼者也丘不與易益物之有道故大湯武亦稱夷齊由管仲而無譏邵忽今彼有其道我有其道不執我以求彼不係彼以易我夫可滯哉沈居士曰世亂賢者宜隱而全生聖人宜出以弘物故自明我道以救大倫彼之絕迹隱世實由世亂我之蒙塵栖遑亦以道喪此即彼與我同患世也彼實中賢無道宜隱不達教者也我則至

德宜理大倫不得已者也我既不失彼亦無違無非可相非且沮溺是規子路亦不規夫子謂子路宜從己不言仲尼也自我道不可復與鳥獸同羣宜與人徒本非言彼也彼居林野居然不得不羣鳥獸羣鳥獸避世外以爲高行初不爲鄙也但我自得耳以體大居正宜宏世也下云天下有道丘不與易也言天下人自各有道我不以我道易彼亦不使彼易我自各處其宜也如江熙所云大湯武而亦賢夷齊美管仲亦不譏邵忽也。註鄭元曰至爲耦。耕用耒是今之鉤鎛耜是今之釋廣五寸五寸則不成伐故二人並耕兩耜並得廣一尺一尺則成伐也故云二耜爲耦也。註士有至法者也。若如注意則非但令子路從己亦謂孔子從己也

子路從而後遇丈人以杖荷蓧註苞氏曰丈人老者也蓧竹器名也子路問曰子見夫子乎丈人曰四

體不勤五穀不分孰爲夫子註苞氏曰丈人云不勤勞四體不分殖五穀誰爲夫子而索之耶植其杖而芸註孔安國曰植倚也除草曰芸也子路拱而立註未知所以荅也止子路宿殺雞爲黍而食之見其二子焉明日子路行以告子曰隱者也使子路反見之至則行矣註孔安國曰子路反至其家丈人出行不在也子路曰不仕無義註鄭元曰畱言以語丈人之二子也長幼之節不可廢也君臣之義如之何其可廢也註孔安國曰言汝知父

子相養不可廢反可廢君臣之義耶欲潔其身而亂大倫【註】苞氏曰倫道也理也君子之仕也行其義也道之不行也已知之矣【註】苞氏曰言君子之仕所以行君臣之義也不必自道得行也孔子道不見用自已知之也【疏】子路從至知之矣○云子路從而後者孔子與子路同行孔子先發子路在後隨之未得相及故云從而後也云遇丈人以杖荷篠者遇者不期而會之也丈人者長宿之稱也荷擔揭也篠竹器名子路在孔子後未及孔子而與此丈人相遇見此丈人以杖擔一器籮簏之屬故云以杖荷篠也云子路問云云者子路既見在後故借問丈人見夫子不乎云丈人云云者四體足手也勤勤勞也五穀黍稷之屬也分播種也孰誰也子路既借問丈人丈

人故荅子路也言當今亂世汝不勤勞四體以播五穀而周流遠走問誰爲汝之夫子而問我索之乎袁氏曰其人已委曲識孔子故譏之四體不勤不能如禹稷躬殖五穀誰爲夫子而索耶云植其杖而芸者植竪也芸除草也丈人荅子路竟至草田而竪其所荷篠之杖當挂篠於杖頭而植竪之竟而芸除田中穢草也一通云杖以爲力以一手芸草故云植其杖而芸也云子路拱而立者拱沓手也子路未知所以荅故沓手而倚立以觀丈人之芸也云止子路宿者子路住倚當久已至日暮故丈人畱止子路使停住就己宿也云殺雞爲黍而食之者子路停宿故丈人家殺雞爲臛作黍飯而食子路也云見其二子焉者丈人知子路是賢故又以丈人二兒見於子路也云明日子路行者至明日之旦子路得行逐孔子也云以告者行及孔子而具以昨丈人所言及雞黍見子之事告孔子道之也云子曰隱者也者孔子聞子路告丈人之事故云此丈人是隱處之士也云使子路反見

之者孔子既曰丈人是隱者而又使子路反還丈人家須與丈人相見以己事說之也其事在下文云至則行矣者子路反至丈人家而丈人已復出行不在也云子路曰不仕無義者丈人既不在而子路留此語以與丈人之二子令其父還述之也此以下之言悉是孔子使子路語丈人之言也言人不生則已既生便有在三之義父母之恩君臣之義人若仕則職於義故云不仕無義也云長幼云云者既有長幼之恩又有君臣之義汝知見汝二子是識長幼之節不可廢闕而如何廢於君臣之義而不仕乎云欲潔云云者大倫謂君臣之道理也又言汝不仕濁世乃是欲自清潔汝身耳如爲亂君臣之大倫何也云君子云云者又言君子所以仕者非貪榮祿富貴政是欲行大義故也云道之云云者爲行義故仕耳濁世不用我道而我亦反自知之也

逸民伯夷叔齊虞仲夷逸朱張柳下惠少連註逸民

者節行超逸者也〔苞氏曰〕此七人皆逸民之賢者也子曰不降其志不辱其身者伯夷叔齊與〔註〕鄭元曰言其直己之心不入庸君之朝也謂柳下惠少連降志辱身矣言中倫行中慮其斯而已矣〔註〕孔安國曰但能言應倫理行應思慮如此而已矣謂虞仲夷逸隱居放言〔註〕苞氏曰放置也不復言世務也身中清廢中權〔註〕馬融曰清純潔也遭世亂自廢棄以免患合於權也我則異於是無可無不可〔註〕馬融曰亦不必進亦不必退唯義所在也〔疏〕逸民至不

可。云逸民云云者逸民者謂民中節行超逸不拘於世者也其人在下伯夷一人也叔齊二人也虞仲三人也夷逸四人也朱張五人也柳下惠六人也少連七人也云子曰云云者逸民雖同而其行事有異故孔子評之也夷齊隱居餓死是不降志也不仕亂朝是不辱身也是心迹俱超逸也云謂柳云云者此二人心逸而迹不逸也並仕魯朝而柳下惠三黜則是降志辱身也云言中云云者雖降志辱身而言行必中於倫慮故云其斯而已矣張憑曰彼被祿仕者乎其處朝也唯言不廢大倫行不犯色思慮而已豈以世務暫嬰其心哉所以爲逸民也云謂虞云云者放置也隱居幽處廢置世務世務不須及言之者也云身中清廢中權者身不仕亂朝是中清潔也廢事免於世患是合於權智也故江熙曰超然出於埃塵之表身中清也晦明以遠害發動中權也云我則云云者我則退不拘於世故與物無異所以是無可無不可也江熙曰夫迹有相明教有相資若數子者事既不同而我亦有以異矣然聖賢致訓相爲內外彼協契於往載我拯溺於此世不以我異而抑物不以彼異而通滯此吾所謂無可無不可者耳豈以此自目己之所以異哉我迹之異蓋著于當時彼數子者亦不宜各滯於所執矣故舉其往行而存其會通將以導夫方類所挹仰乎或問曰前七人而此唯評於六人不見朱張何乎荅曰王弼曰朱張字子弓荀卿以比孔子今序六人而闕朱張者明取舍與己合同也。註鄭玄曰至朝也。直己之心是不降志也不入庸君之朝是不辱身也

大師摯適齊亞飯干適楚註孔安國曰亞次也次飯樂師也摯干共名也**三飯繚適蔡四飯缺適秦**註苞氏曰三飯四飯樂章名也各異師繚缺皆名也

鼓方叔入于河註苞氏曰鼓擊鼓者方叔名也入

謂居其河內也播鞀武入于漢(註)孔安國曰播猶搖也武名也少師陽擊磬襄入于海(註)孔安國曰魯哀公時禮毀樂崩樂人皆去陽襄皆名也(疏)大師至于海○(大)師摯適齊者自此以下皆魯之樂人名也魯君無道禮樂崩壞樂人散走所不同也大師樂師也名摯其散逸適往於齊國也(亞)飯干適楚者亞次也飯飡也干其名也古天子諸侯飡必其奏樂每食各有樂人亞飯干是第二飡奏樂人也其奔逸適於楚國然周禮大司樂王制朔望食乃奏樂日食不奏也夏殷則日奏也故王制及玉藻皆云然也(三)飯繚適蔡者繚名也第三飡奏樂人散逸入蔡國也(四)飯缺適秦者缺名也第四飡奏樂人奔散入秦國也(鼓)方叔入于河者鼓能擊鼓者也方叔名也亦散逸入河內之地居也(播)鞀武入于漢者播猶搖也鞀鞀鼓也其人能搖鞀鼓者

也名武亦散奔入漢水內之地居也少師陽擊磬襄入于海者少師名陽又擊磬人名襄二人俱散奔入海內居也

周公謂魯公註孔安國曰魯公周公之子伯禽也封於魯也曰君子不施其親註孔安國曰施易也不以他人親易其親也不使大臣怨乎不以註孔安國曰以用也怨不見聽用也故舊無大故則不棄也無求備於一人註孔安國曰大故謂惡逆之事也疏周公至一人○云周公謂魯公者周公周公旦也魯公周公之子伯禽也周公欲教之故云謂魯公也孫綽曰此是周公顧命魯公所以之辭也曰君子不施其親者此周公所命之辭也施

猶易也言君子之人不以他人易己之親是因不失其親也孫綽曰不施猶不偏也謂人以不偏惠所親使魯公崇至公也張憑曰君子於人義之與比無偏施於親親然後九族與庸勳竝隆仁心與至公俱著也云不使云云者以用也爲君之道當委用大臣大臣若怨君不用則是君之失也云故舊云云者故舊朋友也大故謂惡逆也朋友之道若無大惡逆之事則不得相遺棄也云無求備於一人者無具足不得責必備是君子易事之德也

周有八士伯達伯适仲突仲忽叔夜叔夏季隨季騧

註苞氏曰周時四乳得八子皆爲顯士故記之耳

疏周有至季騧○舊云周世有一母身四乳而生於此八子八子竝賢故記錄之也侃按師說曰非謂一人四乳乳猶俱生也有一母四過生生輒雙二子四生故八子也何以知其然就其名兩兩

相隨似是雙生者也

論語集解義疏卷九

論語集解義疏卷第九

論語集解義疏卷第十

魏　何晏　集解

梁　皇侃　義疏

論語子張第十九　疏　子張者弟子也明其君若有難臣必致死也所以次前者既明君惡臣宜拂衣而即去若人人皆去則誰爲匡輔故此次明若未得去者必宜致身故以子張次微子也

子張曰士見危致命　注　孔安國曰致命不愛其身也

見得思義祭思敬喪思哀其可已矣　疏　子張曰至已矣○就

此篇凡有二十四章大分爲五段總明弟子稟仰記言行皆可軌則第一先述子張語第二子夏語第三子游語第四曾參語第五子貢語此是第一子張語自有二章也此一篇皆是弟子語無孔子語也云士見危致命者士者知義理之名是謂升朝之士也若見國有危難必不愛其身當以死救之是見危致命也士既如此則大夫以上可知也云見得思義者此以下並是士行也得得祿也必不素飡義然後取是見得思義也云祭思敬者士始得立廟守其祭祀祭神如神在是祭思敬也云喪思哀者方喪三年爲君如父母必窮苴斬是喪思哀也云其可已矣者如上四事爲士如此則爲可也江熙曰但言若是自可也

子張曰執德不弘信道不篤焉能爲有焉能爲亡注孔安國曰言無所輕重也疏子張曰至爲亡○弘大也篤厚也亡無也

人執德能至宏大信道必便篤厚此人於世乃爲可重若雖執德而不宏雖信道而不厚此人於世不足可重如有如無故云焉能爲有焉能爲亡也江熙曰有德不能宏大信道不務厚至雖有其懷道德蔑然不能爲損益也註言無所輕重也○世無此人則不足爲輕世有此人亦不足爲重故云無所輕重也二章訖

此是子張語是第一

子夏之門人問交於子張註孔安國曰問與人交接之道也子張曰子夏云何對曰子夏曰可者與之其不可者距之子張曰異乎吾所聞君子尊賢而容衆嘉善而矜不能我之大賢與於人何所不容我之不賢與人將距我如之何其距人也註苞氏

曰友交當如子夏汎交當如子張疏○子夏至人也○此下是第二是子夏語自有十一章云子夏云云者子夏弟子問子張求交友之道也云子張曰子夏云何者子張反問子夏之門人云汝師何所道故曰云何也云對曰云云者子夏弟子對子張述子夏言也言子夏云結交之道若彼人可者則與之交若彼人不可者則距而不交也云子張曰異乎吾所聞者子張聞子夏之交與己異故云異乎吾所聞也云君子云云者彼既異我我故更說我所聞也言君子取交之法若見賢者則尊重之衆來歸我我則容之容之中有善者則嘉而美之有不善不能者則矜而不責不得可者與不可者距之云我之大賢云云者更說不宜不可者距之也設他人欲與我交我若是大賢則他人必與我故云於人何所不容也云我之不賢云云者又云若我設不賢而他人必亦距我而不矜也我若矜人人必矜我我若距人人必距我故云如之何其距人也○註

苞氏曰至子張。〔云友交當如子夏者〕旣欲與爲友故宜可者與之不可者距也〔云況交當如子張者〕若德悠悠況交則嘉善矜不能也明二子各一是也鄭元曰子夏所云倫黨之交也子張所云尊卑之交也王肅曰子夏所云敵體交子張所云覆蓋交也欒肇曰聖人體備賢者或偏以偏師備學不能同也故準其所資而立業焉猶易云仁者見其仁智者見其智寬則得衆而遇濫偏則寡合而身孤明各出二子之偏性亦未能兼宏夫子度也

子夏曰雖小道必有可觀者焉【注】小道謂異端也致遠恐泥【注】苞氏曰泥難不通也是以君子不爲也

【疏】子夏曰至爲也。〔云子夏曰云云者〕小道謂諸子百家之書也一往看覽亦微有片理故云必有可觀者焉〔云致遠恐泥者〕致至也遠久也泥謂泥難也小道雖一往可觀若持行事至遠經久則

恐泥難不能通也云是以君子不爲也者爲猶學也既致遠必恐泥故君子之人秉持正典不學百家也江熙曰聖人所以訓世軌物者遠有體趣故又文質可改而處無反也至夫百家競說非無其理然家人之規模不及於經國慮止於爲身無貽厥孫謀是以君子舍彼取此也

子夏曰日知其所亡註孔安國曰日知其所未聞也月無忘其所能可謂好學也已矣疏子夏曰至已矣○此勸人學也云日知其所亡者亡無也無謂從來未經所識者也令人日新其德日日知所未識者令識錄之也云月無忘其所能者所能謂已識在心者也既自日日識所未知又月月無忘其所能故言識之也云可謂好學也已矣者此能如上事故可謂好學者也然此即是溫故而知新也日知其所亡是知新也月無忘所能是溫故也可謂好學是謂爲師也

子夏曰博學而篤志註孔安國曰廣學而厚識之也切問而近思註切問者切問於己所學而未悟之事也近思者近思於己所能及之事也若汎問所未學遠思所未達則於所學者不精於所思者不解也仁在其中矣疏子夏曰至中矣○亦勸學也云博學而篤志者博廣也篤厚也志識也言人當廣學經典而深厚識錄之不忘也云切問而近思者切猶急也若有所未達之事宜急諮問取解故云切問也近思者若有所思則宜思己所已學者故曰近思也云仁在其中矣者能如上事雖未足仁而方可能爲仁故云仁在其中矣

子夏曰百工居肆以成其事君子學以致其道註苞

氏曰言百工處其肆則事成猶君子學以立其道也【疏】子夏曰至其道。○亦勸學也云子夏曰云云者先爲設譬百工者巧師也言百者舉全數也居肆者其居常所作物器之處也言百工由日日居其常業之處則其業乃成也云君子學以致其道者致至也君子由學以至於道如工居肆以成事也江熙曰亦非生巧也居肆則是見廣見廣而巧成君子未能體足也學以廣其思思廣而道成也

子夏曰小人之過也必則文【注】孔安國曰文飾其過不言其情實也【疏】子夏曰小人之過也必則文。○君子有過是己誤行非故爲也故知之則改而小人有過是知而故爲故愈文飾之不肯言己非也故繆播曰君子過由不及不及而失非心之病務在改行故無吝也其失之理明然後得之理著得失既辨故過可復改也小人之

過生於情僞故不能不飾
飾則彌張乃是謂過也

子夏曰君子有三變望之儼然卽之也溫聽其言也

厲〔註〕鄭元曰厲嚴正也〔疏〕子夏曰至也厲。○云君子有三變者變者有三其事但在一時也云望之儼然者一也君子正其衣冠儼然人望而畏之也云卽之也溫者二也卽就也就近而視則其體溫潤也而人不憎之也袁氏注曰溫和潤也云聽其言也厲者三也厲嚴正也雖見其和潤而出言其嚴正也所以前卷云君子溫而厲是也李充曰厲淸正之謂也君子敬以直內義以方外辭正體直而德容自然發人謂之變耳君子無變也

子夏曰君子信而後勞其民未信則以爲厲己也〔註〕

王肅曰厲病也信而後諫未信則以爲謗己也〔疏〕

子夏曰至己也○云君子信而後勞其民者君子謂國君也國君若能行信素著則民知其非私故勞役不憚故云信而後勞其民也云未信則以爲厲己也者厲病也君若信未素著而動役使民民則怨君行私而橫見病役於己也江熙曰君子克厲德也故民素信之服勞役故知非私信不素立民動以爲病己而奉其私也云信而後諫者此謂臣下也臣下信若素著則可諫君君乃知其惜我非虛故從之也云未信則以爲謗己也者臣若信未素立而忽諫君君則不信其言以爲其所諫之事是謗於己也江熙云人非忠誠相與未能諫也然投人夜光鮮不按劍易曰貴乎在道明無素信不可輕致諫也

子夏曰大德不踰閑註孔安國曰閑猶法也小德出入可也註孔安國曰小德不能不踰法故曰出入

可也疏子夏曰至可也。云大德不踰閑者大德上賢以上也閑猶法也上德之人常不踰越於法則也云小德出入可也者小德中賢以下也其立德不能恒全有時躓至有時不及故曰出入也不責其備故曰可也

子游曰子夏之門人小子當洒掃應對進退則可矣抑末也本之則無如之何註苞氏曰言子夏弟子但於當對賓客修威儀禮節之事則可然此但是人之末事耳不可無其本也故云本之則無如之何也子夏聞之曰噫註孔安國曰噫心不平之聲也言游過矣君子之道孰先傳焉孰後倦焉註苞

氏曰言先傳大業者必先厭倦故我門人先教以小事後將教以大道也譬諸草木區以别矣【註】馬融曰言大道與小道殊異譬如草木異類區别言學當以次也君子之道焉可誣也【註】馬融曰君子之道焉可使誣言我門人但能洒掃而已也有始有卒者其唯聖人乎【註】孔安國曰終始如一唯聖人耳【疏】子游曰至人乎○云子游曰云云者門人小子謂子夏之弟子也子游言子夏諸弟子不能廣學先王之道唯可洒掃堂宇當對賓客進退威儀之小禮於此乃爲則可也云抑末云云者抑助語也洒掃以下之事抑但是末事耳若本事則無如之何也本謂先王之道也云子夏聞之

曰噫者也噫不平之聲也子夏聞子游鄙己門人故爲不平之聲也云言游過矣者也既不平之而又云言游之說實爲過失也云君子云云者也既云子游之說是過故更說我所以先教以小事之由也君子之道謂先王之道也孰誰也言先王大道即既深且遠而我知誰先能傳而後能倦懈者邪故云孰先傳焉孰後倦焉既不知誰故先歷試小事然後乃教以大道也張憑曰人性不同也先習者或早懈晚學者或後倦當要功於歲終不可以一限也熊埋曰凡童蒙初學問宜開漸日進階麤入妙故先且啓之以小事後將教之以大道也云譬諸云云者也言大道與小道殊異譬如草木異類區別學者當以次不可一往學致生厭倦也云君子云云者也君子大道既深故傳學有次豈可發初使誣罔其儀而并學之乎云有始云云者也唯聖人有始有終學能不倦故可先學大道耳自非聖人則不可不先從小起也張憑曰譬諸草木或春花而夙落或秋榮而早實君子之道亦有遲速焉可誣也

唯聖人始終如一可謂永無先後之異也

子夏曰仕而優則學㊟馬融曰行有餘力則可以學文也學而優則仕㊕子夏曰至則仕。亦勸學也云仕而優則學者優謂行有餘力也若仕官治官官法而已力有優餘則更可研學先王典訓也云學而優則仕者學既無當於立官立官不得不治故學業優足則必進仕也子夏語十一章訖此也

子游曰喪致乎哀而止㊟孔安國曰毁不滅性也㊕子游曰喪致乎哀而止。此下第三子游語自有二章致猶至也雖喪禮主哀然孝子不得過哀以滅性故使各至極哀而止也

子游曰吾友張也爲難能也㊟苞氏曰言子張之容

儀之難及者也然而未仁【疏】子游曰至未仁○云子游曰云云者張子張也子游言吾同志之友子張容貌堂偉難爲人所能及故云爲難能也云然而未仁者袁氏曰子張容貌難及但未能體仁也

曾子曰堂堂乎張也難與並爲仁矣【註】鄭元曰言子張容儀盛而於仁道薄也【疏】曾子曰至仁矣○云堂堂乎張也者此以下自第四曾參語自有四章堂堂儀容可憐也云難與並爲仁矣者言子張難容貌堂堂而仁行淺薄故云難並爲仁並茲也江熙曰堂堂德宇廣也仁行之極也難與並仁蔭人上也然江熙之意是子張仁勝於人故難與並也

曾子曰吾聞諸夫子人未有自致者也必也親喪乎

註馬融曰言人雖未能自致盡於他事至於親喪必自致盡也疏曾子曰至喪乎。云吾聞諸夫子者據有所聞於孔子也其事在下云人未云云者此所聞於孔子之事也致極也言人於他行方可有時不得自極然及若親喪則必宜自極其哀故云必也親喪乎

曾子曰吾聞諸夫子孟莊子之孝也其他可能也其不改父之臣與父之政是難也註馬融曰孟莊子魯大夫仲孫速也謂在諒闇之中父臣及父政雖不善者不忍改之也疏曾子曰至難也。云曾子曰云云者人子爲孝皆以愛敬而爲體而孟莊子爲孝非唯愛敬愛敬之外別又有事故云其他可能也云其不云云者此是

其他可能之事也時人有喪三年之内皆改易其
父平生時臣及政事而莊子居喪父臣父政雖有
不善者而莊子猶不忍改
之能如此者所以是難也
孟氏使陽膚爲士師（註）苞氏曰陽膚曾子弟子也士
師典獄官也問於曾子曾子曰上失其道民散久
矣如得其情則哀矜而勿喜（註）馬融曰民之離散
爲輕漂犯法乃上之所爲也非民之過也當哀矜
之勿自喜能得其情也（疏）孟氏至勿喜。（云）孟氏使陽膚爲士師者孟氏
魯下卿也陽膚曾子之弟子也士師獄官也孟氏
使陽膚爲己家獄官也（云）問於曾子者曾子曾參
也陽膚將爲獄官而還問師求其法術也（云）曾子
曰云云者曾子荅之使爲法也言君上若善則民

下不犯罪故堯舜之民比屋可封君上若惡則民下多犯罪故桀紂之民比屋可誅當于爾時君上失道既久故民下犯罪離散者衆故云久也云如得云云者如猶若也若得其情謂責微得其罪狀也言汝爲獄官職之所司不得不辨微雖然若得罪狀則當哀矜愍念之慎勿自喜言汝能得人之罪也所以必須哀矜者民之犯罪非其本懷政是由從君上故耳罪既非本所以宜哀矜也

子貢曰紂之不善也不如是之甚也是以君子惡居下流天下之惡皆歸焉【註】孔安國曰紂爲不善以喪天下後世憎甚之皆以天下之惡歸之於紂也

【疏】子貢曰至歸焉○此以下是第五子貢語自有五章云子貢曰云云者紂者殷家無道君也無道失國而後世經是惡事皆云是紂昔所爲然紂昔者爲惡實不應頓如此之甚故云不如是之甚

也云是以云云者下流謂爲惡行而處人下者也言紂不偏爲衆惡而天下之惡事皆云是紂所爲故君子立身惡爲居人下流若一居下流則天下之罪并歸之也蔡謨曰聖人之化由羣賢之輔闇主之亂由衆惡之黨是以有君無臣宋襄以敗衞靈無道夫奚其喪言一紂之不善其亂不得如是之甚身居下流天下惡人皆歸之是故亡也若如蔡謨意是天下惡人皆助紂爲惡故失天下耳若直置一紂則不能如此甚也

子貢曰君子之過也如日月之蝕也過也人皆見之更也人皆仰之註孔安國曰更改也疏子貢曰至仰之。云子貢曰云云者日月之蝕非日月故爲君子之過非君子故爲故云如日月之蝕也云過也人皆見之者日月之蝕人竝見之如君子有過不隱人亦見之也云更也人皆仰之者更改也日月蝕罷改

闇更明則天下皆竝瞻仰君子之德亦不以先過爲累也

衞公孫朝〔註〕馬融曰朝衞大夫也問於子貢曰仲尼焉學子貢曰文武之道未墜於地在人賢者識其大者不賢者識其小者莫不有文武之道焉夫子焉不學〔註〕孔安國曰文武之道未墜落於地賢與不賢各有所識夫子無所不從其學也而亦何常師之有〔註〕孔安國曰無所不從學故無常師也〔疏〕衞公孫朝至之有。〔云〕衞公孫朝問云云者公孫問意政嫌孔子無師故問云仲尼焉學也〔云〕子貢曰云云者子貢荅稱仲尼必學也將荅道學故先廣引道理也文武之道謂先王之道也未墜於地謂未廢落在於地也云在人者既猶未廢落於地而在於人所行也云賢者云云者既猶在人所行人有賢否若大賢者則學識文武之道大若不賢者則學識文武之道小也云莫不有文武之道焉者雖大小有異而人皆有之故曰莫不有文武之道也云夫子焉不學者大人學識大者孔子是人之大者豈得獨不學識之乎云而亦何常師之有者言孔子識大所學者多端多端故無常師也

叔孫武叔語大夫於朝【註】馬融曰魯大夫叔孫州仇也武謚也曰子貢賢於仲尼子服景伯以告子貢子貢曰譬諸宮牆賜之牆也及肩闚見室家之好夫夫子之牆數仞不得其門而入者不見宗廟之美百官之富得其門者或寡矣【註】苞氏曰七尺曰

仞也夫子云不亦宜乎〔註〕苞氏曰夫子謂武叔也〔疏〕叔孫武叔至宜乎。〔云〕叔孫云云者武叔身是大夫又語他大夫於朝廷以議孔子也〔云〕曰子貢賢仲尼者此所語之事也言子貢人才識量賢於孔子也〔云〕子服云云者景伯亦魯大夫當是于時在朝聞叔孫之語故來告子貢道之也〔云〕子貢曰譬諸宮牆者子貢聞景伯之告亦不驚距仍爲之設譬也言人之器量各有深淺深者難見淺者易覩譬如居家之有宮牆牆高則非闚闞所測牆下闚闞易了故云譬諸宮牆也〔云〕賜之牆也及肩者賜子貢名也子貢自言賜之識量短淺如及肩之牆也〔云〕闚見室家之好者牆既及肩故他人從牆外行得闚見牆內室家之好也〔云〕夫子之牆數仞者七尺曰仞言孔子聖量之深如數仞之高牆也〔云〕不得云云者牆既高峻不可闚闞雖從門入者乃得見內若不入門則不見其所內之美也然牆短下者其內止有室家牆高深者故廣有容宗廟百官也。云得其門者或寡矣者，富貴之門非賤者輕入，入者唯富貴人耳。孔子聖人器量之門，非凡鄙可至，至者唯顏子耳，故云得門或寡。寡，少也。云夫子云不亦宜乎者，子貢呼武叔爲夫子也。賤者不得入富貴之門，愚人不得入聖人之奧室。武叔凡愚，云賜賢於孔子，是其不入聖門而有此言，故是其宜也。袁氏曰：武叔凡人，應不達聖也。

叔孫武叔毀仲尼。子貢曰：無以爲也，仲尼不可毀也。他人之賢者，丘陵也，猶可踰也。仲尼，如日月也，無得而踰焉。人雖欲自絕，也其何傷於日月乎？多見其不知量也。【注】言人雖欲自絕棄於日月，其何能傷乎？適足自見其不知量也。【疏】叔孫武叔至量也。○云叔孫武叔毀仲尼者，猶是前之武叔又訾毀孔子也。云子貢曰無以為也者子貢聞武叔之言故抑止之使無以為訾毀云仲尼不可毀也者又明言語之云仲尼聖人不可輕毀也云他人云云者更喻之說仲尼不可毀之譬也言他人賢者雖有才智才智之高止如丘陵丘陵雖高而人猶得踰越其上既猶可踰故可毀也云仲尼云云者言仲尼聖智高如日月日月麗天豈有人得踰踐者乎既不可踰故亦不可毀也云人雖云云者世人踰丘陵而望下便謂丘陵為高未曾踰踐日月不覺日月之高既不覺高故訾毀日月便謂不勝丘陵是自絕日月也日月雖得人之見絕而未曾傷滅其明故言何傷於日月也譬凡人見小才智便謂之高而不識聖人之奧故毀絕之雖復毀絕亦何傷聖人德乎云多見其不知量也者不測聖人德之深而毀絕之如不知日月之明而棄絕之若有識之士視覩於汝則多見汝愚闇不知聖人之度量也

陳子禽謂子貢曰子為恭也仲尼豈賢於子乎子貢

曰君子一言以爲智一言以爲不智言不可不愼也夫子之不可及也猶天之不可階而升也夫子之得邦家者註孔安國曰謂爲諸侯若卿大夫也所謂立之斯立導之斯行綏之斯來動之斯和其生也榮其死也哀如之何其可及也註孔安國曰綏安也言孔子爲政其立教則無不立導之則莫不興行安之則遠者來至動之則莫不和穆故能生則見榮顯死則見哀痛也疏陳子禽至及也○云陳子禽云云者此子禽必非陳亢當是同姓名之子禽也其見子貢每事稱師故謂子貢云汝何爲事事崇述仲尼

乎政當是汝爲人性多恭敬故爾耳而仲尼才德豈賢勝於汝乎呼子貢以爲子也云子貢云云者子貢聞子禽之言故方便荅距之也言智與不智由於一言耳今汝出此言是不智也云言不可不愼者智否既寄由一言故宜愼之耳云夫子云云者此出子禽不智之事也夫物之高者莫峻嵩岳嵩岳雖峻而人猶得爲階梯以升上之也今孔子聖德其高如天天之懸絕既非人可得階升而孔子聖德豈可謂我之賢勝之乎汝謂不勝爲勝郎是一言爲不智故不可不愼也云夫子之得邦家者者子禽當是見孔子栖遑不被時用故發此不智之言子貢抑之既竟故此更廣爲陳孔子聖德不與世人同也邦謂作諸侯也家謂作卿大夫也言孔子若爲時所用得爲諸侯及卿大夫之日則其風化與堯舜無殊故先張本云夫子之得邦家者也云所謂立之斯立者言夫子若得爲政則立教無不立故云所謂立之斯立也云導之斯行者又若導民以德則民莫不興行也故云導之斯行

也云綏之斯來者綏安也遠人不服修文德安之遠者莫不繈負而來也云動之斯和者動謂勞役之也悅以使民民忘其勞故役使之莫不和穆也云其生也榮者孔子生時則物皆賴之得性尊崇於孔子是其生也榮也云其死云云者孔子之死則四海遏密如喪考妣是其死也哀也袁氏曰生則時物皆榮死則時物咸哀也

論語堯曰第二十【疏】堯曰者古聖天子所言也其言天下太平禪位與舜之事也所以次前者事君之道若宜去者拂衣宜留者致命去留當理事迹無虧則太平可觀揖讓如堯故堯曰最後次子張也

堯曰咨爾舜天之曆數在爾躬【註】歷數謂列次也允執其中四海困窮天祿永終【註】苞氏曰允信也困

極也永長也言爲政信執其中則能窮極四海天祿所以長終也舜亦以命禹【註】孔安國曰舜亦以堯命己之辭命禹也曰予小子履敢用玄牡敢昭告于皇皇后帝【註】孔安國曰履殷湯名也此伐桀告天文也殷家尚白未變夏禮故用元牡也皇大也后君也大大君帝謂天帝也墨子引湯誓其辭若此也有罪不敢赦【註】苞氏曰從天奉法有罪者不敢擅赦也帝臣不蔽簡在帝心【註】言桀居帝臣之位也有罪過不可隱蔽以其簡在天心故也朕

躬有罪無以萬方萬方有罪在朕躬註孔安國曰無以萬方萬方不預也萬方有罪我身過也周有大賚善人是富註周周家也賚賜也言周家受天大賜富於善人也有亂臣十人是也雖有周親不如仁人註孔安國曰親而不賢不忠則誅之管蔡是也仁人謂箕子微子來則用之也百姓有過在予一人謹權量審法度修廢官四方之政行矣註苞氏曰權秤也量斗斛也興滅國繼絶世舉逸民天下之民歸心焉所重民食喪祭註孔安國曰重

民國之本也重食民之命也重喪所以盡其哀重祭所以致敬也寬則得衆敏則有功公則民悅【注】孔安國曰言政教公平則民悅矣凡此二帝三王所以治也故傳以示後世也【疏】堯曰至民悅○云堯曰者稱堯之言敎也此篇凡有三章雖初稱堯曰而寬通衆聖故其章內并陳二帝三王之道也就此一章中凡有五重自篇首至天祿永終爲第一是堯命舜之辭又下云舜亦以命禹爲第二是記者序舜之命禹亦同堯命舜之辭也又自予小子履至萬方有罪在朕躬爲第三是湯伐桀告天之辭又自周有大賚至在予一人爲第四是明周武伐紂之文也又自謹權量至章末爲第五明二帝三王雖有損讓與干戈之異而安民取治之法則同也又下次子張問孔子章明孔子之德同於堯舜諸聖也上

章諸聖所以能安民者不出尊五美屏四惡而孔子非不能爲之而時不値耳故師資殷勤往反論之也下又一章不知命無以爲君子也此章以明孔子非不能爲而不爲者知天命故也云咨爾舜者自此以下堯命舜以天位之辭也咨咨嗟也爾汝也汝汝於舜也舜者謚也堯名放勳謚云堯也舜名重華謚云舜也謚法云翼善傳聖曰堯仁盛聖明曰舜也堯將命舜故先咨嗟歎而命之故云咨汝舜也所以歎而命之者言舜之德美兼合用我命也云天之歷數在爾躬者天天位也歷數謂天位列次也爾汝也躬身也堯命舜曰天位列次次在汝身故我今命授與汝也云允執其中者允信也執持也中謂中正之道也言天信運次既在汝身則汝宜信執持中正之道也云四海困窮者四海謂四方蠻夷戎狄之國也困極也窮盡也若內執中正之道則德教外被四海一切服化莫不極盡也云天祿永終者永長也終猶卒竟也若內正中國外被四海則天祚祿位長卒竟汝身也執

其中則能窮極四海天祿所以長終也云舜亦以命禹者此第二重明舜讓禹也舜受堯禪在位年老而讓與禹亦用堯命己之辭以命於禹也故云舜亦以命禹也所以不別爲辭者明同是揖讓而授也當云舜曰咨爾禹天之歷數以下之言也云曰予小子履者此第三重明湯伐桀也伐與授異故不因前揖讓之辭也澆淳既異揖讓之道不行禹受人禪而不禪人乃傳位與其子孫至末孫桀無道爲天下苦患湯有聖德應天從民告天而伐之此以下是其辭也予我也小子湯自稱謙也履湯名也將告天故自稱我小子而又稱名也云敢用元牡者敢果也元黑也牡雄也夏尚黑爾時湯猶未改夏色故猶用黑牡以告天故云果敢用於元牡也云敢昭云云者昭明也皇大也后君也帝天帝也用元牡告天而云敢明告于大大君天帝也云有罪不敢赦者湯既應天天不赦罪故凡有罪者則湯亦不敢擅赦也云帝臣云云者此明有罪之人也帝臣謂桀也桀是天子天子事天猶臣

事君故謂桀爲帝臣也不蔽者言桀罪顯著天地共知不可隱蔽也云朕躬有罪無以萬方者朕我也萬方猶天下也湯言我身若自有罪則我自有當之不敢關預於天下萬方也云萬方有罪在朕躬者若萬方百姓有罪則由我身也我爲民主我欲善而民善故有罪則歸責於我也云周有云云者此第四重明周家法也此以下是周伐紂誓民之辭也舜與堯同是揖讓謙共用一辭武與湯同是干戈故不爲別告天之文而即用湯之告天文也而此述周誓民之文而不述湯誓民文者尚書亦有湯誓也今記者欲互以相明故下舉周誓則湯其可知也周周家也賚賜也言周家受天大賜故富足於善人也或云周家大賜財帛於天下之善人善人故是富也云雖有云云者已上尚書第六泰誓中文言雖與周有親而不爲善則被罪黜不如雖無親而仁者必有禄爵也云百姓云云者此武王引咎自責辭也江熙曰自此以上至大賚周告天之文也自此以下所修之政也禘者有命

無告舜之命禹一準於堯周告天文少其異於殷所異者如此存其體不錄修也侃按湯伐桀辭皆云天故知是告天也周伐紂文句句稱人故知是誓人也云謹權量者此以下第五重明二帝三王所修之政同也不爲國則已旣爲便當然也謹猶愼也權稱也量斗斛也當謹愼於稱尺斗斛也云審法度者審猶諦也法度謂可治國之制典也宜審諦分明之也云修廢官者治故曰修若舊官有廢者則更修立之也云四方之政行矣者自謹權以下若皆得法則四方風政竝服行也云興滅國者若有國爲前人非理而滅之者新王當更爲興起之也云繼絶世者若賢人之世被絶不祀者當爲立後係之使得仍享祀也云舉逸民者若民中有才行超逸不仕者則躬舉之於朝廷爲官爵也云天下之民歸心焉者旣能興繼舉故爲天下之民皆歸心繈負而至也云所重民食喪祭者此四事竝又治天下所宜重者也國以民爲本故重民爲先也民以食爲活故次重食也有生必有死故

次重於喪也喪畢爲之宗廟以鬼享之故次重祭也云寬則得衆者爲君上若能寬則衆所共歸故云得衆也云敏則有功者君行事若儀用敏疾則功大易成故云有功也云公則民悅者君若爲事公平則百姓皆歡悅也。注歷數謂列次也。列次者謂五行金木水火土更王之次也。注孔安國曰至若此也。此伐桀告天辭是墨子之書所言也然易說云湯名乙而此言名履者白虎通云本湯名履克夏以後欲從殷家生子以日爲名故改履名乙以爲殷家法也。注周周家至足也。此如前通也。注孔安國曰至用之也。管蔡謂周公之弟管叔蔡叔也流言作亂周公誅之是有親而不仁所以被誅也箕子是紂叔父爲紂囚奴武王誅紂而釋箕子囚用爲官爵使之行商容微子是紂庶兄也見紂惡而先投周武王用之爲殷後於宋並是仁人於周無親而周用之也

子張問政於孔子曰何如斯可以從政矣子曰尊五

美屏四惡斯可以從政矣（註）孔安國曰屏除也子張曰何謂五美子曰君子惠而不費勞而不怨欲而不貪泰而不驕威而不猛子張曰何謂惠而不費子曰因民之所利而利之斯不亦惠而不費乎（註）王肅曰利民在政無費於財也擇其可勞而勞之又誰怨欲仁而得仁又焉貪君子無衆寡無小大無敢慢（註）孔安國曰言君子不以寡小而慢之也斯不亦泰而不驕乎君子正其衣冠尊其瞻視儼然人望而畏之斯不亦威而不猛乎子張曰何

謂四惡子曰不教而殺謂之虐不戒視成謂之暴注馬融曰不宿戒而責目前成爲視成也慢令致期謂之賊注孔安國曰與民無信而虚刻期也猶之與人也出内之吝謂之有司注孔安國曰謂財物也俱當與人而吝嗇於出内惜難之此有司之任耳非人君之道也疏子張問至有司○此章第二明孔子同於堯舜諸聖之義也云子張問云云者子張問於孔子求爲政之法也云子曰尊五美者尊崇重也孔子荅曰若欲從政當尊崇於五事之美者也云屏四惡者屏除也又除於四事之惡者也云斯可以從政矣者若尊五除四則此可以從政也云子張曰何謂五美者子張并不曉五美四惡未敢并問今且分諮

五美故云何謂五美也云子曰君子惠而不費者歷荅於五此其一也言爲政之道能令民下荷於潤惠而我無所費損故云惠而不費也云勞而不怨者二也君使民勞苦而民其心無怨故云勞而不怨也云欲而不貪者三也君能遂己所欲而非貪吝也云泰而不驕者四也君能恒寬泰而不驕傲也云威而不猛者五也君能有威嚴而不猛厲傷物也云子張云云者子張亦并未曉五事故且先從第一而更諮也云子曰云云者荅之也因民所利而利之謂民水居者利在魚鹽蜃蛤山居者利於果實材木明君爲政即而安之不使水者居山渚者居中原是因民所利而利之而於君無所損費也云擇其云云者孔子知子張並疑故并歷荅也言凡使民之法各有等差擇其可應勞役者而勞役之則民各服其勞而不敢怨也云欲仁云云者欲有多塗有欲財色之欲有欲仁義之欲欲仁義者爲廉欲財色者爲貪言人君當欲於仁義使仁義事顯不爲欲財色之貪故云欲仁而得仁

又焉貪也江熙曰我欲仁則仁至非貪也云君子無衆寡者言不以我富財之衆而陵彼之寡少也云無小大者又不得以我貴勢之大加彼之小也云無敢慢者我雖衆大而愈敬寡小故無所敢慢也云斯不云云者能衆能大是我之泰不敢慢於寡小是不驕也故云泰而不驕也殷仲堪曰君子處心以虛接物以爲敬不以衆寡異情大小改意無所敢慢斯不驕也云君子正其衣冠者衣無撥冠無免也云尊其瞻視者瞻視無回邪也云儼然者若思以爲容也云人望而畏之者望之儼然卽之也溫聽其言也厲故服而畏之也云斯不云云者望而畏之是其威也卽之也溫是不猛也云子張曰何謂四惡者已聞五美故次更諮四惡也云子曰云云者一惡也爲政之道必先施教教若不從然後乃殺若不先行教而卽用殺則是酷虐之君也云不戒云云者二惡也爲君上見民不善當宿戒語之戒若不從然後可責若不先戒勸而急卒就責目前視之取成此是風化無漸故爲暴卒

之君也暴淩於虐也云慢令云云者三惡也與民無信而虛期期不申勑丁寧是慢令致期也期若不至而行誅罰此是賊害之君也袁氏曰令之不明而急期之也云猶之云云者四惡也猶之與人謂以物獻與彼人必不得止者也吝難惜之也猶會應與人而其吝惜於出入之屬故云出內之吝也云謂之有司者有司謂主典物者也猶庫吏之屬也庫吏雖有官物而不得自由故物應出入者必有所諮問不敢擅易人君若物與人而吝即與庫吏無異故云謂之有司也

孔子曰不知命無以爲君子也注孔安國曰命謂窮達之分也**不知禮無以立也不知言無以知人也**注馬融曰聽言則別其是非也疏孔子曰至人也○此章第三明若不知命無以爲君子所以更明孔子知命故不爲政也云孔子曰云云者命謂窮通夭壽也人生

○而有命受之由天故不可不知也若不知而強求則不成爲君子之德故云無以爲君子也云不知禮無以立者禮主恭儉莊敬爲立身之本人若不知禮者無以得立其身於世也故禮運云得之者生失之者死詩云人而無禮不死何俟是也云不知言無以知人者江熙曰不知言則不能賞言不能賞言則不能量彼猶短綆不可測於深井故無以知人也○註孔安國曰命謂窮達之分也○窮謂貧賤達謂富貴並稟之於天如天之見命爲之者也

論語集解義疏卷第十　終

皇侃論語義疏新刻序附存日本元文

往者根伯修與神君彝俱遊下毛足利學足利之藏昔稱石室中遺散失而厪厪乎存於今中華後世所不傳異書猶多矣君彝乃與伯修讎校七經孟子而還考文既刊行於世矣伯修與功爲多矣而又伯修所寫而還皇侃論語義疏卽亦中華後世蓋無傳焉據馬端臨考乃目論語疏十卷而晁氏云梁皇侃引衞瓘某某凡十三家之說成此書其引事雖時詭異而援證精博爲後學所宗又云皇朝邢昺等亦因皇

侃所採諸儒之說刊定而撰正義正義因皇疏則然也未知馬氏所考卽所親覩而云歟抑將徒耳所傳而勦說歟夫邢疏出而後亡幾程朱諸氏經生之學紛紛輩出雖別成家弁髦舊傳於其所校皇本異同無一及焉者泯焉可知況復後繼無觀而非朱說者時乃益遠其書不傳必矣獨焦弱侯云公冶長辨鳥語具論語疏以駁楊用修其他匏瓜爲星一二若覩皇疏者然不可以一信百道聽相傳文獻不足徵也因此視之中華後世今亡矣夫要之世好事唯新是

貴乃積薪之情率以後世爲尙而作者不厚亦不欲存其舊宋人之弊乃爾則蓋邢疏出而皇疏廢矣廢以至亡無聞焉爾亦其勢耳夫邢氏所疏比諸他正義旣屬丙科皇疏雖詭援證復博觀聽不決寸有所長兩立而竝行非過存也焉可附之烏有氏哉惟我皇和神明扶持物亦與世代永久於是可知也唯是足利之藏我不可保今而不傳後世恐復散失是可惜也乃伯修氏之志如斯則鐫刻之舉其可緩歟近有請鐫焉者伯修旣再校以授之矣此舉也余惟非

獨海以外行既宏矣卽傳之中華而俾知吾邦厚固有關文明則伯修之勤有功於國華哉乃復伯修氏志余亦喜其足以酬焉遂爲之序寬延庚午春正月

平安服元喬